Der kopflose Dämon kehrt zurück

Für meine Kinder

AGATA MALCHER

DER KOPFLOSE DÄMON KEHRT ZURÜCK

LEBENSERINNERUNGEN.
EINE AUTOBIOGRAFIE

BAND 2

Bibliografische Information der Deutschen Nationalbibliothek:
Die Deutsche Nationalbibliothek verzeichnet diese Publikation in der
deutschen Nationalbibliografie; detaillierte biografische Daten sind im
Internet über dnb.dnb.de abrufbar.

Die automatisierte Analyse des Werkes, um daraus Informationen
insbesondere über Muster, Trends und Korrelationen gemäß §44b UrhG
(„Text und Data Mining") zu gewinnen, ist untersagt.

© 2024 Agata Malcher

Satz, Umschlaggestaltung, Herstellung und Verlag:
BoD – Books on Demand, Norderstedt

ISBN: 978-3-7597-4599-6

KAPITEL 1:
MARTINS AUFENTHALT
IN DER REHABILITATIONSKLINIK

Die Klinik bestand zur Hälfte aus einem Hotel. Nur das Untergeschoss und das oberste Stockwerk des Hauses dienten der Rehabilitation. Das Gebäude war von einem wunderschönen Garten mit sehr vielen Blumen und Bäumen umgeben. Überall waren Sitzbänke, sodass sowohl die Gäste als auch die Patienten ihre Zeit hier verbringen konnten. Martins Zimmer war ein großer, stilvoll eingerichteter Raum in der obersten Etage mit einem Balkon mit Sicht auf die Berge. Ich half Martin beim Auspacken. Anschließend gingen wir ins Hotelcafé. Martins Begeisterung hielt sich in Grenzen, und ich spürte, dass er am liebsten wieder mit mir zurückgefahren wäre. In den nächsten Wochen musste ich ihm immer wieder gut zureden und ihm den Sinn seiner Rehabilitation vor Augen führen.

ALEXANDERS EINSCHULUNG

Es war mittlerweile September geworden und Alexander stand kurz vor seiner Einschulung. An diesem Tag durfte Martin für einige Stunden die Klinik verlassen, um dabei sein zu können. Unser Sohn freute sich sehr, dass ihn sein Vater an diesem wichtigen Tag begleiten durfte.

Martin rief täglich mehrere Male bei uns an. Währenddessen bereitete ich alles für Alexanders Einschulung vor. Einige Tage vorher kauften wir einen Schulranzen und eine Schultüte.

Alexander war sehr stolz darauf, nun ein Schulkind zu sein. Wir fuhren alle gemeinsam in die Schule. Unser Sohn trug stolz seinen Schulranzen.

Martins Haare waren wieder ein Stück nachgewachsen, sodass man die Narben am Kopf nicht mehr sehen konnte. Nach der Begrüßung durch den Schulleiter wurden alle Kinder von ihren Klassenleitern in ihre Klassen geführt. Nachdem sie ihre Sitzplätze eingenommen hatten, wurden sie von der Klassenlehrerin begrüßt. Damit Andrea nicht zu kurz kam, bekam sie eine Minischultüte, die mit Süßigkeiten gefüllt war. Es wurde mir weich ums Herz, und ich vergoss einige Tränen, als mir klar wurde, dass unser Sohn mittlerweile ein Schulkind war.

MARTINS AUSBRÜCHE AUS DER KLINIK

Nach diesem Tag machte es sich Martin zur Gewohnheit, immer wieder mit dem Taxi nach Hause zu kommen. Abends brachte ich ihn in die Klinik zurück. Jedes Mal musste ich ihn zwingen, zurückzufahren. Es durfte niemand merken, dass er das Gelände verlassen hatte, sonst hätte man ihn entlassen, was in seinem Zustand keine gute Lösung gewesen wäre.

Ich nahm mein Studium wieder auf, musste jedoch aufgrund unserer Situation einige Wochen unterbrechen. Meine Eltern kamen für zwei Tage zu Besuch. Sie verbrachten auch einige Stunden bei meinem Mann. Sie freuten sich, dass es Martin mittlerweile gesundheitlich gut ging.

Während meine Mutter immer wieder über ihn sprach, zeichnete sich im Gesicht meines Vaters eine nie dagewesene Traurigkeit ab. Als wir allein waren, fragte ich ihn, was er auf dem Herzen habe. Er schaute mich mit seinen traurigen Augen an und sagte, dass ihm alles, was passiert sei, Sorgen bereiten würde, denn alles, was Johanna vorausgesagt hatte, war eingetreten. Daraufhin versuchte ich, ihn zu beruhigen.

Meine Eltern brachten uns eine aus Holz geschnitzte Madonna, eine Mutter Gottes, mit. Meine Mutter hatte sie während einer Pilgerreise in Fatima gekauft. Sie war etwa 40 Zentimeter groß. Ich freute mich sehr über dieses Geschenk, denn mir war in den letzten Monaten immer mehr bewusst geworden, dass alles, was bei uns passiert war, meinen Glauben an Gott stärker machte. Das half mir, meinen Alltag zu bewältigen.

MEINE GOTTESDIENSTBESUCHE

Ich war christlich erzogen und gab meine Überzeugung an unsere Kinder weiter. Wir gingen häufig sonntags in die Kirche. Martin zeigte einen starken Willen, den Gottesdienst zu besuchen; auch er war christlich erzogen. Am Anfang war alles in Ordnung. Aber vor etwa einem Jahr fing ich an, mich während der heiligen Messe unwohl zu fühlen. Es geschah nur während des Gottesdienstes. Aus diesem Unwohlsein wuchs immer mehr das Gefühl der Abneigung gegen den Kirchenbesuch. Obwohl ich Martins Mutter und Martin dafür verantwortlich machte, konnte ich mich nicht dagegen wehren. Ich wurde von Schmerzen am ganzen Körper und von Übelkeit geplagt. Während die anderen aufgestanden waren, wie es das Ritual verlangte, blieb ich völlig erschöpft sitzen. In solchen Momenten schaute mich Martin an und fragte: »Geht es dir nicht gut, bis du sehr schwach?« Sein zufriedener Gesichtsausdruck, als er mir die Frage stellte, war nicht zu übersehen.

Einige Monate, bevor ich und mein Bruder die Pilgerreise nach Medjugorje unternahmen, fing ich an, an meinem Glauben zu zweifeln. Es war mir nicht mehr wichtig, den Gottesdienst zu besuchen, und ich fragte mich immer wieder, wo Gott in meiner aussichtslosen Situation sei. Mit letzter Kraft beschloss ich, nach Medjugorje zu pilgern. Wie sich bald herausstellen sollte, war es die richtige Entscheidung.

Heute bin ich sicher, dass die Pilgerfahrt und das Zusammentreffen mit Johanna Gottes Wille waren.

GESPRÄCH MIT JOHANNA

Weil die gesamte Familie Nidek jeden Sonntag den Gottesdienst besuchte, fragte ich Johanna nach dem Grund dafür. Nach allem, was ich über diese Familie wusste, ergab es für mich keinen Sinn. Einerseits waren sie mit dem Teufel im Bunde, andererseits traten sie in der Öffentlichkeit als gläubige Christen auf. Johanna meinte, dass sich gerade solche Menschen in der Öffentlichkeit dadurch maskieren, indem sie vorgeben, zur Gemeinschaft der Christen zu gehören.

Durch bestimmte Rituale und Wörter sind sie auch in der Kirche im Stande, aus den Besuchern Kraft für sich zu ziehen. Sie fühlen sich gestärkt und gesünder, die Betroffenen jedoch geschwächt. Oft werden diese von heftigen Kopf- und Gliederschmerzen geplagt, die tagelang dauern können. Den Betroffenen kann weder ein Arzt noch die Einnahme von Medizin helfen. Durch den Verursacher wird ein Termin für die Dauer des Leidens bestimmt. Ist die Zeit gekommen, sind auch die Schmerzen plötzlich vorbei, als ob sie nie da gewesen wären.

Nun verstand ich, warum es mir während des Gottesdienstes dermaßen schlecht ging. Die Ursache war mein Mann. Ich sollte der Kirche fernbleiben. Ihr erster Gedanke, warum es mir gesundheitlich wieder besser ging, war, dass ich durch den Gottesdienst Kraft geschöpft hatte.

FIGUR DER MUTTER GOTTES

Am nächsten Tag unternahmen meine Eltern einen Ausflug nach Regensburg. Es war ein guter Zeitpunkt, um die Figur der Mutter Gottes im Schlafzimmer aufzustellen. Die Kommode schien mir der richtige Platz zu sein. Während ich sie zufrieden betrachtete, erfüllte plötzlich ein eigenartiger Geruch den Raum. Es war ein wunderbarer Duft von Rosen. Er war sehr intensiv. Ich wunderte mich darüber, denn nirgendwo im Schlafzimmer waren Rosen oder Rosenöl zu sehen. Wie in Trance fing ich an, nach ihnen zu suchen. Ich suchte unter dem Bett, in den Schränken und in der Kommode. Aber es war nichts Besonderes zu sehen. Ich setzte mich vor die Figur aufs Bett und betrachtete sie lange und aufmerksam, es gelang mir nicht, einen klaren Gedanken zu fassen, mein Kopf war leer. Als ich wieder zu mir kam, war der wundersame Rosenduft verschwunden.

DÄMONISCHE KRAFT

Es dauerte noch eine Weile, bis ich merkte, dass ich von einer unbekannten Kraft gezwungen wurde, mich aufs Bett zu legen. In diesem Moment hatte ich keinen eigenen Willen. Während ich dalag, versuchte ich, mit voller Kraft aufzustehen. Es gelang mir weder aufzustehen noch zu schreien. Ich war wie gelähmt. Mich überkam eine ungeheure Angst. Plötzlich spürte ich, wie etwas Schweres auf meinem Körper lag. Meine Versuche, nach

Hilfe zu rufen, waren sinnlos, weil ich kein Wort herausbrachte. Allmählich merkte ich, dass ich vergewaltigt wurde. So unglaublich es sich anhört, so seltsam war auch die Situation.

Ich erinnerte mich an Johannas Worte: »Das Böse muss mit energischen Worten vertrieben werden. Ein Bitten ist sinnlos.« Mit letzter Kraft fing ich wie noch nie in meinem Leben zu schimpfen an. Ich beschimpfte meinen Peiniger und stieß Flüche gegen ihn aus. Danach befahl ich ihm, von mir abzulassen. Ich weiß nicht, wie lange es dauerte, aber mein Peiniger ließ tatsächlich langsam von mir ab. Sein Vorhaben brachte er nicht zu Ende.

Es dauerte eine Weile, bis ich fähig war, aufzustehen. Der Dämon gab mir zu verstehen, dass er stets in meiner Nähe war, unabhängig davon, wie sehr ich mich gegen ihn wehrte oder Zuflucht bei Gott suchte. Mir wurde bewusst, dass dieser noch mächtiger und gewaltiger war als der Geist von Martins kopflosem Großvater. Wie mächtig dieser Dämon war, sollte ich später erfahren. Mit diesem Ereignis wurde meine Seele sehr verletzt. Ich saß nur da und ließ meinen Tränen freien Lauf. Mein Weinen und verstecktes Schreien nach Hilfe konnte niemand hören. Entmutigt und voller Trauer sah ich zur Muttergottesfigur und sagte: »Muttergottes, hilf mir!« Ich war froh, dass sie bei mir war.

In den nächsten Jahren stand sie mir immer zur Seite. Wenn ich nicht weiterwusste oder mit meinen Problemen nicht fertig wurde, wandte ich mich an sie. Sie gab mir Kraft und Zuversicht. Den Rosenduft jedoch roch ich nie wieder. Heute bin ich sicher, dass es ein Zeichen ihrer Gegenwart war. Ich durfte es erleben.

Bevor meine Eltern nach Hause fuhren, kam Martin uns besuchen. Unsere Kinder freuten sich über seinen Besuch. Ich bemerkte eine Veränderung an ihm, konnte mir jedoch nicht erklären, was es war. Beim Kaffeetrinken sprach er über seinen Komazustand. Er hatte geträumt, dass ich alle Möbel in unserem

Haus verkauft hätte und im Begriff war, ihn mit unseren Kindern zu verlassen. Er empfand den Traum derart real, dass er ständig daran denken musste. Erst als er das erste Mal seit dem Unfall wieder zu Hause war, ließen diese Gedanken von ihm ab. Danach erzählte er von einem weiteren Traum. Es war fast eine Vision, die er im Koma durchlebte.

MARTINS VISION

Er stand auf einem Berg an einen Pfosten gekettet. Seine Hände und Füße waren mit dicken Ketten gefesselt. Seine Bemühungen, sich zu befreien, waren sinnlos. Entmutigt gab er es auf. Irgendetwas zwang ihn, sich seinen eigenen Körper anzuschauen. Seine Hände und Füße waren mit dunklen, langen Haaren bedeckt. Anstatt Fingernägeln hatte er lange Krallen. Vom Berg aus konnte er Häuser und Straßen sehen.

Ich hörte mir seine Geschichte in Ruhe an. Danach fragte ich, was er darüber denken würde. Er antwortete, dass er sich dessen bewusst sei, wie schlecht er uns vor dem Unfall behandelt hatte, und es nun an der Zeit sei, sein bisheriges Leben zu ändern. Ich stimmte dem wortlos zu. In meinem Innern hoffte ich, dass er es ernst meinte.

Sein Traum berührte mich kaum. Was mir jedoch seit dieser Zeit zu denken gab, war, ob Martin immer noch derselbe war wie vor dem Unfall.

Einige Tage danach kamen seine Eltern und sein Bruder Piotr. Alle bemühten sich, gut miteinander auszukommen, was zu meinem Erstaunen auch meiner Schwiegermutter gelang. Der Arbeitsablauf in unserer Praxis lief ohne Zwischenfälle. Lena machte weiterhin unseren Haushalt, während ich die Universität besuchte. Alexander war ein fleißiger Schüler, und die Schule machte ihm sehr viel Spaß.

MARTIN UND SEIN »BEGLEITER« WIEDER ZU HAUSE

Die Wochen vergingen, und Martin kam von seiner Rehabilitationsklinik nach Hause. Außer an den Unfallhergang konnte er sich wieder an alles erinnern. Er ging ins Schlafzimmer, um seine Sachen auszupacken. Als ich später unser Schlafzimmer betrat, sah ich ihn auf seinem Bett vor der Muttergottesfigur sitzen. Es schien, als ob er beten würde. Als er mich bemerkte, sagte er, dass es schön sei, wieder daheim zu sein. Er hatte sich in seinem Wesen verändert. Das konnte ich zum damaligen Zeitpunkt noch nicht verstehen. Am Montag der darauffolgenden Woche wollte er seine Tätigkeit als Arzt wieder aufnehmen. An diesem Abend gingen wir früh zu Bett. Mich überkam eine innere Unruhe, die ich während Martins Abwesenheit nicht verspürt hatte. Nun war sie wieder da. Martin schlief sehr schnell ein. Er atmete schwer und langsam. Er schien noch sehr schwach zu sein, hinzu kam, dass er von Kopfschmerzen geplagt wurde.

Plötzlich wurden wir durch einen sehr lauten Knall, der aus dem Bad kam, wach. Ich schaute auf die Uhr, es war Punkt Mitternacht. Martin sprang wie auf Kommando aus seinem Bett. Halb benommen, stand er davor und murmelte etwas Unverständliches. Wir schauten uns an, und er sagte: »Hast du das gehört? Geh bitte nachschauen, was passiert ist.« Ich antwortete: »Ich habe nichts gehört, ich weiß nicht, was du meinst. Wenn du etwas gehört hast, geh doch selbst nachschauen.« Er stand noch eine Weile vor seinem Bett, danach sagte er: »Nein, ich gehe nicht!« Er legte sich wieder ins Bett. Martin wusste also, dass man in solchen Fällen den Raum, in dem man sich befand, nicht verlassen sollte. Mit Martin war auch der kopflose Dämon zurückgekehrt. Am nächsten Morgen fragte ich unsere Kinder, ob sie in der Nacht etwas Verdächtiges gehört hätten, denn das Bad befand sich neben ihren Kinderzimmern. Ihre Antwort war ein klares Nein.

MARTIN KAUFT EIN NEUES AUTO

Am Freitagvormittag fuhr ich einkaufen. Als ich zurückkam, hörte ich Stimmen, die aus dem Wohnzimmer drangen. Als ich den Raum betrat, war mein Mann gerade dabei, einen Kaufvertrag für ein neues Auto zu unterschreiben. Im ersten Moment war ich darüber sehr verärgert und enttäuscht, dass er es vorher nicht mit mir abgesprochen hatte. Ich zog es vor, mich in Gegenwart des Autohändlers nicht zu äußern. Außerdem hätte es an der Situation nichts geändert. Nachdem der Verkäufer gegangen war, ließ ich meiner Enttäuschung freien Lauf. Ich fragte ihn, warum er kein Vertrauen zu mir habe und nicht vorher mit mir geredet habe. Er antwortete, dass er es nicht als Vertrauensbruch ansehe und er aufgrund seines Berufs unbedingt ein Fahrzeug brauche. Ich hatte kein gutes Gefühl, vermied es aber, mich auf weitere Diskussionen einzulassen. In den letzten Monaten hatte er des Öfteren mit seinem Auto kleine Unfälle gehabt, so wie Johanna es vorausgesagt hatte.

WIEDERAUFNAHME SEINER TÄTIGKEIT

Anfangs war er nur stundenweise in seiner Praxis tätig, bereits nach drei Wochen aber ganztägig. Dr. Monescu half nur noch stundenweise aus. Martin erholte sich erstaunlich gut. Es kam mir oft vor, als ob er noch mehr Energie und Kraft besäße als vor dem Unfall. Es dauerte nicht lange, und Luisa, die Hotelbesitzerin, meldete nachts einen Hausbesuch für ihren Sohn an. In den letzten Monaten vor dem Unfall hatte sie öfter nachts angerufen. Martin war jedes Mal hingefahren. Wie sich später herausstellte, rief sie immer dann an, wenn ihr Ehemann beruflich unterwegs war. Beide machten kein Geheimnis aus ihrer Affäre. Als sie von seinem Autounfall hörte, weinte sie ununterbrochen. Diese Trauer war auch ihrem Ehemann nicht entgangen.

Auch in dieser Nacht fuhr er zu ihr und kam erst nach drei Stunden zurück. Es schmerzte, sehen zu müssen, wie auch diese »beruflichen Angelegenheiten« wieder aufgenommen wurden.

VOLKSFEST

Ende Oktober gab es in unserer Nähe ein großes Volksfest. Der erste Tag war immer für Arbeitgeber und Arbeitnehmer reserviert. Wir waren insgesamt zehn Personen. Traditionsgemäß kamen die Angestellten mit ihren Ehemännern oder Freunden. Anfangs war die Situation sehr entspannt, und alle amüsierten sich. Nach allem, was Martin zugestoßen war, vertrat ich die Meinung, dass er keinen Alkohol trinken solle. Außerdem hatte er mir, nachdem er aus dem Koma erwacht war, versprochen, keinen Tropfen Alkohol mehr zu trinken. Gegen 21 Uhr bestellte er sein erstes Bier. Es war das erste seit dem Unfall. Danach bestellte er sich immer wieder ein Bier. Unsere Mitarbeiter sahen mich fragend an. Einer von ihnen sagte: »Aber Herr Doktor, eigentlich sollten Sie keinen Alkohol trinken!« Er schaute sie von der Seite an und antwortete: »Ja, aber heute mache ich eine Ausnahme.«

Nach drei Stunden war er sichtlich angetrunken. Irgendwann standen alle auf ihren Sitzbänken und sangen schaukelnd zum Rhythmus der Musik. Wir hielten Martin fest, damit er nicht ausrutschte. Die Sitzbank reichte ihm nicht aus, und er stieg auf den Tisch. Betrunken und taumelnd tanzte er darauf. Ich versuchte, ihn herunterzuholen, aber er weigerte sich. Es war wie vor dem Unfall, ich hatte Angst um ihn, und er amüsierte sich. Nach 15 Minuten wurde eine Musikpause eingelegt, und er setzte sich wieder hin. Die älteste Mitarbeiterin sagte, dass er aus seinem Unfall nichts gelernt habe. Weil sich Martin weigerte, in seinem betrunkenen Zustand nach Hause zu fahren, blieben wir bis zum Schluss. Es war gegen 0:30 Uhr, als wir ein Taxi bestellten. Zu Hause legte er sich sofort ins Bett. Früher hatte er mich in einem solchen Zustand beleidigt und geschlagen.

Am nächsten Tag wachte er mit sehr starken Kopfschmerzen auf. Er entschuldigte sich immer wieder bei mir, sein Versprechen nicht gehalten zu haben. Mit der letzten Nacht schwand auch meine Hoffnung, dass er sich ändern würde. Enttäuscht ging ich in die Küche, um das Frühstück vorzubereiten. Ich hörte unsere Kinder miteinander spielen. Nachdem sie mich gehört hatten, kamen beide in die Küche, um mir bei den Vorbereitungen zu helfen. Andrea, der selten etwas entging, fragte mit trauriger Stimme: »Papa hat wieder getrunken, nicht wahr?« Ich gab ihr keine Antwort, aber auch das war Antwort genug. Alexander hatte Tränen in seinen Augen. Es schmerzte mich, unsere Kinder so traurig zu sehen. Gleichzeitig empfand ich eine Wut über

Martins Verhalten und seinen schwachen Charakter, denn wer
so schnell sein Versprechen bricht, der nimmt sein eigenes Leben
nicht ernst. Er hätte wenigstens an unsere Kinder denken können,
aber es war sein Egoismus, der ihn dazu getrieben hatte. Heute
weiß ich, dass er bereits zum damaligen Zeitpunkt glaubte, mit
seiner Mutter alle Vorhaben verwirklichen zu können.

In Bad Abbach fanden häufig Versammlungen und Zu-
sammenkünfte für Ärzte statt. Manchmal wurden sie von den
Ärzten selbst organisiert, oft jedoch von Pharmafirmen. Neben
dem gemeinsamen Treffen wurden auch die neuesten Ereignisse und Änderungen bezüglich der Praxistätigkeit besprochen.
Mitte November wurden wir das erste Mal zu einer solchen Zu-
sammenkunft eingeladen. Ich lernte dabei mehrere Ärzte kennen.
Es war eine sehr nette Atmosphäre, und ich hatte das Gefühl, in
die Gemeinschaft aufgenommen worden zu sein. Martins Unfall
wurde von einigen Kollegen kurz angesprochen und man be-
kundete, wie schön es sei, ihn wieder dabeizuhaben. In diesem
Jahr folgten noch zwei Einladungen. Bei einer davon wurde ich
auf meinen Beruf angesprochen. Sie fanden ein Musikstudium
außergewöhnlich und sehr anspruchsvoll. Wir unterhielten
uns darüber. Ich merkte sehr schnell, dass meinem Mann dieses Thema nicht passte. An diesem Abend entschloss ich mich,
Klavierunterricht zu erteilen.

MEINE ERSTEN KLAVIERSCHÜLER

Innerhalb der nächsten zwei Wochen gab ich bereits drei
Kindern Klavierunterricht. Es machte mir sehr viel Freude; mit
der Zeit hatte ich insgesamt zehn Schüler. Sie kamen sehr gern
zum Unterricht. Mein Mann war darüber nicht sehr erfreut, denn

dadurch gewann ich einen Freiraum, außerdem wurde ich als Person anerkannt, nicht nur als die Ehefrau des Arztes.

UNSER ERSTER URLAUB

Nach diesem anstrengenden Jahr beschlossen wir, in den Urlaub zu fahren. Wir wählten die Dominikanische Republik. Am 22. Dezember wurde die Arztpraxis für drei Wochen geschlossen. An diesem Abend bereitete ich unseren Heiligabend vor. Am nächsten Tag flogen wir in den Urlaub. An unserem vorzeitigen Weihnachtsabend schmückten unsere Kinder und Martin den Christbaum. Alle hatten sehr viel Freude daran. Ich bereitete das Weihnachtsessen zu. Unsere Kinder freuten sich über die vielen Geschenke, auch Martin und ich genossen den Abend. Nach der Bescherung gingen wir gemeinsam in die Kirche.

Weil die Weihnachtszeit unsere Haupturlaubszeit war, flogen wir fortan jedes Jahr in den Urlaub. Unser vorgezogener Weihnachtsabend fand also jedes Jahr statt. Für mich war es die beste Lösung, um friedliche Weihnachten zu verbringen, weil Martin es die letzten drei Jahre fertiggebracht hatte, wegen Kleinigkeiten die Feiertage in Streitereien enden zu lassen.

Die Erklärung dafür erhielt ich später von Johanna. Heiligabend feiern die Christen die Geburt von Jesus Christus. Gottes Sohn kam auf die Welt, um uns vom Bösen zu erlösen. Dieses Gefühl vermitteln die Menschen, die mit ihm im Bunde sind, an Weihnachten. In solchen Familien herrschen Streitsucht und Unzufriedenheit. Später erfuhr ich, dass auch Martins Mutter an den Feiertagen streitsüchtig war.

Am Flughafen waren alle sehr aufgeregt. Denn es war unser

erster richtiger Urlaub. Vor unserer Buchung rief ich Professor Köpke an und fragte, ob mein Mann fliegen dürfe. Er meinte, dass er keine Bedenken hätte und wir den Urlaub antreten könnten. Er wünschte uns alles Gute und einen gelungenen Urlaub. Der Flug sollte 18 Stunden dauern. Die Flugbegleitung war sehr nett. Kurz nachdem Andrea und Alexander ihre Sitzplätze eingenommen hatten, bekam jeder von ihnen Stifte, einen Malblock und mehrere Weihnachtsgeschenke. Es waren viele Kinder an Bord. Ihre Augen glänzten vor Freude, und sie waren neugierig, was noch alles auf sie wartete. Es war ein ruhiger Flug, und nach einem kurzen Zwischenstopp, bei dem das Flugzeug aufgetankt wurde, flogen wir weiter.

Nach 20 Stunden kamen wir in der Dominikanischen Republik an. Es war sehr heiß. Wir bewohnten zwei geräumige Zimmer mit einer Verbindungstür. Unsere Kinder konnten es kaum erwarten, schwimmen zu gehen. Nachdem wir ausgepackt hatten und ich ihnen die Schwimmflügel angelegt hatte, machten wir uns auf den Weg zum Swimmingpool. Die ersten Tage vergingen wie im Fluge. Am Abend gab es oft Animationen und Vorstellungen für die Gäste.

Es war am Ende der ersten Urlaubswoche. Nachdem wir Platz genommen hatten, um bei einer abendlichen Vorstellung dabei zu sein, sagte Martin plötzlich, dass er den Fotoapparat vergessen habe. Er ging hinaus. Es waren 15 Minuten vergangen, und er war noch immer nicht da. Ich fing an, mir Sorgen zu machen, und wollte gerade aufstehen, um nach ihm zu suchen, als er hereinkam. Er sah mich eigenartig an. Seine Augen waren glasig und sein Gesicht dunkelrot gefärbt. Ich konnte es kaum fassen, aber er war betrunken. Es dauerte nicht lange, bis er anfing, mich zu beleidigen.

Es war wie in früheren Zeiten. Zum Schluss sagte er: »Ich werde es dir noch zeigen!« Enttäuscht stand ich auf und wollte den Raum verlassen. Er forderte mich auf, wieder Platz zu nehmen. Um mir weitere Beleidigungen zu ersparen, nahm ich unsere Kinder und ging. Martin folgte uns wortlos. Erst als wir im Zimmer waren, stieß er leise einige Schimpfwörter aus. Ich brachte Andrea und Alexander zu Bett. Beide waren aufgrund der unguten Situation sehr unruhig. Andrea sagte in einem sehr traurigen Ton: »Papa hat wieder getrunken!« Ich ging ins Bad, anschließend wollte ich zu Bett gehen. Martin forderte mich vom Balkon aus auf, ich solle mich zu ihm setzen. Um keinen Ärger zu bekommen, fügte ich mich. Ich hatte mich kaum hingesetzt, als er anfing, mich auf das Übelste zu beschimpfen. Er warf mir vor, Dr. Monescu zu viel Geld gezahlt zu haben. Zum Schluss warf er mir vor, ich würde ihn mit mehreren Männern betrügen. Bei diesem Satz sah er mich zufrieden an. Nach diesem unsinnigen Vorwurf konnte ich mir ein Lächeln nicht verkneifen und dachte: »Was du selbst tust, willst du mir in die Schuhe schieben!« Es war mir zuwider, eine Antwort darauf zu geben, zumal ich vermutete, dass er einen heftigen Streit anfangen wollte.

An diesem Abend offenbarte er mir, wie sehr er mich hassen würde. Ich saß da und musste mir, nach allem, was die letzten Monate passiert war, anhören, ich sei zu nichts fähig. Plötzlich stand er auf, baute sich vor mir auf und wollte mir eine Ohrfeige versetzen. Ich wich aus, er stolperte und schlug mit dem Kopf an die Wand. In diesem Moment kam unser Zimmernachbar auf seinen Balkon, um nachzuschauen, was passiert war. Ich entschuldigte mich für die Störung. Martin hielt mit beiden Händen seinen Kopf fest. Unser Nachbar schüttelte seinen Kopf und ging in sein Zimmer. Die Situation war sehr peinlich, und ich schämte mich.

Martins Zusammenstoß mit der Wand bewog ihn, sofort ins

Bett zu gehen. Bevor er einschlief, nahm er zwei Kopfschmerz-
tabletten. Außer einer Schürfwunde hatte er keine andere Ver-
letzung davongetragen. Auch ich legte mich ins Bett, doch konnte
lange nicht einschlafen. Ständig musste ich über den Sinn unseres
gemeinsamen Daseins nachdenken.

In der letzten Zeit rief seine Mutter täglich an, jedoch nicht bei
uns daheim, sondern in der Praxis. Ich wusste, dass sie uns nicht
mehr in Ruhe lassen würde. Meine Schwiegermutter und Martin
wollten meinen Tod, und anscheinend hatten sie ihren Kreuzzug
gegen mich fortgesetzt.

KAPITEL 2:
FORTSETZUNG ERSTER URLAUB

Am nächsten Morgen stand ich früh auf, um nach unseren Kindern zu sehen. Martin schlief noch immer sehr tief. Andrea und Alexander unterhielten sich laut in ihren Betten. Ich gesellte mich zu ihnen, und so blieben wir noch eine Weile liegen. Ich spürte ihre Traurigkeit und war sicher, dass sie uns am Abend belauscht hatten. Sie sprachen über den Weihnachtsmann, der seit dem 24. Dezember täglich den Speisesaal betrat und mit einer Glocke sein Kommen ankündigte. Er ließ sich zusammen mit den kleinen Gästen fotografieren. Das Foto wurde später an die Familienangehörigen verkauft. Ich bat sie, sich anzuziehen, damit wir frühstücken gehen konnten. Als ich unser Zimmer betrat, saß Martin auf seinem Bett, stützte seinen Kopf mit beiden Händen und sagte, dass es ihm leidtäte, was gestern Abend passiert sei.

Er wusste, dass ich nach solchen Abenden sehr verletzt war und mich über nichts mehr freuen konnte. So auch dieses Mal. Die nächsten Tage verliefen ohne Zwischenfälle. Über unsere Kinder lernten wir andere Gäste aus Deutschland kennen. Ein Ehepaar, das auch zwei Kinder im gleichen Alter hatte, genoss täglich reichlich Alkohol. Hier war es die Mutter, die sehr oft betrunken war. An einem Abend, als sie wieder völlig betrunken an der Bar saß, kamen ihr Ehemann und ihre zwei Kinder, um sie abzuholen. Sie weigerte sich, mit ihnen aufs Zimmer zu gehen. Dieses unschöne Schauspiel sahen mehrere Gäste und schüttelten darüber den Kopf. Es war Martin, der laut sagte: »Wie kann sich eine Mutter, die zwei Kinder hat, so betrinken?« Andrea und

Alexander schauten mich an, als ob sie sagen wollten: »Das sagt der Richtige.« Nach seinen tadelnden Worten fingen auch die anderen Gäste an, das unmögliche Verhalten der Mutter zu verurteilen. Es dauerte noch eine Weile, bis diese Familie uns verließ.

ALEXANDER IN LEBENSGEFAHR

In der zweiten Woche machten wir einen Ausflug ins Landesinnere. Wir sahen wunderschöne Landschaften und verschiedene Tierarten. Am Nachmittag kamen wir an einen Ort, der von Wasserfällen und von einer Gebirgslandschaft mit mehreren Schluchten umgeben war. Es war ein faszinierender Anblick. Wir verließen unseren Jeep, um auf einem vorgeschriebenen Pfad zum obersten Punkt des Gebirges zu gelangen. Es war sehr anstrengend, aber sehenswert. Von oben bot sich uns eine atemberaubende Landschaft. Die bunte Tierwelt zeigte sich in ihrer vollen Pracht. Nach einiger Zeit machten wir uns auf den Rückweg.

Martin hielt Andrea an der Hand, während ich für Alexander verantwortlich war. Plötzlich ließ er meine Hand los. Ich drehte mich um, damit ich sehen konnte, wo die anderen waren. Es dauerte nur Sekunden. Danach wendete ich mich Alexander zu. Mit Entsetzen musste ich feststellen, dass er nicht da war. Ich rief nach ihm, mein Mann und Andrea kamen sofort zu mir. Nachdem sie erfahren hatten, was passiert war, riefen auch sie nach ihm. Plötzlich hörte ich seine leise Stimme. Er rief nach mir. Ich musste genauer hinhören, woher sie kam. Unser Sohn hing an einem Felsen unterhalb des Pfades. Mit letzter Kraft hielt er sich an einem Stein fest. Ich schrie auf. Mein Mann erkannte sofort, was passiert war, und ohne lange zu überlegen, zog er Alexander zu sich hinauf. Mein Herz pochte wild, und ich dankte Alexanders Schutzengeln, dass er nicht abgestürzt war. Es dauerte eine Weile, bis wir uns beruhigt hatten. Martin beschimpfte ihn und meinte, er wäre nicht einmal fähig, einen geraden Weg zu gehen. Ich bin mir bis heute nicht sicher, ob mein Mann den Ernst der Lage wirklich erkannt hatte.

DAS JAHR 1991

Ab dem 8. Januar nahm alles wieder seinen gewohnten Gang. Die Wochen vergingen. In unserem Haus hörte ich gelegentlich eine Tür zuschlagen. Manchmal rief eine Stimme meinen Namen. Ich nahm die Geschehnisse zwar wahr, ignorierte sie jedoch und dachte nicht weiter darüber nach. Am 15. Februar sollte ein Treffen im Hotel von Luisa Wagner mit unserem Steuerberater Herrn Hermann stattfinden. Die Nacht davor rief sie an und verlangte, wie so oft, einen Hausbesuch für ihren Sohn. Martin fuhr hin und kehrte erst nach vier Stunden im Morgengrauen zurück.

DER ANGEBLICHE NÄCHTLICHE HAUSBESUCH

Am späten Nachmittag trafen wir uns alle im Wohnbereich von Luisa Wagner. Es wurden die Berechnungen für die Steuer besprochen. Nach 30 Minuten hörten wir Geräusche im Flur. Es war der angeblich kranke Sohn, der aus seinem Mittagsschlaf aufgewacht war. Er steuerte auf seine Mama zu, und ich fragte ihn, wie es ihm gehe, denn ich hatte gehört, dass er gestern krank war. Er sah mich etwas verwundert an, als er sagte: »Ich war gar nicht krank.« In diesem Moment schaute Luisa auf den Boden, während Martin verlegen lächelte. Im Laufe des Gesprächs erfuhr ich, dass Luisas Ehemann bereits seit zwei Tagen beruflich unterwegs war. Am späten Nachmittag war unser Gespräch beendet.

Nachdem sich alle verabschiedet hatten, gingen mein Mann und ich in die Praxis. Es warteten mehrere Patienten auf ihn. Er ging sofort ins Sprechzimmer. Ich folgte ihm, denn ich hatte das Bedürfnis, die nächtlichen Hausbesuche bei Luisa aufzuklären. Außerdem bemerkte ich, dass sich die beiden nicht wie zwei Bekannte angeschaut hatten. Es knisterte gewaltig zwischen ihnen. Ich war sicher, dass auch Herr Hermann die Situation durchschaut hatte.

MARTINS BEKENNTNIS

Im Sprechzimmer offenbarte ich ihm, dass ich vom Liebesverhältnis der beiden wüsste und er in der Unfallnacht auf dem Weg zu ihr gewesen sei. Martin schaute mich mit großen Augen an. Er wurde rot und fragte unsicher mit zittriger Stimme: »Hast du darüber schon mit Luisa gesprochen?« Ich antwortete, dass ich es als Nächstes tun würde. Er bat mich, es nicht zu tun. Nun war ich sicher, dass er die Räume für unsere Arztpraxis durch Liebesdienste ergattert hatte. Meine Vermutung, die ich von Anfang an hatte, wurde bestätigt. Er versprach, die Affäre zu beenden.

Später behauptete er, nie etwas mit Luisa gehabt zu haben, und ich hätte irgendetwas missverstanden. Jedes Mal, wenn ich ihm auf die Schliche gekommen war und ihn zur Rede stellte, meinte er, ich würde alles überbewerten. Um unsere Ehe nicht zu gefährden, nahm ich alle seine Lügen hin. Außerdem wollte ich, dass unsere Kinder in einer Familie mit beiden Elternteilen aufwachsen. Erst viel später merkte ich, dass ich mich damit in einen Selbstbetrug flüchtete.

Es war mittlerweile April geworden.

Martin wollte unbedingt seine Eltern besuchen. In den letzten Wochen war in unserer Ehe wieder mehr Ruhe eingekehrt. Er betrank sich nicht mehr, und auch die nächtlichen Hausbesuche, vor allem bei Luisas krankem Sohn, hatten aufgehört. Er fürchtete, ich würde dieses Liebesverhältnis publik machen.

BESUCH BEI DEN SCHWIEGERELTERN

Mitte Mai fuhren wir für ein Wochenende nach Polen. Es waren sehr schöne sonnige Tage, und deshalb verbrachten wir viel Zeit im Garten. Sabina erzählte wieder über ihre Nachbarn, die vor einiger Zeit ihr Haus gekauft und umgebaut hatten. So wie sie es sagte, überkam mich ein ungutes Gefühl, ja, beinahe Angst um die Nachbarn. Überall, wo meine Schwiegermutter ihre Hände im Spiel hatte, passierte etwas Schlimmes.

Ich vermutete, dass sie aus irgendeinem Grund Martin sehen musste. In dieser Zeit ging es weniger um mich als um ihren eigenen Sohn. Es gab einen Zusammenhang zwischen den gemeinsamen Treffen und der Führung der Arztpraxis. Martin ging es immer besser, es kamen immer mehr Patienten in unsere Arztpraxis. Bald wurde es die zweitbeste Praxis, nach der von Dr. Birnbaum. Die Frauen bewunderten ihn, außer unseren Angestellten, die Angst vor ihm hatten. Wenn man mit Martin längere Zeit zusammengearbeitet hatte, merkte man, dass von ihm etwas Furchterregendes ausging. Die Betroffenen konnten es nicht erklären, versuchten jedoch, sich nichts anmerken zu lassen.

Später erfuhr ich von Johanna, dass sich Menschen wie Martin sicherer fühlen, wenn sie Angst und ein ungutes Gefühl bei ihren Mitmenschen auslösen. Dadurch würde man sie in Ruhe lassen. Es war die Macht des Bösen, die von meinem Mann ausging. Durch die er einerseits gehasst, andererseits geliebt wurde.

Zwei Wochen nach unserem Besuch bei Martins Eltern bekam ich sehr starke Magenschmerzen. Ich ging zu Dr. Birnbaum. Er diagnostizierte Magengeschwüre. Es war das zweite Mal, dass ich mit dieser Krankheit zu tun hatte. Er wollte mich ins Krankenhaus einweisen, um mich behandeln zu lassen. Ich entschied mich jedoch dagegen, und er verschrieb mir für die nächsten drei Wochen ein starkes Antibiotikum. Ich bat Dr. Birnbaum, Martin davon nichts zu erzählen. Nach drei Wochen ging es mir wieder besser.

Meine Mutter hatte die Idee, dass Martin und ich mit seinen Eltern nach Fatima fliegen sollten, um die Familie Nidek zu bekehren. Sie erzählte es meinem Mann. Er war sofort einverstanden. Ich hatte Bedenken, mit seiner Mutter nach Fatima zu pilgern. Aber er war von der Vorstellung, mit seinen Eltern einige Tage in Portugal zu verbringen, sehr angetan.

MISSLUNGENE WALLFAHRT NACH FATIMA

Am 13. Mai 1917 erschien drei Hirtenkindern die Mutter Gottes. Am 13. Mai 1930 wurde die Glaubwürdigkeit der Erscheinung verkündet. Seit diesem Tag ist Fatima offiziell als Pilgerort anerkannt. Jedes Jahr vom 13. Mai bis 13. Oktober findet eine Prozession zu Ehren der Mutter Gottes statt.

Am 11. Juli flogen wir mit Martins Eltern nach Fatima. In dieser Zeit kamen meine Eltern zu uns. Seine Eltern sollten nicht enttäuscht werden, und so wurde das beste Hotel in der Umgebung gebucht. Doch wie es sich herausstellte, war das Beste nicht gut genug für sie. Nach dem dreistündigen Flug trafen wir im Hotel ein. Wir begaben uns auf unsere Zimmer, um uns etwas auszuruhen. Das Zimmer seiner Eltern befand sich neben unserem. Nachdem wir im Hotel eine Kleinigkeit gegessen hatten, machten wir uns auf den Weg in die Kirche, die sich am Anbetungsplatz befindet. Noch bevor wir eingetroffen waren, zeigte seine Mutter ihre Unzufriedenheit. Ihr Gesicht nahm wieder die mir bereits bekannten dämonischen Züge an. Um sich vom fünf Minuten langen Fußmarsch zu erholen, schlug sie vor, sich mit meinem Schwiegervater auf eine Bank zu setzen. Währenddessen sollten wir zur Anbetung in die Kapelle gehen. Martin bestand jedoch darauf, sie dabeizuhaben. Nach anfänglichem Widerstand willigte sie ein. Nach einer Stunde verließen wir den Anbetungsplatz. Wir gingen zurück ins Hotel. Vor Erschöpfung schliefen wir bald ein.

Irgendwann in der Nacht wachte ich auf. Martin schlief fest. Ich hörte laute Stimmen – es war ein heftiger Streit zwischen zwei Menschen. Zu meinem Erstaunen waren es meine Schwiegereltern. Einen derart heftigen Streit hatte ich bei ihnen bis dahin noch nie erlebt. Ich war neugierig, worum es ging. Es dauerte nicht lange, und mein Name fiel. Es ging also mal wieder um mich. Sie beschimpfte mich. Mein Schwiegervater nahm mich in Schutz, indem er sagte, dass ich ihnen mit dieser Wallfahrt eine Freude machen wollte. Sie ließ sich jedoch nicht überzeugen, worauf er ihr mit einer sehr dunklen und aufgeregten Stimme sagte: »Du böse Frau, fängst du wieder mit dem Ärger an! Sie wollte uns doch nur eine Freude machen. Halt endlich deinen

Mund!« Ich fand das Ganze widerlich und stopfte mir Watte in die Ohren, um wieder einschlafen zu können.

Am nächsten Morgen erzählte ich es Martin. Er sah mich verwundert an und fragte, ob es tatsächlich seine Eltern gewesen seien. Ich musste ihm keine Antwort darauf geben, denn ich spürte, dass er mir glaubte. Später wurde mir klar, dass sich beide nach außen hin bemühten, eine gute Ehe zu führen, während es nach innen sehr viel Ärger und Streitigkeiten gab. Nachdem Martins Vater jedes Mal nachgegeben hatte, wurde sie stärker und gewann die Oberhand.

Es war der 13. Juli. An diesem Tag, an dem die große Prozession stattfinden sollte, war meine Schwiegermutter bereits am Morgen ungenießbar. Sie hatte an allem etwas auszusetzen. Der Kaffee war ihr nicht gut genug und das Brot nicht richtig gebacken. Danach weigerte sie sich, mit uns auf den Gebetsplatz zu gehen, um an der Lichterprozession teilzunehmen. Martin ließ nicht locker. Sie gab ihren Widerstand auf und folgte uns.

Während wir am späten Nachmittag unsere Kerzen anzündeten und auf den Beginn warteten, bemerkte ich eine enorme Anspannung und Nervosität bei ihr. Ihr Gesicht verfinsterte sich, und sie entfernte sich immer weiter von uns. Auch Martin war es nicht entgangen, und er sagte leise: »Sie fängt schon wieder an!« Was so viel heißen sollte wie, dass es wieder Ärger geben wird. Auf dem Hauptplatz waren mittlerweile mehrere Tausend Pilger aus aller Welt zusammengekommen.

Nach der Zeit des Wartens wurde der Beginn der Prozession angekündigt. Es war sehr schön, und wir waren von der Stimmung ergriffen. Mit der Zeit wurde es dunkler, doch der Gebetsplatz war von vielen Tausend Kerzen hell erleuchtet. Vor der Prozession hatte man uns ein Blatt mit den Liedern in die Hand gedrückt, die gesungen werden sollten. So konnte jeder das Ave

Maria in seiner Sprache singen. Martin und ich hielten uns an den Händen und vergaßen alles um uns herum. Nach einiger Zeit bemerkten wir, dass seine Eltern nicht mehr zu sehen waren.

Angesichts dieser Menschenmenge dachten wir nicht weiter darüber nach. Als es vorbei war und die vielen Menschen allmählich auseinandergingen, warteten wir auf sie. Es dauerte nicht lange, und der Platz war fast leer, doch meine Schwiegereltern waren nirgends zu sehen. Martin wurde unruhig, und ich schlug vor, dass wir uns zum Ausgang begeben sollten. Denn von dort hatten wir alles besser im Blick. Wir mussten nicht lange warten, denn beide standen am Ausgangstor. Als ich ihre Gesichter sah, dachte ich: »Oh Gott, das wird noch interessant werden.« Mein Schwiegervater stand mit einem sehr finsteren Gesichtsausdruck da, während Sabina mit ihrem diabolischen Gesicht vor Wut zu platzen schien. Martin wurde nervös. Ich nahm mir vor, mich in diese Angelegenheit nicht einzumischen. Immerhin waren es seine Eltern und ich nur die ungeliebte Schwiegertochter. Mein Mann versuchte, seine Nervosität zu verbergen, als er fragte, warum sie sich von der Prozession entfernt hätten. Daraufhin sagte seine Mutter: »Ihr habt uns beide nicht mehr beachtet, außerdem weiß ich nicht, warum ich hier bin. Ich möchte wieder nach Hause.« Daraufhin sagte Martin: »Wie, du weißt nicht, warum du hier bist? Bist du nicht katholisch?« Sie beachtete ihn nicht. Dann sagte er sehr bestimmt: »Hat dich die Wut wieder gepackt? Wenn ich schon deine rote Nase sehe und deine Streitsucht! Extra für dich wird man bestimmt kein Flugzeug fliegen lassen.« Sie benahm sich wie ein kleines trotziges Kind. Es fehlte nur noch, dass sie anfing, mit ihren Füßen zu stampfen. Martin versuchte, sie zu beruhigen, um die Situation nicht zu verschlimmern.

Im Hotel angekommen, begaben wir uns auf unsere Zimmer. Am Tag vor dem Rückflug gingen Martin und ich nach dem

Frühstück den sogenannten Rosenkranzweg. Mein Mann zog es vor, nach dem gestrigen abendlichen Streit seine Eltern nicht mitzunehmen. Er sprach nicht über den Grund, aber ich wusste, dass sie den Weg mit uns ohnehin nicht gegangen wären. Außerdem wollte Martin eine weitere Eskalation vermeiden. Ich spürte, dass ihm das Ganze unangenehm war, vor allem, weil ich das Theater mit seiner Mutter mitbekommen hatte. In Zukunft konnte er sie nicht mehr wie bisher in Schutz nehmen und mir vor Augen führen, dass ich mir alles nur einbilden würde.

Nach drei Stunden kamen wir im Hotel an. Martins Eltern waren auf ihren Zimmern. Sie hatten noch nichts gegessen. Deshalb luden wir sie zu einem Mittagessen ein. Ich wunderte mich über ihren schnellen Wandel, denn sie benahmen sich, als ob nichts gewesen sei, und auch Martin schien alles unter Kontrolle zu haben.

Diese Familie war fähig, von einer Sekunde auf die nächste einen schrecklichen Streit heraufzubeschwören, um im nächsten Moment alles zu vergessen. Ihren Streit brauchten sie wie das tägliche Brot. Am nächsten Tag flogen wir nach Hause.

Alle spielten heile Welt. Ich war angewidert und erschöpft von den Machenschaften meiner Schwiegermutter und um eine Erkenntnis reicher: Aus einem Teufel macht man keinen Engel.

ENDLICH WIEDER ZU HAUSE

Unsere Kinder und meine Eltern erwarteten uns bereits, als wir am frühen Nachmittag nach Hause kamen. Alle waren neugierig, was wir zu erzählen hatten. Zuerst verteilte ich unsere kleinen Andenken. Es waren kleine Medaillen und Ansichtsfotos. Ich blieb bei unseren Kindern und meinem Vater. Er fragte mich lächelnd, ob meine Schwiegermutter die Tage in Fatima ohne Schaden überstanden hätte. Ich lachte und antwortete, dass man es so nennen könne, aber es habe nicht viel gefehlt und wir hätten alle einen Schaden davongetragen.

Inzwischen hatten sich Andrea und Alexander ihre Medaillen um den Hals gehängt. Auch meine Mutter wollte wissen, ob es irgendwelche Zwischenfälle mit meinen Schwiegereltern gegeben habe. Während des Essens unterhielten wir uns über die vergangenen Tage, über den Gebetsplatz, die Kirchen und vor allem über die Lichterprozession. Während Martin sehr angetan war, murmelte seine Mutter ab und zu etwas Unverständliches. Ich bemerkte, dass meine Schwiegereltern sich immer wieder anschauten. Es war ein Zeichen dafür, dass beide dieses Themas überdrüssig waren. Weil meine Eltern sehr neugierig auf den Film waren, den wir mit unserer Kamera gedreht hatten, machte sich Martin daran, diese an unseren Fernseher anzuschließen. Seine Mutter war sichtlich genervt und fragte: »Muss das heute sein?« In ihrer Stimme lagen Langeweile und Verachtung. Martin schaute sie verärgert an und fragte, ob sie damit irgendwelche Probleme hätte. Sie überhörte seine Frage.

Wir schauten uns den Film an. An einigen Stellen war zu erkennen, in welcher Verfassung Sabina war, die immer wieder mit einem bösen Blick in die Kamera schaute.

KAPITEL 3:
DIE ZEIT NACH FATIMA

Am Morgen des nächsten Tages fuhren meine Eltern zurück. Kurz davor kamen meine Schwiegereltern, um sich von ihnen zu verabschieden. Sie wünschten sich gegenseitig eine schöne Zeit und gute Fahrt. Meine Mutter sagte meiner Schwiegermutter, dass sie das Mittagessen bereits vorbereitet hätte und alles im Kühlschrank sei, man müsse es nur noch aufwärmen. Sabina nickte kurz mit dem Kopf, sagte aber nichts. Im Stillen dachte ich, dass sie bisher keinen Finger in der Küche gerührt hatte und es in Zukunft auch nicht tun würde.

Beide nahmen am Frühstückstisch Platz. Weil ich in die Praxis fahren musste, verabschiedete ich mich von ihnen. Ich vergaß jedoch eine Kleinigkeit und ging noch einmal zurück. Sie bemerkten es nicht und dachten, ich hätte das Haus verlassen. Plötzlich hörte ich von unten die Stimme meiner Schwiegermutter. Sie war sehr aufbrausend und laut und meinte, wie Katharina, meine Mutter, dazu käme, zu glauben, sie würde in diesem Haus kochen. Sie wurde immer lauter. Nachdem sie mit meiner Mutter fertig war, fing sie mit mir an. Sie warf mir vor, wie ich dazu käme, mit ihr nach Fatima zu fliegen und ihren Sohn anzustiften, mitzufahren. Danach sagte sie: »Anna ist ohnehin lungenkrank, sie wird sich nicht mehr lange freuen können. Wer wird sie dann noch wollen?« Ich erschrak über diese Worte.

Die Situation erinnerte mich an das, was mit Susannes Tochter vor einigen Jahren passiert war. Ich wurde unruhig, in diesem Moment ärgerte ich mich, sie ins Haus geholt zu haben. Aber ich hatte ja Johanna. Helmut, der bis dahin ruhig geblieben war, sagte: »Sie wollte uns beiden eine Freude machen.« Sie ging auf ihn los, beschimpfte ihn, er wäre gegen sie. Es folgten weitere Sätze, in denen alle anderen Eingeheirateten beschimpft wurden. Noch bevor sie mit ihren Anschuldigungen fertig war, ging ich die Treppe hinunter. Sie musste meine Schritte gehört haben, denn plötzlich wurde es still. Mit lauter Stimme sagte ich: »Bis später!«, und verließ das Haus. In der Praxis erzählte ich Martin, was vorgefallen war. Er meinte, dass es besser sei, sich dazu nicht zu äußern. Diese Frau durfte schimpfen, beschimpfen und verfluchen.

Natürlich hätte ich sie nicht mehr wegen ihrer bösen Worte angesprochen, um einen Streit zu vermeiden. Aber es war die gewohnte Situation. Während sie andere Menschen oft auf das Übelste beschimpfte und verfluchte, saß jeder da, ohne sich dazu zu äußern oder ihr die Grenzen aufzuweisen. Weil niemand mit ihr streiten wollte, ging ihr jeder aus dem Weg und musste ihre lächerlichen Äußerungen über sich ergehen lassen.

Martin und ich hatten auf eine schöne Zeit mit seinen Eltern in Fatima gehofft. Im Stillen dachte ich, dass seiner Mutter diese Wallfahrt guttun würde und sie für sich etwas Positives mitnehmen könnte. Ich hätte jedoch nie gedacht, dass dieser Ort in ihr noch mehr Wut und Hass aufkeimen lassen würde. Bereits in Fatima bedauerte ich es, sie mitgenommen zu haben.

Beide blieben noch zwei Tage bei uns, dann fuhr Martin sie nach Hause. In dieser Zeit sprach Sabina kaum ein Wort mit uns. Sie spielte die Beleidigte. In solchen Situationen forderten mein Mann oder sein Vater mich auf, mich bei ihr zu entschuldigen. Unklug, wie ich war, tat ich es, obwohl es mir kein einziges Mal leidtat. Erst später erfuhr ich, dass meine gespielte Unterwürfigkeit meine Schwiegermutter in ihrem diabolischen Vorhaben stärkte, mich jedoch krank machte. Damals erkannte ich, dass es anmaßend und ein völliger Fehlgriff war, einen Menschen, der mit dem Teufel im Bunde war, wieder auf den richtigen Weg bringen zu wollen. Ein Mensch, der nicht die Fähigkeit dazu besaß wie Johanna, sollte die Finger davon lassen, den Teufel zu besiegen. Dieses Wagnis kann jedem, der sich dem Teufel in den Weg stellt, das Leben kosten. Heute weiß ich, dass unser Vorhaben auch für mich sehr gefährlich war.

An diesem Tag blieb ich bis zum späten Nachmittag in der Arztpraxis. Unsere Kinder hatten Ferien, auch Andrea, die mittlerweile ein Vorschulkind war. Danach fuhr ich nach Hause. Mein Schwiegervater spielte mit Andrea und Alexander im Garten. Weil alle hungrig waren, machte ich mich daran, das Mittagessen aufzuwärmen. Die ganze Zeit war meine Schwiegermutter im Gästezimmer. Als sie mich hörte, kam sie aus ihrem Versteck. Auch die anderen kamen. Alle standen um mich herum. Sie beklagten sich, nichts zu essen zu bekommen. Es lief wie so oft auf einen Streit hinaus. Daraufhin sagte ich, ich wäre nicht ihre Bedienstete. Wir lieferten uns ein Wortgefecht, und dieses Mal hatte ich nicht vor, nachzugeben. Ich war froh, dass wenigstens Helmut sich um seine Enkelkinder gesorgt hatte. Sabina setzte sich mit ihrem diabolischen Gesicht auf die Terrasse. Andrea fragte mich, warum Oma so böse sei und sie sich mit ihnen nicht so nett unterhalten würde wie Opa. Ich antwortete, dass sie nach der langen Reise wahrscheinlich sehr erschöpft und deshalb nicht besonders unterhaltsam sei.

Ich war sehr erleichtert, als Martin seine Eltern an diesem Wochenende nach Hause fuhr. Am Abend vor ihrer Abreise fuhr Sabina mit ihm in die Praxis. Sein Vater blieb mit uns zu Hause. Martin meinte, dass seine Mutter den Wunsch geäußert hätte, noch vor ihrer Abreise unsere Arztpraxis zu sehen. Die Besichtigung dauerte drei Stunden. Als sie zurückkamen, war

Martins Mutter völlig verändert, nicht nur ihr Gesicht, sondern auch sie selbst. Ich spürte, dass ihre Gedanken sehr weit entfernt waren. Es schien, als ob sie sehr erschöpft sei. Sie ging sofort auf ihr Zimmer. Als ich Martin fragte, ob irgendetwas vorgefallen sei, lachte er und sagte: »Was soll das? Sie ist doch bloß müde!« Später wurde mir klar, dass auch er in die Rituale seiner Mutter eingeweiht war.

DAS RITUAL

An diesem Abend vollzog meine Schwiegermutter zusammen mit Martin ein Ritual in der Arztpraxis. Es bestand aus einer ihrer Anbetungen. Sie rief ihn mit der Bitte herbei, die Praxis mit Patienten zu füllen. Martin sollte den Menschen das Gefühl geben, ein guter Arzt und Mensch zu sein. Obwohl unsere Arztpraxis bereits viele Patienten hatte, wurde sie in den nächsten Wochen förmlich von ihnen überschwemmt. Es meldeten sich immer wieder neue Patienten an. Sie kamen von überall her. Irgendwann konnte Martin die Arbeit nicht mehr bewältigen, und so stellten wir einen Assistenzarzt ein. Das Ritual wurde von Martin und seiner Mutter in den nächsten Jahren mehrmals durchgeführt.

Als ich Johanna später fragte, woraus es bestand und wie es vollzogen wurde, antwortete sie, dass sogar der Gedanke daran für mich eine Gefahr darstellen würde und ich nie versuchen sollte, es in Erfahrung zu bringen.

PIOTR UND KAMILA

Zwei Wochen nach ihrer Abfahrt kam Martins Bruder Piotr mit Familie zu uns. Kamila spielte wie gewöhnlich die große Dame. Mir fiel auf, dass Martin sich sehr gut mit ihr verstand. Damals fragte ich mich, ob nicht mehr dahintersteckte als nur ein gegenseitiges gutes Verstehen. Es war bemerkenswert, wie zuvorkommend er gegenüber Kamila war. Es verletzte mich, wie sehr er darauf bedacht war, ihr zu zeigen, dass er sich nichts aus mir machte. Andauernd versuchte er, mich herumzukommandieren. Einmal wollte Kamila aufstehen und mir beim Abräumen helfen. Da bat er sie, sich wieder zu setzen, indem er sagte: »Anna wird es schon selbst schaffen, schließlich seid ihr unsere Gäste.« Als mir kurze Zeit später Martin in einem Befehlston sagte, ich solle einige Flaschen Bier bringen, antwortete ich ihm: »Ich trinke kein Bier, hol sie dir selbst.« Er warf mir einen Blick zu, der mich erschaudern ließ. Seine Augen wurden dunkel, fast diabolisch wie die seiner Mutter.

Oft war er sehr verändert, sowohl im Wesen als auch im Aussehen. Früher hatte ich Angst vor seinem Zorn und seinen Gemeinheiten gehabt. Jetzt stellte ich mir des Öfteren die Frage, mit wem ich zusammenleben würde. War es wirklich mein Mann?

An diesem Abend trank er ein Bier nach dem anderen. Kamila und Piotr standen dem in nichts nach, waren jedoch bei Weitem nicht so betrunken wie er. Irgendwann sagte sein Bruder, dass es Zeit sei, zu Bett zu gehen. Martin wehrte sich und meinte, dass es so schön sei, mit ihnen den Abend zu verbringen. Ich wurde immer unruhiger, weil ich spürte, dass dieser Abend nichts Gutes für mich bringen würde. Während Piotr seine Kinder zu Bett brachte, kümmerte ich mich um Alexander und Andrea. Erst als sie in ihren Betten waren, ging ich zurück zu unseren Gästen.

Noch bevor ich den Raum betrat, hörte ich Martins laute und lallende Stimme. Er beschimpfte mich, ich sei eine Last für ihn und würde ihn in seinen Wünschen behindern. Als er mich sah, sagte er: »Geh schlafen, wir brauchen dich hier nicht, außerdem ist dir meine Familie scheißegal!« Während Kamila dieses Auftreten genoss, versuchte sein Bruder, ihn zu beruhigen. Trotz seiner Beleidigungen setzte ich mich zu ihnen. Ich wusste, dass er, wenn ich mich entfernt hätte, später im Schlafzimmer gewalttätig werden würde. So hoffte ich, er würde im Wohnzimmer auf der Couch einschlafen. Ich hatte recht! Aber zuvor versuchte er mehrmals, mich zu schlagen. Immer wieder kam ihm sein Bruder dazwischen und beruhigte ihn. Als es Piotr zu viel wurde, sagte er zu Martin, dass er auf seine Probleme keine Lust hätte und in Zukunft darauf verzichten würde, uns zu besuchen.

Obwohl Martin betrunken war, war ich jedes Mal sicher, dass er davon wusste, was er tat. In seinem Alkoholrausch demonstrierte er seine Überlegenheit über mich, später auch gegenüber unseren Kindern. Sein Bruder blieb noch zwei Tage bei uns. Am nächsten Tag hörte ich, wie er zu Martin sagte, dass er, wenn sich die gestrige Situation noch einmal wiederholen sollte, mit seiner Familie sofort unser Haus verlassen würde. Tatsächlich gab es danach keine Zwischenfälle mehr.

DER UNERKLÄRLICHE UNFALL UND MARTINS WESENSVERÄNDERUNG

Irgendwann fragte ich Piotr, wie sich die Nachbarn seiner Eltern in ihrem umgebauten Haus eingelebt hätten. Er erzählte mir, dass die Nachbarin vor einigen Monaten tödlich verunglückt sei. Ihr Mann, der neben ihr am Steuer gesessen habe, überlebte, lag aber für längere Zeit im Koma. Diesen Unfall konnte sich niemand erklären, vor allem, weil es eine gerade Strecke und kein entgegenkommendes Fahrzeug beteiligt gewesen war. Das Ehepaar war gegen einen Baum gefahren. Seit diesem Unfall stand das Haus leer, denn weder die Tochter noch der Ehemann wollten das Haus bewohnen. Also wurde es zum Verkauf freigegeben.

Meine damalige Vermutung und innere Unruhe hatten sich bestätigt. Obwohl ich diese Familie nicht kannte, traf mich das Geschehene tief. Bis heute lässt mich der Gedanke daran nicht los. Für die tödlichen Wünsche meiner Schwiegermutter musste eine Familie zugrunde gehen. Das Haus ist nie verkauft worden. Alle Käufer, die es besichtigten, verließen es kurze Zeit später.

Nach diesem Abend war ich derart verletzt, dass mir Martin und seine Familie gleichgültig waren. Andrea und Alexander sprachen mich darauf an. Mit trauriger Stimme stellten sie fest, dass ihr Vater wieder einmal betrunken und mir gegenüber ausfallend geworden sei. In den nächsten zwei Tagen beschäftigte ich mich mehr mit unseren Kindern und meinen Neffen. Mit Martin und seinen Gästen sprach ich nur das Nötigste.

Mit der Zeit schlich sich ein bis dahin unbekanntes Gefühl bei mir ein. Es war nicht wie früher das Gefühl von Angst vor meinem Mann, sondern das Bewusstsein, mit einem fremden Wesen an meiner Seite zu leben. Nach dem Unfall wurde er selbstbewusster, und alles, was er vorhatte, gelang ihm. Es gab kaum einen Wunsch, den er sich nicht erfüllen konnte. Seine Patienten und Bekannten vergötterten ihn förmlich. Oft bekam ich zu hören, was für ein Glück ich hätte, mit einem so wundervollen Mann verheiratet zu sein. Es gab nur wenige Menschen, die mit ihm nichts zu tun haben wollten. Einer von ihnen war Dr. Birnbaum. Ich spürte, dass er Martin von Anfang an durchschaut hatte. Man sagt, dass ein schwerer Unfall, wie ihn Martin erlitten hatte, den Menschen zum Positiven verändern würde – nicht jedoch bei Martin.

In den Augen von Andrea und Alexander sah ich oft, dass sie Angst vor ihrem Vater hatten. Seine Gesichtszüge waren härter geworden, seine Augen kälter, ja, fast ausdruckslos. Menschen, die nicht seiner Meinung waren, beschimpfte er auf das Übelste und verfluchte sie. Es kam vor, dass sie plötzlich unerklärliche Unfälle erlitten und dabei starben. Auch deren Familienmitglieder wurden nicht verschont. Mit der Zeit stieg in mir der Verdacht auf, dass Martin während seines Komas eine Zeitlang tot gewesen sein muss. Damals erzählte er mir den Traum, in dem er angekettet auf einem Berg gestanden habe. Meine Vermutung war, dass in dieser Zeit seine Seele seinen Körper verlassen und sich etwas anderes seines Körpers bemächtigt hatte. Es war die einzige Erklärung, die ich für seine Wesensveränderung fand. Mit keinem anderen Menschen sprach ich darüber, außer mit Johanna. Mit Bezug auf meine Vermutung sagte sie, dass er ohne Gottes Gnade und die vielen Gebete der Mitmenschen nicht überlebt hätte. Später vermied sie es, mit mir darüber zu reden.

ANDREAS EINSCHULUNG

Mitte September wurde unsere Tochter Andrea eingeschult. An diesem Morgen war Martin auch dabei. Danach fuhren wir alle ins Restaurant, um dieses Ereignis zu feiern. Unsere Situation hatte sich wieder entspannt. Martin war seit Piotrs Besuch nicht mehr betrunken gewesen. Vor Kurzem hatte ich das Thema für meine bevorstehende Diplomarbeit erhalten. Martin wusste nichts davon, und ich hatte auch nicht vor, es ihm zu erzählen. Je weniger er über mein Studium wusste, desto besser konnte ich mich darauf vorbereiten.

Meine Klavierschüler kamen wöchentlich zum Unterricht. Seit Kurzem unterrichtete ich auch unsere Kinder. Bereits während ihrer Kindergartenzeit hatten sie musikalische Früherziehung erhalten. Bald stellte ich jedoch fest, dass es viel schwieriger war, eigene als fremde Kinder zu unterrichten. Deshalb entschloss ich mich, ihren Klavierunterricht bei einem sehr guten Klavierlehrer in Regensburg fortsetzen zu lassen. Dieser fand einmal wöchentlich statt. Bereits am Anfang stellte sich heraus, dass Alexander mehr Interesse und Begabung besaß als Andrea. Er übte täglich von sich aus, während Andrea immer wieder daran erinnert werden musste. Martin zeigte keine Begeisterung dafür. Im Gegenteil, jedes Mal, wenn sich Alexander in seiner Gegenwart ans Klavier setzte, wurde er von Martin unterbrochen: »Ich möchte hier keinen Krach hören, du kannst es ja sowieso nicht!« Alexander wusste, dass sein Vater das Klavierspiel nicht mochte, deshalb war er über diese Äußerung nicht besonders traurig.

In dieser Zeit erhielt auch Lorenz, der Sohn von Patrick und Dorota, Klavierunterricht. Die Idee dazu stammte von Patrick, während Dorota sich dagegenstellte. Nach einem Jahr musste er auf ihr Drängen hin den Unterricht abbrechen. Die Dummheit meiner Schwägerin kannte keine Grenzen.

URLAUB IN THAILAND

Im Dezember flogen wir während der Weihnachtszeit für zwei Wochen in den Urlaub nach Thailand. Es war das erste Mal, dass wir einen entspannten Urlaub ohne Martins Ausrutscher hatten.

Wir besprachen gemeinsam unseren bevorstehenden Hausbau. Der Baubeginn war für den kommenden Mai im Jahr 1992 vorgesehen. Die zwei Urlaubswochen vergingen sehr schnell, und das neue Jahr hatte begonnen. In den nächsten Monaten war ich arbeitsmäßig sehr überlastet. Ich musste mich gleichzeitig auf meine Diplomarbeit, die Arztpraxis, die Vorbereitungen für den Hausbau und die Familie konzentrieren. Aber ich hatte alles im Griff und viel Freude daran.

Mein Leben bestand in dieser Zeit aus Organisation und Durchsetzungsvermögen. Ich verhandelte mit den Architekten und Bauleitern. Das Thema meiner Diplomarbeit erforderte Interviews mit Musikern und Dirigenten. Martin kümmerte sich ausschließlich um seine Patienten, was mir meine Arbeit erleichterte. Denn so hatte ich Entscheidungsfreiheit und musste mich nicht mit seiner Meinung auseinandersetzen. In dieser Zeit ging es mir sowohl körperlich als auch psychisch sehr gut. Wir gingen sonntags oft in die Kirche, und es schien, als ob mein Mann endlich zu sich selbst gefunden hätte. Meine Vermutung über sein wahres Wesen hatte ich verdrängt.

SELTSAMER TRAUM

Anfang März hatte ich einen seltsamen Traum, den ich Martin nicht erzählte. Ich saß in einem Boot auf einem See. Es war kein Wasser, sondern dunkler, stinkender Schlamm. Das machte es mir unmöglich, mich vorwärtszubewegen. Plötzlich sah ich, wie sich aus dem Schlamm eine Hand in die Höhe hob. Es war wie ein Hilferuf. Sie war schmutzig, und ich griff nach ihr. Nachdem es mir gelungen war, sie halbwegs herauszuziehen, hielt ich sie fest. Danach wachte ich auf. Ich überlegte lange, was dieser Traum zu bedeuten hatte. Es gelang mir nicht, ihn zu verstehen. Doch auf die Antwort sollte ich nicht lange warten müssen.

Noch am selben Morgen erzählte mir Martin beim Frühstück, er hätte einen seltsamen Traum gehabt. Er sei im Wasser gewesen. Es war eher ein dicker Schlamm, und trotz großer Anstrengung sei es ihm nicht gelungen, die Oberfläche zu erreichen. Mit letzter Kraft hob er seine Hand in die Höhe, was ihm auch gelang. Plötzlich spürte er, dass jemand sie mit voller Kraft packte und versuchte, ihn aus dem Wasser zu ziehen. Dann wachte er auf.

Ich weiß bis heute nicht, warum ich ihm meinen Traum verschwieg. Denn es war Martins Hand, die aus dem Wasser ragte, und ich war diejenige, die ihn retten sollte. Nach diesem Traum machte ich es mir zur Aufgabe, ihm zu helfen. Ich hatte das Bedürfnis, ihm meine Hand zu reichen.

DIE GEFÄHRLICHE AUTOFAHRT NACH ITALIEN

Anfang April hörten wir von einem afrikanischen Bischof, der in einem kleinen Ort in Italien Exorzismus ausübte. Sehr viele Menschen, die vom Bösen besessen waren, suchten Hilfe bei ihm. Die Fahrten dahin organisierte eine Gruppe aus Ulm unter der Leitung von Pfarrer Hellwig. Telefonisch erfuhr ich, dass die nächste Fahrt für Ende April vorgesehen war. Ich meldete uns beide an, zog es aber vor, mit unserem Auto zu fahren. Auch Martin war damit einverstanden. Während die Gruppe unter der Leitung von Pfarrer Hellwig bereits am 27. April mit dem Bus startete, fuhren wir erst am 28. gegen Mittag los. Für uns war ein Zimmer im selben Hotel reserviert. Anfangs war die Fahrt wenig beschwerlich. Es verlief alles nach Plan. Erst nach den

Grenzübergängen, als wir auf der italienischen Seite waren, merkte ich, dass mein Mann sehr nervös wurde. Er schien übermüdet zu sein. Ich wollte ihn ablösen und das Lenkrad übernehmen, er weigerte sich jedoch und meinte, er würde es bis zum Schluss durchhalten. Es wurde immer dunkler, und wir waren fast allein auf der Autobahn.

DIE GESTALT AUF DER STRASSE

Plötzlich sah ich von Weitem eine dunkle Gestalt auf unserer Straßenseite stehen. Martin bemerkte es auch und schrie aufgeregt: »Was ist das?« Er bremste. Weil er sehr schnell gefahren war, war das plötzliche Bremsen sehr gefährlich. Ich bemerkte, dass wir uns der linken Leitplanke näherten. Wir liefen Gefahr, einen schrecklichen Unfall zu verursachen. Ich schrie: »Behalte die Geschwindigkeit bei, es ist kein Mensch!« Martin kam zu sich, erlangte allmählich wieder Kontrolle über den Wagen und fuhr geradewegs auf die Gestalt zu. Er fuhr durch sie hindurch. Im Rückspiegel konnten wir sie noch sehen. Die Erscheinung stand da, trug einen Hut, hatte jedoch keinen Kopf. Ich erkannte in ihm den kopflosen Dämon aus unserem Haus. Anscheinend sollte er unsere Weiterfahrt verhindern oder, noch schlimmer, wir sollten dabei beide umkommen. Auf der Weiterfahrt sprachen wir nur sehr wenig miteinander, und Martin drosselte die Geschwindigkeit. Die ganze Zeit über saß uns der Schrecken im Nacken.

Es war mittlerweile Nacht geworden, als wir ankamen. In der Dunkelheit suchten wir nicht mehr nach dem Hotel, sondern übernachteten im ersten Motel, das wir sahen. Gegen 1 Uhr legten wir uns schlafen. Weil ich den Wecker zu Hause vergessen hatte, befürchtete ich, dass wir den Gottesdienst am nächsten

Morgen verpassen könnten. Mir kam der Gedanke, dass die Verstorbenen, für die ich in letzter Zeit oft gebetet hatte, mir meinen Wunsch erfüllen könnten, uns zu wecken. Bevor ich einschlief, bat ich sie, mich um 5 Uhr morgens zu wecken. Woher ich die Eingebung hatte, weiß ich nicht. Aber ich tat es, obwohl mein Glauben, pünktlich geweckt zu werden, sich in Grenzen hielt. Ich sollte eines Besseren belehrt werden. Pünktlich um 5 Uhr morgens wachte ich auf. Trotz der anstrengenden Fahrt und meiner Erschöpfung war ich hellwach. Ich fühlte mich ausgeruht, wie schon lange nicht mehr. Auch Martin hatte keine Probleme, aufzustehen.

DIE FIGUR DER MUTTER GOTTES

Gegen 8 Uhr waren wir auf dem Vorplatz des Gebäudes, wo der Exorzismus stattfinden sollte. Der Platz war mittlerweile gefüllt mit Menschen aus den verschiedensten Ländern. Weil wir noch Zeit hatten, sahen wir uns einige Souvenirgeschäfte an. In einem Laden waren im Schaufenster mehrere Muttergottesfiguren ausgestellt. Eine davon gefiel mir besonders: Sie war 30 Zentimeter groß und aus Holz. In ihrer Hand hielt sie drei Rosen. Weil sie jedoch sehr teuer war, entschlossen wir uns, sie nicht zu kaufen. Auf dem Weg ins Gebetshaus sahen wir unsere Pilgergruppe mit Pfarrer Hellwig. Sie waren gerade dabei, den Reisebus zu verlassen. Pfarrer Hellwig war 65 Jahre alt, sehr schlank und grauhaarig. Wir hatten uns gegenseitig vorgestellt und schlossen uns der Gruppe an.

Das Gebetshaus war für mehrere Hundert Menschen vorgesehen. Wir hatten Glück, denn in den vorderen Reihen waren noch einige Sitzplätze frei.

DIE BEICHTE

Nach einiger Zeit sah ich einen Priester im hinteren Teil des Gebäudes auf einer Bank sitzen. Ich legte einige Blätter als Reservierungszeichen auf unsere Plätze. Dann ging zu ihm, mit der Bitte, mir die Beichte abzunehmen.

Ich erzählte ihm von unserer Ehe, meiner Schwiegermutter und über das Geheimnis ihrer Familie. Zum Schluss fragte er mich, ob mein Ehemann auch anwesend sei; ich nickte bejahend. In diesem Moment kam Martin zur Tür herein. Ohne vorher zu wissen, wer mein Ehemann war, deutete der Priester auf ihn und fragte: »Ist das Ihr Mann?« Ich nickte. Daraufhin sagte er: »Sie können für ihn nichts mehr tun, außer zu beten.« Ich war von seinem Ratschlag sehr überrascht, denn es klang so, als ob es für meinen Mann keine Hoffnung geben würde.

Kurze Zeit vor dem eigentlichen Beginn kamen dreißig Personen herein. Sie wurden in einen Raum, der mit Gittern verschlossen war, in die Nähe des Altars geführt. Es waren sehr viele Jugendliche unter ihnen. Sie schrien, spuckten auf den Boden und gaben obszöne Wörter von sich. Es waren Besessene, die nach Hilfe suchten. Anschließend betraten sieben Geistliche, unter ihnen Bischof Milingo und Pfarrer Hellwig, das Gebäude und gingen auf den Altar zu. Bischof Milingo hielt in seinen Händen das Allerheiligste mit der Hostie. In diesem Moment fingen die Besessenen an, furchtbar zu fluchen. Sie schrien und stießen unverständliche Worte aus. Ihr Benehmen glich dem wilder Tiere. Manche von ihnen erbrachen eine grüne Flüssigkeit. Ihre Wortfetzen hörten sich an wie das Gebrüll von Tieren.

Martin vermied es, sie anzuschauen. Er zog es vor, zum Altar oder auf den Boden zu starren. Er wurde sehr nervös. Wir beteten und sangen verschiedene Psalmen. Als es zum wesentlichen Teil, dem Exorzismus, kam, wurden die Besessenen noch lauter. Einer von ihnen sprach plötzlich Bischof Milingo in dessen Sprache an. Er musste ihn in irgendeiner Weise provoziert haben, denn der Bischof wurde laut. Sie unterhielten sich kurze Zeit in der Sprache, bis ihn der Bischof in deutscher Sprache nach seinem Namen fragte. Der Besessene lachte und trieb ein Frage-Antwort-Spiel mit ihm. Danach befahl ihm der Bischof, seinen Namen preiszugeben, was er auch tat. Die Besessenen schrien immer wieder in den Raum hinein. Ein seltsames Geschehnis ereignete sich mit einer Frau. Sie fiel mit voller Wucht zu Boden und fing an, sich wie eine Schlange zu bewegen. Sie kroch die Treppe hinauf und gab seltsame Laute von sich. Dieser Vorfall ging mir sehr nahe, vor allem, weil ich nicht nur eine neugierige Zuschauerin war, sondern etwas Ähnliches selbst erlebt hatte.

Es war die Zeit, als unser Nachbar Karl-Heinz mir ein Foto gebracht hatte, auf dem mein Gesicht einer Schlange ähnelte. Die ganze Zeit musste ich an die Figur der Mutter Gottes denken. Ich bedauerte es sehr, sie nicht gekauft zu haben, denn ich war sicher, dass sie bereits verkauft worden war.

Zum Schluss verließen zuerst die Priester den Raum. Anschließend wurden die Besessenen hinausgeführt. Einer von ihnen, ein junger Mann, machte zwei Schritte auf mich zu und schaute mich mit hasserfüllten Augen an. Um nicht in seinen Bann gezogen zu werden, senkte ich meinen Blick. In diesem Moment kam einer der Wärter und führte ihn hinaus.

Später erfuhr ich von Pfarrer Hellwig, dass diese Menschen zu ihrer eigenen Sicherheit in vergitterten Einzelzellen untergebracht seien. Es gab Phasen, in denen sie ihren Mitmenschen sehr weh tun konnten und sie sogar töteten. Später konnten sie sich an nichts mehr erinnern. Ihr Geist war von einem Dämon besetzt und verwirrt.

Nach dieser Zeremonie war ich froh, wieder draußen zu sein. Ich wollte unbedingt wissen, ob die Figur der Mutter Gottes bereits verkauft worden war, und so führte mich mein erster Weg in dieses Geschäft. Es war wie eine Eingebung, denn außer »meiner« Mutter Gottes waren alle anderen verkauft. Ich überlegte nicht lange und kaufte sie. Es war beinahe so, als ob sie auf mich gewartet hätte. Martin sprach kein Wort, er schien nervös und sehr verängstigt zu sein.

Damals hoffte ich, er würde endlich verstehen, womit er und seine Familie es zu tun hatten. Anschließend schlossen wir uns unserer Reisegruppe an und fuhren mit ihnen ins Hotel. Es war eine sehr nette Gruppe, mit vielen jungen Menschen. Nach dem Mittagessen begaben wir uns auf unsere Zimmer, um uns etwas auszuruhen. Gegen 16 Uhr schlug ich Martin vor, den Kaffee im Speisesaal einzunehmen und anschließend spazieren zu gehen. Er ging auf meinen Vorschlag nicht ein, weshalb ich allein ging.

GESPRÄCH MIT PFARRER HELLWIG

Im Speisesaal traf ich Pfarrer Hellwig und einige Mitreisende. Ich war froh darüber, denn ich hatte vorgehabt, mit ihm zu reden. Wir unterhielten uns über die Problematik der Besessenheit und über das Leiden dieser Menschen. Ich war sehr neugierig und fragte, wie es dazu kommen könne und wie es möglich sei, dass ein Familienmitglied die gesamte Familie mit hineinziehe. Er antwortete: »Wenn die Besessenheit und Teufelsanbetung generationsabhängig ist, dann opfert die schwangere Mutter ihr Kind bereits im Mutterleib dem Bösen. Diese Kinder fallen mit den Jahren immer mehr der Besessenheit zum Opfer. Die gesamte Zeit werden sie von der Mutter kontrolliert und unterdrückt. Sie dürfen keine Freundschaften pflegen, und wenn, dann nur, weil es zu ihren eigenen Gunsten ist.«

Von Johanna erfuhr ich später, dass Familie Nidek Angst vor der Mutter hatte. Für sie zählten nur die eigenen Kinder. Enkelkinder und Angeheiratete wurden nicht als Familienmitglieder betrachtet. Für ihre eigenen Kinder ging sie über Leichen. Als Gegenleistung mussten sie sich ihren Wünschen und ihrer Unterdrückung fügen. Hätte ich keine Hilfe von Johanna bekommen, die mich aufgeklärt hatte, hätte ich bis zu meinem Tod nichts darüber gewusst. Die Familie von Martin hielt fest zusammen. Ein Fremder sah in ihnen eine Horde streitsüchtiger Menschen. In Wirklichkeit wurde jeder Streit, wie heftig er auch war, sofort vergessen.

Meine Schwiegermutter durfte sich alles erlauben. Sie war das Oberhaupt des Übels. Die Eingeheirateten wurden beschimpft und verflucht. Trotz ihrer Gemeinheiten wurde sie von ihren eigenen Kindern immer in Schutz genommen. Dann hieß es, sie wäre nervös, übermüdet oder würde es nicht schlecht meinen. Fragte man zu viel, hieß es sofort, man würde sich alles nur einbilden.

Alle machten das Spiel mit, denn sie profitierten auch davon. Oft gingen unerreichbare Wünsche sehr schnell in Erfüllung. In unserem Fall war es der enorm schnelle Aufstieg und der Reichtum meines Mannes. Ich war nur Mittel zum Zweck, das im Nachhinein aus dem Weg geräumt werden sollte.

Martin brauchte für seine Zwecke eine nach außen gut funktionierende Ehe und ein gutes Familienleben, um in der Gesellschaft bestehen zu können, denn nur so fand er Anerkennung und Erfolg. Aber der Preis, den wir dafür zahlen mussten, war hoch.

Nach dem Kaffee ging ich spazieren, um über alles nachzudenken. Es war ein kleiner Ort mit nur 400 Einwohnern, der aber weithin sehr bekannt war. Am späten Abend kehrte ich ins Hotel zurück. Martin lag immer noch im Bett. Sein Gesicht war schneeweiß und mit Schweißperlen bedeckt. Er schlief sehr unruhig, und immer wieder murmelte er etwas vor sich hin. Ich erkannte sofort, dass es keine Krankheit, sondern die Auswirkung des Exorzismus war. Der Dämon seiner Mutter würde uns nicht in Ruhe lassen.

Nachdem Johanna bei uns zu Besuch gewesen war, dachte ich, dass er uns in Ruhe lassen würde. Aber ich hatte mich getäuscht, denn als Martin nach seinem Unfall aus der Rehabilitationsklinik zurück war, gab sich der Dämon immer wieder zu erkennen. Es sollte eine Warnung an mich sein. Mein Mann war bereits an den teuflischen Machenschaften seiner Mutter beteiligt. Ein Exorzismus war für ihn deshalb sehr gefährlich.

Die ganze Nacht schlief er sehr unruhig. Am nächsten Morgen fuhren wir nach Hause. Er wunderte sich darüber, nicht ausgeschlafen zu sein. An seinen Zustand und die unruhige Nacht konnte er sich nicht erinnern. Auf dem Rückweg ist nichts Außergewöhnliches vorgefallen. Martin vermied es, über den Exorzismus mit mir zu sprechen.

DER ELEGANTE BETTLER

Die nächsten Wochen verliefen ohne Zwischenfälle. Andrea und Alexander gingen sehr gern in die Schule und lernten gut. Mit meiner Diplomarbeit kam ich gut voran.

Eines Tages, nachdem ich einen Termin mit meiner Professorin bezüglich meiner Diplomarbeit wahrgenommen hatte, ging ich in eine nahegelegene Kirche. Ich kniete nieder und begann, zu beten, als mich jemand plötzlich am Arm rüttelte. Es war ein Mann, der mich um etwas Geld anbettelte. Ich war sehr erstaunt darüber, denn er trug einen schwarzen Anzug, ein weißes Hemd und eine Krawatte. Es deutete nichts darauf hin, dass er in Geldnot war. Mein Gehirn arbeitete auf Hochtouren. Warum sollte ich einem Menschen, der so elegant aussah, Geld geben? Im Stillen dachte ich, dass ihm etwas zugestoßen sei und er Geld brauche. Hin- und hergerissen nahm ich meine Geldbörse und gab ihm eine Mark. Er nahm sie in die Hand, bedankte sich mit einer Verbeugung und ging wieder. Plötzlich tat es mir leid, ihm nur diesen kleinen Geldbetrag gegeben zu haben. Es waren nur Sekunden vergangen, als ich mich nach ihm umdrehte. Aber außer der Person, die hinter mir saß, sah ich niemanden in der Kirche.

Daraufhin fragte ich sie, wo der Mann hingegangen sei. Sie sah mich erstaunt an, als sie fragte: »Welcher Mann?« Ich antwortete: »Hier war doch gerade ein Mann, wo ist er hingegangen?« Sie beteuerte: »Sie täuschen sich, außer uns beiden war kein anderer Mensch da.« Ich versuchte, meine Fassung wiederzufinden. Um kein Aufsehen zu erregen, bedankte ich mich bei ihr und entschuldigte mich, sie gestört zu haben.

Dieser Vorfall ließ mich lange Zeit nicht los. Ich dachte oft an den eleganten Mann und stellte mir immer wieder die Frage, warum er ausgerechnet bei mir um Geld gebettelt hatte. Später verglich ich ihn mit einem Engel, der mich auf die Probe stellen wollte, aus welchem Grund auch immer.

HAUSBAU

Nach vielen Wochen der Planung wurde endlich Anfang Juni mit dem Hausbau begonnen. In derselben Zeit wurden Martin neue Praxisräume in zwei verschiedenen Kurhotels angeboten. Weil sie sehr altmodisch und abgenutzt waren, musste eine Renovierung vorgenommen werden. Es war meine Aufgabe, mich damit zu befassen. Nach zwei Wochen Renovierung war es endlich so weit und Martin konnte mit den Sprechzeiten beginnen. Parallel dazu ließ ich auch unsere Hauptpraxis renovieren. Martin ließ mir bei meinen Entscheidungen freie Hand. Jedes Mal sagte er: »Du machst das schon!«, was so viel heißen sollte wie: »Kümmere dich um alles, den Stress damit hast du!«

Nach einigen Wochen war der Rohbau fertig. Nun war endlich die Einteilung unseres neuen Hauses zu erkennen. Auch hier war ich auf mich selbst gestellt. Ich nahm mir vor, die gesamte Innenausstattung selbst auszusuchen. Ende August wurde ich plötzlich schwächer. Ich war oft sehr müde. Mit der Zeit wurde ich sehr nervös. Diesen Zustand schob ich auf die enorme Arbeitsbelastung der letzten Monate. Es passierte oft, dass ich nachts plötzlich aufwachte und nach Luft rang. Ich hatte das Gefühl, ersticken zu müssen, es war wie während der Zeit vor meiner Schilddrüsenoperation.

WIEDER EINE UNHEIMLICHE BEGEGNUNG

Eines Nachts, es war im Halbschlaf, bemerkte ich etwas Kaltes auf meinem Hals. Nach kurzer Zeit spürte ich einen starken Druck auf meiner Kehle. Ich versuchte, mich zu wehren, aber es war vergeblich. Der Druck wurde immer stärker, und ich bekam keine Luft mehr. Es war ein Kampf ums Überleben. Ich versuchte, mich zur Seite zu drehen, was mir jedoch nicht gelang. Plötzlich ließ der Druck nach. Bald darauf spürte ich, wie eiskalte Finger meinen Hals entlangglitten. Ich setzte mich mit einem Ruck auf und rang mit aller Kraft nach Luft.

Jeder andere Mensch wäre dabei aufgewacht, nicht aber Martin. Als alles vorbei war, schaute ich zu ihm und bemerkte, dass seine Augen halboffen waren, danach schloss er sie wieder. Ich war sicher, dass er meinen Kampf beobachtet hatte. Trotzdem ließ ich mir nichts anmerken. Diese Vorfälle ereigneten sich immer wieder.

Einen Monat nach diesem Vorfall ereignete sich etwas Seltsames. Martin und unsere Kinder verließen frühmorgens das Haus. Danach räumte ich den Frühstückstisch ab und ging ins Schlafzimmer, um mich für den Tag fertig zu machen. Ich hatte vor, in die Praxis zu fahren. Durch den Hausbau waren einige schriftliche Angelegenheiten unerledigt geblieben. Diese wollte ich nachholen. Bevor ich unser Schlafzimmer verließ, sprach ich ein kurzes Gebet und bat Gott für uns alle um einen guten Tag. In der letzten Zeit tat ich es oft, und wenn ich das Bedürfnis hatte, mich auszusprechen, setzte ich mich vor die Figur der Mutter Gottes und erzählte ihr mein Anliegen. Hinterher fühlte ich mich besser. Unser Hausbau nahm immer mehr Gestalt an. Es waren bereits Fenster und Außentüren eingesetzt worden, und es wurde mit dem Innenausbau begonnen.

Ich verließ das Schlafzimmer und war bereits auf der Treppe, als ich völlig unerwartet folgenden Satz aussprach: »Du wirst dich nicht mehr lange freuen, denn dein Sohn wird sich beide Arme brechen.« Ich erschrak nicht nur über das, was ich sagte, sondern auch darüber, wie ich es sagte. Es war ein dunkler, kratziger, fast männlicher Unterton dabei. Ich blieb längere Zeit stehen und dachte darüber nach, was gerade passiert war. Ich war nicht sicher, ob der böse Geist mit mir ein Spiel getrieben hatte. Eines war sicher: Ich sollte weiter gequält werden.

Oft, wenn ich mich gefreut hatte und fast glücklich war, passierte etwas Unerwartetes, was mich in die Wirklichkeit zurückbrachte. Es ging dabei darum, mich nicht freuen zu dürfen, vor allem aber, nicht glücklich zu sein. Die Ursache dafür war entweder Martin und seine Mutter oder der böse Geist. Letzten Endes war alles eine Einheit. Ich spürte, dass sie nach meinem Leben trachteten. Kein einziges Mal in unserer Ehe habe ich es so intensiv gespürt wie an diesem Morgen. Andererseits wusste ich, dass der Dämon, solange ich mich an Gott wandte und meinen Glauben nicht verlor, seine Aufgabe, mich umzubringen, nicht vollenden konnte.

Heute wie damals bin ich davon überzeugt, dass mein starker Glaube an Gott mich vor dem Schlimmsten bewahrte. Jedes Mal, wenn ich glaubte, es ginge nicht weiter, wurde mir ein Weg gewiesen, die Gefahr von mir abzuwenden. Johanna war der Schlüssel dafür, durch sie erfuhr ich, womit ich es zu tun hatte.

KAPITEL 4:
HAUSBAU

HELLSEHERISCHE FÄHIGKEITEN

Einige Tage nach dem Vorfall mit der Stimme, die mir sagte, dass Alexander sich seine Arme brechen würde, veränderte sich etwas in mir. Ich wurde unruhiger. Anfangs war es nicht schlimm, aber mit der Zeit konnte ich verschiedene Begebenheiten vorhersehen. Ich sah unsere Nachbarin, deren Begegnung ich meistens vermeiden wollte, mit einem schwarz gepunkteten Kleid um die Ecke kommen. Es dauerte nicht lange, und sie stand tatsächlich so bekleidet vor mir da. Sehr oft sah ich Autounfälle, die sich kurze Zeit später ereigneten. Auch was Martin und seine Liebschaften anging, konnte ich vorhersehen. Es dauerte eine Weile, bis ich bemerkte, dass es hellseherische Fähigkeiten waren.

UNFALL VON KARL-HEINZ

Eines Tages sah ich unseren Nachbarn Karl-Heinz eine breite Treppe hinunterstürzen. Zwei Tage darauf war er mit seiner Frau in München. Auf dem Weg in die U-Bahn stürzte er die Treppe hinunter. Er blieb mehrere Wochen im Krankenhaus, bis er den Folgen seines Unfalls erlag. Während er noch lebte, hatte ich eine Vision, dass seine Frau Regina von ihm frei sein wollte. So hatte ich die beiden noch nie zuvor gesehen. Es machte mir Angst, Dinge zu erkennen, die mich nichts angingen. Das Schlimmste dabei war, das zu wissen und nichts dagegen tun zu können.

Nach seinem Tod war sie wie verwandelt. Sie kaufte sich ein Auto, obwohl sie angeblich eine Nervenkrankheit hatte und nicht fähig war, ein Fahrzeug zu führen. Sie genoss das Leben in vollen Zügen.

Überall erzählte sie, es sei ein Wunder geschehen, denn sie wäre wieder gesund. Mit Sicherheit hätte ich diesen Vorfall mit anderen Augen gesehen, wenn nicht meine Fähigkeit gewesen wäre, die Wahrheit zu erkennen. In dieser Zeit dachte ich oft an meine Begegnung mit dem eleganten Mann in der Kirche.

URLAUB IN MEXIKO

Unsere Weihnachtsfeiertage verbrachten wir in Mexiko. Abgesehen von Martins zwei Ausrutschern, bei denen er sich betrank und mich beleidigte, war der Urlaub erträglich. Ich fragte mich nicht mehr, wieso er das tat, denn ich kannte die Antwort bereits. Ich durfte mich nicht freuen.

Nun hatten wir das Jahr 1993. Es war das Jahr, in dem unser Sohn Alexander seine Erstkommunion empfangen sollte.

TERMIN BEI DR. BIRNBAUM

Die nächsten Wochen vergingen ohne Zwischenfälle, ich fühlte mich jedoch sehr schwach und machte einen Termin bei Dr. Birnbaum aus. Neben der allgemeinen Untersuchung ordnete er eine Blutuntersuchung an. Nachdem alle Ergebnisse da waren, rief er mich zu sich. Er sah mich sehr ernst an und sagte, dass die Untersuchungen nichts gezeigt hätten, ich jedoch sehr krank aussähe. Dann schaute er mich eine Weile an und sagte: »Dir hilft nur noch der Rosenkranz.« Ich wunderte mich über solche Worte, denn es schien fast so, als ob er wüsste oder vermutete, was sich bei mir abspielte. Irgendetwas warnte mich davor, es ihm zu sagen. Beim Abschied sagte er: »Du solltest dich entscheiden. An dieser Ehe gehst du zugrunde.« Ich war verwirrt und fragte mich, ob außer ihm auch andere meinen Zustand sehen konnten.

UNFALLFOTOS

Einige Tage vor den Osterfeiertagen besuchte uns Martins Bruder Piotr mit Ehefrau Kamila. Sie hatte zugenommen. Piotr zeigte Fotos von Martins Unfallauto, die er direkt nach dem Unfall gemacht hatte.

Nach Martins schwerem Unfall wurde sein Fahrzeug abgestellt, damit es von der Polizei und der Versicherung untersucht werden konnte. Die Fotos zeigten den schlimmen Zustand des Wagens. Einige waren im Inneren des Wagens gemacht worden. Man konnte das Blut sehr gut erkennen. Mich durchlief bei diesem Anblick ein kalter Schauer. Piotr zeigte sie mit einer Begeisterung, als ob er gerade einen Kuhhandel erfolgreich abgeschlossen hätte. Martin wurde blass, und ich empfand nur noch Ekel. Um der Sache ein Ende zu bereiten, sagte ich, dass seine Demonstration überflüssig und ekelerregend sei, und er solle uns die Details auf seinen Fotos ersparen. Daraufhin schaute er mich entgeistert an, packte seine Fotos zusammen und sagte: »Das macht doch nichts, außerdem ist der Unfall schon längere Zeit her.« Wir äußerten uns nicht dazu, und er gab es auf, uns damit zu belästigen. Seit dieser Zeit wurde nie wieder darüber gesprochen.

ALEXANDERS ERSTKOMMUNION

Am Weißen Sonntag, eine Woche nach Ostern, fand Alexanders Erstkommunion statt. Die Einladungen waren seit längerer Zeit verschickt und das Notwendigste erledigt worden. Unser neues Haus war fast fertig. Es fehlte nur noch das Treppengeländer. Für mich stellte sich die Frage, wo wir unsere Gäste unterbringen sollten. Es waren 35 Personen, die von weit her angereist kamen. Jeder von ihnen benötigte zwei Übernachtungen. Martin überließ mir die Entscheidung. Außer seinen und meinen Eltern sollten alle anderen in einem Gästehaus untergebracht werden, seine Eltern in unserem derzeitigen Haus, meine Eltern mit Robert und Jörg in unserem neuen Haus. Für mich schien die Lösung perfekt zu sein, denn ich wollte mit allen Mitteln verhindern, dass Sabina und Helmut in unserem noch unbewohnten Haus übernachteten. Dass sie und mein Schwiegervater in unserem aktuellen Haus untergebracht waren, sollten sie als Bevorzugung ansehen. Wie sehr ich mich mit dieser Lösung geirrt hatte, sollte sich bald herausstellen.

Am Samstag, einen Tag vor der Erstkommunion, kamen alle Gäste an. Nach dem Abendessen brachte Martin meine Eltern und meine Brüder in unser neues Haus. Anschließend begleitete er alle anderen Gäste in die umliegenden Gästehäuser. Unsere Kinder waren sehr aufgeregt, vor allem natürlich Alexander.

Nun war der große Tag endlich da. Am Morgen kamen meine Eltern und Geschwister zum Frühstücken. Bereits zu diesem Zeitpunkt spürte ich Spannungen zwischen meinen und Martins Eltern. Es wurde nicht viel gesprochen. Weil ich mit den Vorbereitungen für die Kirche sehr viel zu tun hatte, konnte ich mich nicht um unsere Gäste kümmern. Ich war froh, dass die anderen ihr Frühstück bereits im Gästehaus eingenommen hatten und wir uns erst vor der Kirche sehen sollten. Meine Schwiegermutter verzog ihr Gesicht, als Alexander auf dem Vordersitz im Auto Platz nahm. Immerhin war er der Ehrengast. Noch bevor sie etwas dazu sagen konnte, meinte Martin, dass es Alexanders Feier sei und sie sich zusammenreißen solle. Die Feier in der Kirche war sehr beeindruckend. Alexander empfing seine erste heilige Kommunion, und wir waren stolze Eltern.

Nachdem die Gruppenfotos gemacht worden waren, fuhren wir zum Mittagessen nach Hause. Ich hatte dafür zwei sehr fähige Köchinnen engagiert. Weil die Wohnzimmermöbel bereits im Keller im neuen Haus untergebracht waren, hatten wir sehr viel Platz für unsere Gäste. Die Tische waren feierlich geschmückt. Alexanders Platz wurde zusätzlich mit verschiedenen Blüten verziert. Vor lauter Freude über seine Geschenke war er ziemlich durcheinander. Auch Andrea bekam von vielen eine Kleinigkeit, um über die Bevorzugung ihres Bruders nicht traurig zu sein. Immer wieder ging ich in die Küche, um nach dem Rechten zu sehen und die Speisen auf die Gäste zu verteilen. Nun war es an der Zeit, den Gästen die Fleischstücke zu servieren.

Auf jedem Teller wurden diverse Soßen angeboten. Martins Schwester Dorota und mein Bruder Patrick saßen neben meinen Schwiegereltern. Ich steuerte mit einer Fleischplatte in ihre Richtung. Noch bevor ich die Platte auf den Tisch stellen konnte, kippte sie zur Seite, und die Soße landete in Dorotas Schoß. Mit einem Satz sprang sie auf und sah mich wutentbrannt an. In diesem Moment fiel mir nichts Besseres ein, als zu sagen: »Es tut mir sehr leid. Wenn du dein Kostüm in die Reinigung bringst, werde ich natürlich die Kosten übernehmen.« Dorota wurde rot und setzte sich wieder. Sabina dagegen wurde blass und wütend. Es war eine für mich sehr peinliche Situation. Ich entschuldigte mich noch einmal und ging wieder in die Küche. Insgesamt gesehen, war es eine sehr schöne Feier. Außer diesem Zwischenfall war alles sehr gelungen.

AUSFLUG NACH ALTÖTTING MIT FOLGEN

Unser Pfarrer organisierte für den nächsten Tag für alle Erstkommunikanten und deren Eltern eine Fahrt nach Altötting. Als meine Schwiegereltern und Dorota es hörten, wollten sie unbedingt mitkommen.

Am nächsten Morgen waren die meisten Gäste abgereist. Geblieben waren nur noch unsere Eltern und unsere Geschwister. Auch Stefan und Susanne waren dabei. Meine Schwiegereltern und Patrick mit Familie machten sich auf den Weg nach Altötting. Entgegen ihren Erwartungen setzte ich mich im Bus zu den anderen Eltern. Patrick fuhr mit seiner Familie im eigenen Auto. Der Ärger stand ihnen ins Gesicht geschrieben. Ich machte mir nichts daraus, denn es war Alexanders Tag. Außerdem war der Ausflug für die Kinder und deren Eltern gedacht. Am Ort besichtigten wir eine Plattform, an der das Leiden Christi dargestellt wurde.

Anschließend wurden die Erstkommunikanten vom Pfarrer zum Essen eingeladen. Die Eltern durften mit. Ich bemerkte, dass meine Gäste Hunger hatten und sich uns anschließen wollten. Ich hatte nichts dagegen, klärte sie jedoch auf, dass sie ihr Essen selbst bezahlen müssten. Daraufhin beschlossen sie, nach Hause zu fahren. Die Wut in den Augen meiner Schwiegermutter und Dorotas war mir nicht entgangen. Ich hatte endlich meine Ruhe. Am späten Abend fuhren wir zurück nach Hause. Ich hatte ein ungutes Gefühl in Hinblick auf Martins Familie und vermutete, dass es Ärger geben würde.

Hier erwarteten uns meine Eltern und Martin. Er schien

verärgert zu sein. Ich fragte nach seinen Eltern und Dorota, und er sagte: »Die spinnen doch alle!« Wie sich bald herausstellte, waren sie einfach abgereist. Es war spät, und ich war sehr erschöpft.

Am nächsten Morgen, als Martin in die Arztpraxis gefahren war und unsere Kinder in der Schule waren, klingelte es an der Tür, und meine Eltern kamen herein. Ich war sehr neugierig, was sich gestern mit Sabina und Helmut zugetragen hatte. Während des Frühstücks, berichtete meine Mutter, hatte Susanne beschlossen, mit ihrer Familie nach Hause zu fahren. Meine Mutter bat sie, noch bis zum Kaffee zu bleiben, denn bis dahin seien wir aus Altötting zurück. Sie sagte, dass sie Sabina nicht mehr sehen möchte, denn sie hätte keine Lust auf einen Streit. Meine Mutter meinte, dass alles in Ordnung sei.

Meine Cousine lachte und bemerkte: »Sie kocht vor Wut. Du hast sie noch nicht richtig kennengelernt!« Sie aßen eine Kleinigkeit, hatten es aber sehr eilig, loszufahren. Meine Brüder schlossen sich ihnen an, und so fuhren sie alle gemeinsam. 15 Minuten nachdem sie abgefahren waren, kamen meine Schwiegereltern und Dorota mit ihrem Mann bei uns an. Sie benahmen sich wie eine Horde wilder Tiere. Vor allem Martins Mutter und Dorota riefen laut: »Wir waren in Jerusalem, wir waren in Jerusalem in der tollen heiligen Stadt!« Es dauerte einige Minuten, bis sie sich beruhigt hatten.

Weil meine Eltern einen Streit vermeiden wollten, verließen sie den Raum, während sich die aufgebrachte Gesellschaft ans Essen machte. Danach gesellten sie sich zu ihnen, in der Hoffnung, sie hätten sich beruhigt. Um ein Gesprächsthema anzufangen, fragte meine Mutter, wie es war. Daraufhin sagte Martins Mutter, dass sie das letzte Mal mit mir irgendwo hingefahren sei. Meine Mutter meinte, dass es lediglich ein Geschenk des

Pfarrers an die Erstkommunikanten und deren Eltern gewesen sei. Von meiner Schwiegermutter wurde ich beschuldigt, die Fleischsauce mit Absicht auf Dorotas Kostüm geschüttet zu haben, um sie lächerlich zu machen. Weiterhin wäre es eine Unverschämtheit, nicht im neuen Haus übernachten zu dürfen. Schließlich wäre sie die Mutter von Martin. In diesem Moment kam Martin von der Praxis. Er hatte noch die letzten Worte gehört, denn er fragte in schroffem Ton: »Was habt ihr wieder?« Danach wandte er sich an seine Mutter und sagte: »Fängst du schon wieder einen Streit an?« Daraufhin beruhigte sich die Situation etwas.

Nach dem Kaffee wollten meine Schwiegereltern und Dorota unbedingt das neue Haus sehen. Martin fuhr mit ihnen hin, meinte aber, er könne mit ihnen nicht hinein, weil ich den Schlüssel hätte. Diese Ausrede mussten sie akzeptieren. Als sie zurück waren, beschimpfte Sabina mich, ich würde Martins Geld verschwenden. Sie hätte ihn schließlich studieren lassen, damit er sie später finanziell unterstützt, und nicht, um irgendwelche Villen zu bauen. Es war purer Neid. In diesem Moment schämte sich Martin für seine Mutter. Er sagte, sie solle mit dem Blödsinn endlich aufhören und sich beruhigen. Sie verkündete, dass sie noch mindestens eine Nacht bleiben müsse, um im neuen Haus übernachten zu können. Als Martin ihr sagte, sie könne nicht hinein, wurde sie sehr zornig und sagte laut: »Ich muss dort aber übernachten!« Als er sich weiterhin weigerte, meldete sich Piotr zu Wort und sagte, dass er noch heute nach Polen fahren müsse, und wenn sie nicht mitwolle, so müsste sie mit dem Bus oder Zug zurückfahren. Nach einer kurzen Debatte willigte sie ein. Sie packten ihre Koffer. Um 18 Uhr verließen alle unser Haus.

Es war das erste Mal in unserer Ehe, dass mein Mann sich gegen seine Mutter gestellt hatte.

Nach dem Frühstück wollten meine Eltern zurückfahren. Ich

bat sie, noch einige Tage bei uns zu bleiben. Ich war froh, dass sie mit meinem Vorschlag einverstanden waren. Danach fuhr ich in die Universität, um einen Besprechungstermin mit meiner Professorin wahrzunehmen. Wegen der Endarbeiten im neuen Haus waren meine Eltern gezwungen, in unser Gästezimmer umzuziehen. Als ich Martin am Abend auf die Situation zwischen seinen Eltern und Dorota ansprach, winkte er ab und sagte, er wolle nichts mehr davon hören. Es war das alte Spiel. Man sprach nicht über das Gewesene.

DIE MISSLUNGENE BEICHTE

Am nächsten Tag sagte meine Mutter, dass ich nach all dem, was ich in den letzten Jahren durchgemacht hatte, über eine Beichtgelegenheit nachdenken sollte. Damit meinte sie unsere Streitereien und Beschimpfungen. Ich war von ihrer Idee nicht begeistert und sagte, dass nicht ich eine Beichte brauchte, sondern Martin. Sie ließ nicht locker. Nach zwei Tagen fuhr ich schließlich mit meinem Vater nach Altötting. Zuerst mussten wir einen Priester finden, der mir um die Mittagszeit die Beichte abnahm. Erst um 14 Uhr erklärte sich ein Geistlicher dazu bereit. Ich wurde in einen eigens dafür eingerichteten Raum geführt. Wir setzten uns an einen Tisch; er zündete eine Kerze an. Ich fand es seltsam, dass er an einer Hand zwei goldene Armbänder und viele Freundschaftsbänder trug. Danach fing ich mit der Beichte an.

Ich erzählte ihm von unserem Kennenlernen, unserer misslungenen Ehe, über Johanna und den bösen Geist in unserem Haus. In dem Moment, als ich ihm von der Gestalt ohne Kopf erzählte, sprang er auf und schrie: »Sie sind ja geistesgestört, Sie gehören in die Psychiatrie, raus hier!« Er warf mich hinaus.

Ich war sprachlos und über seine Reaktion sehr überrascht. Erst später erkannte ich, dass es nicht so sehr Wut, sondern Angst davor war, was ich ihm sonst noch alles erzählen würde. Auch er war nur ein Mensch, der seine Geheimnisse hatte. Nachdem er mich rausgeworfen hatte, ging ich zu meinem Vater. Er saß draußen auf einer Bank und wartete auf mich. Ich erzählte ihm, was passiert war.

Ich war so empört und enttäuscht, dass ich sagte, ich würde nie wieder zum Beichten gehen und mir außerdem überlegen, ob ich überhaupt noch eine Kirche besuchen würde. Er bat mich, dass ich mich zuerst einmal beruhigen solle, meinte aber, wir sollten es bei einem anderen Priester versuchen. Daraufhin sagte ich, ich sei kein Versuchskaninchen und würde auf weitere Versuche verzichten. Nachdem meine Mutter alles erfahren hatte, bat sie mich, nicht aufzugeben und es noch einmal zu versuchen.

Den restlichen Tag widmete ich mich meiner Arbeit. Ich holte Umzugskartons und fing mit meiner Mutter an, den Keller auszuräumen und die ersten Sachen einzupacken. Mit der Zeit hatte sich sehr viel Unnötiges angesammelt.

EIN PATER MIT KUTTE

In dieser Nacht hatte ich einen Traum, es war wohl eher eine Vision. Ich saß im Beichtstuhl und legte eine Beichte ab. Ich war sehr aufgeregt. Plötzlich sah ich, dass es kein Priester, sondern ein Pater mit Kutte war. Er trug einen dunkelgrauen Bart und war sehr kräftig gebaut. Mit einer Handbewegung zeigte er zur Wand. Neugierig folgten meine Augen seiner Bewegung. Plötzlich öffnete sich ein Fenster und vor mir erstreckte sich eine unbeschreiblich schöne Landschaft. Obwohl ich nirgendwo die Sonne gesehen hatte, war es sehr hell. Ich sah bunte Vögel in allen Farben. Sie zwitscherten. Es hörte sich wie eine Melodie an. Das Gras war grüner, als ich es jemals zuvor gesehen hatte. Die vielen Blumen, die mir bis dahin unbekannt waren, hatten sehr intensive Farben. Ich dachte, dass dies das Paradies sein müsse. Es dauerte eine Weile; danach war der Traum vorbei und die außergewöhnlich schöne Landschaft verschwand. Nun sah ich den Pater wieder vor mir sitzen. Er lächelte und nickte mit dem Kopf. Plötzlich wurde ich wach. Ich versuchte, mich zu erinnern, wer er war. Es war jedoch vergeblich. In Gedanken ging ich noch einmal meinen Traum durch.

Diesen Traum trage ich bis heute in meinen Gedanken und in meinem Herzen. Mit der Zeit wurde mir bewusst, dass ich zu den wenigen Menschen zähle, denen die Gnade zuteilwurde, in einen kleinen Teil des Himmels hineinschauen zu dürfen.

NÄCHSTER BEICHTVERSUCH

In dieser Nacht lag ich noch lange wach. Den Traum sah ich als Aufforderung, einen weiteren Beichtversuch zu unternehmen. Am nächsten Tag fuhr ich mit meinem Vater nach Altötting, in der Hoffnung, es dieses Mal zu Ende zu bringen. Wir mussten nicht lange suchen, denn in einer Kirche stießen wir auf einen Pater, der sich sofort bereit erklärte, mir die Beichte abzunehmen. Auch er führte mich in einen besonderen Raum und zündete eine Kerze an. Enttäuscht vom gestrigen Ablauf, fragte ich ihn, ob er daran glaube, dass es Menschen gibt, die von Dämonen besessen seien. Wenn auch er damit nichts zu tun haben wolle, so könnte ich gleich wieder gehen. Etwas überrascht schaute er mich an und sagte: »Ich weiß nicht, mit welchem Pater oder Priester Sie es gestern zu tun hatten, aber ich glaube daran.«

Danach bat er mich, Platz zu nehmen. Ich erzählte ihm alles von Anfang an, wie ich Martin kennengelernt hatte, über unsere Ehe und seine Alkoholsucht, aber auch über seine Mutter. Ich sprach auch von Johanna, über die Gestalt ohne Kopf und über Bischof Milingo und den Exorzismus. Das Ganze dauerte fast drei Stunden. Während der Beichte fror ich sehr. Es war eine Kälte, die aus meinem Inneren kam. Manchmal weinte ich. Pater Eduard hörte mir sehr geduldig zu. Für mich war es eine Lebensbeichte, und ich war froh, sie abgelegt zu haben. Wir sprachen auch über Johanna. Ich fragte ihn, ob es möglich sei, dass ein Mensch die Fähigkeit besitzt, böse Geister zu sehen und sie zu bekämpfen. Er antwortete, dass Gott bestimmten Menschen diese Fähigkeit verleiht, damit sie anderen Menschen helfen können. Es gibt Dinge zwischen Himmel und Erde, die wir nicht verstehen. Es hätte aber alles einen Sinn. Zum Schluss beteten wir gemeinsam den Exorzismus.

Nun dachte ich, was es für einen Sinn hat, mich quälen zu lassen und mich dem Bösen auszuliefern. Diese Frage hatte ich mir über viele Jahre gestellt, bis ich eine Antwort erhielt.

Pater Eduard bedauerte es sehr, mich anschließend nicht begleiten zu können, denn er wurde einige Tage nach meiner Beichte nach Berlin versetzt. Ich denke oft mit Wohlbehagen an ihn.

Meine Eltern blieben noch bis zum Wochenende. Wir unterhielten uns über meine Großmutter und den Traum, den ich damals hatte, als ich achtzehn Jahre alt war. Ich hatte ihn fast vergessen. Nach diesem Gespräch wurde mein Bedürfnis, für sie zu beten, sehr stark. Ich betete täglich und bestellte viele Heilige Messen für sie.

Mithilfe meiner Mutter räumte ich den gesamten Keller aus.

Mein Vater brachte die Kartons anschließend in den Neubau. Zwei Wochen später zogen wir ins neue Haus ein. In der Zwischenzeit waren unsere neue Küche und alle anderen Möbel geliefert worden. Beim Umzug war Martin nicht dabei. Er fand immer eine Ausrede. Später erzählte er überall, dass er beim Umzug keinen Finger gerührt habe. Ich war sehr erschöpft, und weil unsere Kinder eine Woche Schulferien hatten, beschloss ich, für diese Zeit in den Urlaub zu fahren. Eine Woche verbrachten wir in Spanien. Es war sehr schön und erholsam.

Wir kamen gegen Mittag vom Urlaub an. Kurz darauf fuhr Martin in die Praxis, um, wie er meinte, etwas zu erledigen. Am Abend war er noch nicht zurück. Ich brachte unsere Kinder zu Bett und war im Begriff, selbst einzuschlafen, als ich Martin im Flur hörte. Er war sehr laut, was nichts Gutes bedeutete. Ich war verärgert und nervös. Er ging ins Bad. Seinem Gang nach zu urteilen war er betrunken. Ich hatte keine Lust auf irgendwelche Diskussionen oder Beleidigungen. Deshalb legte ich mich sofort ins Bett.

Er machte aber einen derartigen Lärm, dass ich mich entschloss, nachzusehen, was los war. Noch bevor ich den Raum betrat, hörte ich, wie er mich mit den Worten beschimpfte: »Wozu dieses Haus, wozu so viel Geld verbraten?« Ich wusste sofort, dass er von der Praxis aus seine Eltern angerufen hatte. Sie hatten ihn mal wieder gegen mich aufgehetzt. Er lag auf der Couch und war völlig betrunken. Auf dem Tisch standen zwei leere Weinflaschen. Binnen 30 Minuten schaffte er es, zwei Flaschen Wein leer zu trinken. Er murmelte etwas Unverständliches, bevor er einschlief. Danach ging ich zu Bett. Am nächsten Morgen tat er so, als ob nichts gewesen sei. Er verlor kein Wort darüber und hielt es nicht für nötig, sich bei mir zu entschuldigen. Im Haus war es immer noch sehr kalt. Wir waren gezwungen, obwohl es draußen mittlerweile recht warm war, die Heizung laufen zu lassen. Innerhalb der nächsten zwei Wochen hatte ich alles ausgepackt.

Irgendwann rief mein Bruder Patrick an. Wir sprachen über unseren Umzug und unsere Familien. Es war sehr nett, mit ihm zu plaudern. Ich fragte, ob Dorota immer noch auf mich böse sei, dass ich ihr Kostüm ruiniert hatte. Daraufhin antwortete er, dass sie ihre Wut darüber an ihm ausgelassen hatte. Den gesamten Rückweg über hatte sie ihn beschimpft. Der eigentliche Grund dafür sei jedoch unser neues Haus. Ständig wiederholte sie, wie es möglich sei, in so kurzer Zeit ein so großes Haus zu bauen.

MARTINS DIABOLISCHES GESICHT UND SEIN BENEHMEN GEGENÜBER ALEXANDER

Seit unserem letzten Gespräch hatte ich keinen Kontakt mehr mit Johanna gehabt. Ich ließ meine Eltern glauben, es sei alles in Ordnung und unsere Ehe hätte sich gebessert. In Wahrheit wusste ich oft nicht, mit wem ich verheiratet war. Vor dem Unfall war Martin meistens kein guter Ehemann und Vater, aber er hatte menschliche Züge an sich. Jetzt hatte er auch im nüchternen Zustand etwas Gefährliches, beinahe Diabolisches an sich. In seinen Augen sah ich oft eine nie da gewesene Kälte, die mir Angst machte. Manchmal wurden sie dunkel und glänzten wie die Augen einer Katze. Sein Lächeln war gezwungen und künstlich. Mit der Zeit spürte ich es immer intensiver. Meine Angst breitete sich aus. Auch unsere Kinder hatten Angst vor ihm. In den letzten Monaten hatte sich ihr Verhalten verändert. Wenn er da war, benahmen sie sich sehr brav, um seinen Zorn nicht zu erwecken. Trotzdem beleidigte er Alexander, wo er nur konnte.

Martin forderte ihn oft heraus. An eine Situation kann ich mich sehr gut erinnern.

An einem Wochenende, an dem wir uns alle einen Film angesehen hatten, trank mein Mann einige Flaschen Bier. Plötzlich wendete er sich an unseren Sohn und fragte ihn nach den Hauptstädten einiger Länder. Alexander gab sich Mühe und versuchte, die richtige Antwort zu geben. Aber es machte keinen Unterschied, ob die Antwort richtig oder falsch war. Nach einigen Fragen wurde Martins Ton unberechenbarer und er in der Wortwahl ausfallend. Andrea sah nervös zu mir, wohl wissend, was als Nächstes kommen würde. Die Situation war unerträglich. Alexanders Stimme zitterte. Man merkte, wie sehr sein Vater dieses hässliche Spiel genoss, um ihn zu quälen und zu demütigen. Ich versuchte, dem Ganzen ein Ende zu setzen, indem ich unsere Kinder bat, auf ihre Zimmer zu gehen. Daraufhin sagte Martin: »Nein, die Kinder bleiben hier. Ich werde euch Manieren beibringen, eure Mutter ist nicht dazu fähig.« Er beschimpfte Alexander als kleinen Idioten, der zu nichts zu gebrauchen sei. Danach sah er ihn an und sagte: »Du wirst nichts in deinem Leben schaffen. Aus dir wird ein Alkoholiker und Drogenabhängiger!«

Meine Angst wandelte sich in Wut. Mit welchem Recht beschimpfte er in dieser Art und Weise unseren Sohn? Er holte aus und wollte Alexander schlagen, als ich Martin zur Seite stieß. Er sah mich wütend an und versuchte stattdessen, mich zu schlagen. Es gelang mir, ihm auszuweichen. Er fiel zu Boden und lag da, ohne den Versuch zu machen, sich aufzurichten. Es war ein ekelerregender Anblick.

Die Angelegenheit spitzte sich zu, als Martin unseren Sohn mit den beiden Söhnen von Piotr und Kamila verglich. Wie klug sie doch im Gegensatz zu ihm seien und dass er sich ein Beispiel an ihnen nehmen solle. In diesem Moment lief Alexander mit Tränen in den Augen aus dem Raum. Als ob es nicht genug wäre, befahl Martin ihm, sofort zurückzukommen. Andrea, die bis dahin geschwiegen hatte, sagte laut: »Du bist so gemein zu deinem eigenen Sohn. Ich hasse dich.« Danach verließ sie das Zimmer.

Es war eigenartig, aber ihr gegenüber war er selten gewalttätig, obwohl sie ihn des Öfteren zurechtgewiesen hatte. Meistens ging es um Alexander. Sie nahm, so oft es ging, ihren Bruder in Schutz, stellte sich zwischen die beiden, und wenn es ihr nicht gelang, beschimpfte sie ihren Vater, wie gemein er sei und dass er endlich Alexander in Ruhe lassen solle. Der Grund dafür war anscheinend, dass sie als einzige ihre Angst vor Martin verbergen konnte. Wenn es ihr zu viel wurde, hängte sie sich an seinen Fuß und beschimpfte ihn als gemeinen Vater und einen Blödmann. Meistens gab er dann auf und verließ wortlos den Raum. Es ist mir bis heute unverständlich, warum er seine Tochter in solchen Situationen nicht schlug.

Ich folgte Andrea. Alexander lag auf dem Bett und weinte bitterlich. Wir versuchten, ihn zu beruhigen. An diesem Abend unterhielten wir uns noch sehr lange über Martin und seine Übergriffe, aber auch über seine Veränderung nach dem Unfall. Ich bemerkte, wie erwachsen unsere Kinder in ihrem Alter bereits waren. Auch an ihnen war unsere schlimme familiäre Situation nicht spurlos vorübergegangen. Während des Gesprächs sagte Alexander: »Mama, Papa liebt mich nicht. Er hat mich nie geliebt. Unsere Cousins mag er viel lieber als mich.« Wir hatten alle drei Tränen in den Augen.

Ich liebte unsere Kinder über alles und wünschte, unser Leben wäre anders verlaufen.

Nachdem sich beide zu Bett begeben hatten, ging ich noch einmal ins Wohnzimmer, um nach Martin zu sehen. Er schlief auf dem Boden. Ich machte alle Lichter aus und legte mich schlafen.

Am nächsten Tag benahm sich Martin so, als ob nichts gewesen sei. Er war zufrieden mit sich selbst und hatte keine Schuldgefühle. Ich versuchte, ihn auf den gestrigen Abend anzusprechen. Aber er lachte mich aus und sagte: »Etwas Erziehung hat noch nie geschadet.«

Er versuchte, zu unseren Kindern freundlich zu sein. Sie vermieden jedoch jeglichen Kontakt zu ihm. Die meiste Zeit verbrachten sie auf ihren Zimmern.

Es dauerte einige Monate, bis ich merkte, dass er durch sein despotisches Benehmen uns gegenüber für sich Kraft und innere Stärke schöpfte. Ich erkannte Parallelen zu seiner Mutter. Wenn sie sich krank fühlte, entfachte sie einen Streit. Danach fühlte sie sich für kurze Zeit besser und war gesund. Dasselbe geschah mit Martin. Dadurch, dass er uns demütigte und beleidigte, hatte er uns unter Kontrolle. Nach solchen Vorfällen waren wir jedes Mal sehr geschwächt. Im Gegensatz zu uns ging von ihm eine enorme Kraft aus. Er fühlte sich gestärkt und war sehr fröhlich.

KAPITEL 5:
ALEXANDERS UNFALL

ALEXANDERS UNFALL

Meine Fähigkeiten, Ereignisse vorherzusehen, nahmen deutlich zu. Mittlerweile waren es Morde oder Autounfälle. Diese Gräuel zu sehen, machte mir Angst. In letzter Zeit sah ich des Öfteren Alexander, der in einen Unfall verwickelt war. Diese Ungewissheit schwebte über mir wie eine graue Wolke. Ich hatte Angst um ihn. An seinem letzten Schultag wollten die Kinder unbedingt zu ihren Freunden. Es war wunderschönes Wetter. An diesem Tag war ich bereits seit dem frühen Morgen sehr unruhig. Immer wieder versuchte ich, mir einzureden, dass alles in Ordnung sei. Ich machte mir Sorgen, wusste aber nicht weshalb. Bevor Alexander und Andrea das Haus verlassen hatten, überkam mich ein ungutes Gefühl. Ich bat unseren Sohn, daheimzubleiben. Aber er ließ sich nicht davon abbringen, und so verließen beide das Haus. Es dauerte zehn Minuten, bis es an der Tür klingelte. Es war einer seiner Freunde. Er schilderte kurz, dass Alexander einen Unfall auf dem Spielplatz gehabt habe. Ich lief sofort hin. Seine Hand hing bewegungslos herunter. Er zitterte und war sehr blass.

Auf dem Spielplatz stand ein drei Meter hohes Holzhäuschen. Beide waren um die Wette gesprungen. Während sein Freund in den Sand fiel, rutschte Alexander aus und landete auf dem Rasen. Danach hörte sein Freund ein Knacken – es war Alexanders Hand.

Ich bat ihn, dort zu bleiben, denn ich war mir nicht sicher, ob er den kurzen Weg nach Hause in seinem Zustand schaffen würde.

Ich holte mein Auto und fuhr ihn ins Krankenhaus. Er weinte nicht und stand noch immer unter Schock. Er wurde sofort geröntgt. Es stellte sich heraus, dass sein Unterarm einen vierfachen Bruch erlitten hatte. Alexander musste sofort operiert werden. Weil ich nachts bei ihm bleiben wollte, holte ich Kleidung für uns beide, dann brachte ich Andrea zu einer Freundin, wo sie über Nacht bleiben sollte. Ich schilderte Martin, was passiert war, als Antwort erhielt ich: »Er hat doch nur Scheiße im Kopf, wie konnte das passieren?«

ALEXANDERS OPERATION

Alexanders Operation dauerte zwei Stunden. Die gebrochenen Knochen wurden mit Schrauben zusammengehalten, die nach einigen Wochen entfernt werden sollten. Gegen Abend kam Martin zu Besuch. Er umarmte unseren Sohn und gab ihm einen Kuss auf die Stirn. Danach fragte er, ob Alexander Schmerzen habe. Dieser war von der Narkose sehr benommen, sodass er kaum antworten konnte. Es kam nur ein leises Nein. Nach einiger Zeit fuhr Martin nach Hause. Inzwischen hatte auch die Betäubung nachgelassen. Die erste Nacht war sehr anstrengend für uns beide. Er hatte Schmerzen. Fast die ganze Zeit über weinte er trotz der Schmerzmittel. Ich saß an seinem Bett und versuchte, ihn zu beruhigen. Am nächsten Morgen schien es ihm besser zu gehen.

Wir frühstückten gemeinsam. Es war kaum zu glauben, aber wir genossen es. Als wir fertig waren, sagte Alexander: »Das war ein tolles Frühstück mit dir, Mama. Dafür hat es sich gelohnt, im Krankenhaus zu übernachten.« Wir lachten beide. Es gab mir jedoch zu denken, wie viel Schmerz er aushalten musste. Nach der Visite durfte er nach Hause.

In den nächsten Tagen besuchten ihn seine Freunde. Andrea kümmerte sich sehr rührend um ihren Bruder. Eine Woche danach fuhren wir für ein verlängertes Wochenende nach Kroatien ans Meer. Wir genossen die Zeit. Nur unser Sohn war traurig, dass er mit dem Gipsverband nicht schwimmen konnte. Auf der Rückfahrt sagte er: »Mami, was habe ich getan, dass ich so leiden muss?« Ich fand keine Antwort darauf. Danach sah er mich fragend an, und ich antwortete, dass solche Unfälle passieren können. Aber im nächsten Urlaub würde er wieder schwimmen können. Er gab mir keine Antwort. Ich spürte, dass es sich nicht nur auf den schweren Bruch der Hand bezog.

MEINE LETZTEN PRÜFUNGEN

Meine Diplomarbeit war endlich fertig. Ich musste nur noch meine letzten Prüfungen ablegen. Bis zur schriftlichen Prüfung waren es noch fünf Wochen. In dieser Zeit musste ich den gesamten Stoff der letzten Jahre wiederholen. Ich zerbrach mir den Kopf, wie ich es bewältigen sollte, ohne dass Martin es merken würde. Er spürte das irgendwie, denn in der letzten Zeit fragte er mich immer wieder nach meinen Terminen.

GESPRÄCH MIT JOHANNA

Ich erinnerte mich, dass Johanna mich immer wieder davor gewarnt hatte, Martin genaue Prüfungsdaten preiszugeben. Ich brauchte jemanden, mit dem ich darüber sprechen konnte, und so rief ich sie wieder an. Ich hoffte, sie würde ans Telefon gehen, denn als wir uns das letzte Mal getroffen hatten, hatte sie gesagt, ich solle den Kontakt zu ihr abbrechen und mich erst dann wieder melden, wenn wir ins neue Haus eingezogen seien. Sie hatte recht, und mir war es peinlich, sie nur dann zu kontaktieren, wenn ich sie brauchte. Ich war froh, dass sie meinen Anruf entgegennahm. Sie schien keineswegs überrascht zu sein. Sie fragte freundlich nach meiner Situation. Ich erzählte von unserem neuen Haus und berichtete ihr, was in den letzten Jahren geschehen war, über Alexanders Kommunionsfeier, seinen Unfall, Martins Wesensveränderung und über meine bevorstehenden Prüfungen. Sie hörte geduldig zu.

Sie meinte, dass keiner von meinen Bekannten oder Verwandten die Prüfungstermine erfahren sollte. Um Martin irrezuführen, sollte ich ihm einen falschen Termin nennen. Andernfalls würde ich Gefahr laufen, diese Prüfungen nicht zu bestehen.

Anfang November erfuhr ich, dass meine schriftlichen Prüfungen am 21. Dezember stattfinden sollten, zwei Tage vor unserem Urlaub in Mexiko. Es dauerte nicht lange, und mein Mann fragte mich nach meinen schriftlichen Prüfungen. Ich antwortete, dass sie erst Ende Januar stattfinden würden. Bis zu dieser Zeit, so dachte ich, würde ich, wenn alles gut ginge, alle Prüfungen erfolgreich abgelegt haben.

MARTINS BRIEF AN SEINE MUTTER

Zwei Tage nach unserem Gespräch sah ich in seinem Sprechzimmer einen Briefumschlag, adressiert an seine Eltern. Noch bevor ich ihn in die Hände nahm, sagte mein Mann, dass er für seine Eltern bestimmt sei. Er müsse ihn noch abschicken. Ich sagte, dass ich ohnehin mit der Praxispost zum Postamt gehen müsse, bei dieser Gelegenheit könnte ich auch seinen Brief mitnehmen.

Nach kurzer Überlegung sagte er: »Das trifft sich gut, ich muss ihn nur noch versiegeln.«

Auf seinem Schreibtisch lag ein rotes Siegel, das er mit einem Feuerzeug erwärmte. Danach drückte er es auf den Briefumschlag. Es war kein sicheres Siegel, sondern nur ein roter dicker Fleck. Aber auch dieser erfüllte seinen Zweck. Ich wusste, dass er seinen Eltern oft Geld schickte. Ich fragte ihn, wozu er dieses Siegel brauche. Ich musste mir ein Lächeln verkneifen, als er sagte, dass es für wichtige ärztliche Briefe gedacht sei.

Dieser Brief war für ein einfaches Schreiben zu schwer. Ich rief Johanna an und erzählte ihr, was vorgefallen war. Sie sagte, ich solle den Briefumschlag aufmachen. Ich traute meinen Augen nicht, was ich sah. Neben dem Brief, in dem Martin seine Mutter in Kenntnis setzte, wann meine schriftliche Prüfung stattfinden sollte, waren sechs Fotos, auf denen nur ich zu sehen war. Der Termin war mit einem dicken schwarzen Stift unterstrichen. Ein Foto war erst bei einer Feier vor zwei Wochen gemacht worden. Kurzerhand nahm ich alle Fotos, klebte den Brief zu und erwärmte das Siegel, um den Bruch unsichtbar zu machen. Ich war mit dem Resultat zufrieden. Johanna hatte auch dieses Mal recht gehabt. Am Abend fragte mich mein Mann, ob ich seinen Brief abgeschickt hätte. Mit einer ernsten Miene und innerer Zufriedenheit antwortete ich: »Ja, natürlich, warum fragst du mich das?« Er gab mir keine Antwort. Bis zur Prüfung waren es nur noch vier Wochen.

MEINE PRÜFUNGSVORBEREITUNG

Jede Nacht stand ich um zwei Uhr auf und lernte für meine Prüfungen. Ich saß entweder am Schreibtisch im Obergeschoss oder lernte, während ich auf dem Heimfahrrad im Keller trainierte. In der Stille der Nacht konnte ich mich am besten konzentrieren. Ich lernte bis frühmorgens, danach bereitete ich für alle das Frühstück vor. Als alle aus dem Haus waren, nickte ich für eine halbe Stunde am Schreibtisch ein, um anschließend weiter zu lernen. Ich unterließ es, mich ins Bett zu legen, weil ich befürchtete, für mehrere Stunden einzuschlafen. Unsere Haushälterin Lena kümmerte sich um den Haushalt und das Mittagessen. Martin sollte keinen Verdacht schöpfen. Deswegen fuhr ich fast täglich in die Praxis. Diese Täuschung funktionierte sehr gut. Erst nachmittags konnte ich mich für zwei Stunden hinlegen.

EINWEIHUNGSFEIER

Am 15. Dezember machten wir eine Einweihungsfeier für Freunde und Kollegen. Es waren insgesamt zwanzig Personen anwesend. Das Haus gefiel ihnen, und Martin gab allen lachend zu verstehen, dass ich für die Organisation, Baubeaufsichtigung und Einrichtung zuständig war, er dabei keinen Finger krumm gemacht hätte. Zum Schluss sagte er lachend: »Ich wusste nur, dass ich in einem anderen Schlafzimmer bin.«

Alle lachten. Er gab mir zu verstehen, dass er sich aus meinen Bemühungen nichts machte. Daraufhin sagte die Frau eines Kollegen: »Dann hat es ja Anna sehr gut gemeistert, das Haus ist wunderschön geworden, und die Innenausstattung schaut aus, als ob sie von einem Designer eingerichtet worden sei.«

Bei diesem Satz fühlte er sich nicht sehr wohl und hörte mit dem Theater auf.

Am 21. Dezember fand endlich die schriftliche Prüfung statt. Ich hatte sehr viel dafür gelernt und war meiner Meinung nach gut vorbereitet. Doch entscheidend waren die Prüfungsfragen. Wir hatten fünf Stunden Zeit. Ich beantwortete eine Frage nach der anderen. Ich war eine der letzten Studentinnen, die den Raum verließen. Trotzdem war ich unsicher und hatte Angst vor dem Ergebnis. Für mich stand sehr viel auf dem Spiel. Die letzten Wochen waren sehr anstrengend gewesen, und ich hoffte, nicht noch einmal geprüft werden zu müssen.

URLAUB IN ÄGYPTEN

Zwei Tage später flogen wir in den Urlaub nach Ägypten. Das Wetter war wunderschön, als wir ankamen. Nach dieser langen Reise freuten wir uns auf eine erfrischende Dusche. Andrea wollte als Erste duschen, um anschließend in den Swimmingpool gehen zu können. Sie stellte sich darunter und drehte das Wasser auf. Plötzlich fing sie an, laut zu schreien, und flog zusammen mit dem Duschvorhang in die Mitte des Badezimmers. Wir liefen sofort hin, sie lag eingewickelt auf dem Boden und weinte.

Das Wasser lief noch immer. Es war kochend heiß. Sofort riefen wir bei der Rezeption an. Nachdem sich ein Angestellter die Situation angeschaut hatte, sagte er: »Bei uns fehlt oft das kalte Wasser, so etwas gibt es immer wieder.« Als Entschädigung bekam sie ein kleines Geschenk. Eine solche Situation wiederholte sich die nächsten zwei Wochen nicht wieder. Es gab jedoch andere Probleme.

Martin und ich bekamen Magenprobleme. Mit Medikamenten,

die wir vom Hotelarzt bekamen, konnten wir unseren Magen wieder beruhigen. An einem Abend, es hatte den ganzen Tag geregnet, wurden unsere Kinder übermütig und jagten durch die Zimmer. Sie lachten und freuten sich. Plötzlich stand Martin auf, griff nach Alexander und schlug ihn mit voller Wucht auf den Hinterkopf. Alexander schrie auf, hielt sich seinen Kopf, und weinend fragte er: »Warum schlägst du mich immer?« Martin antwortete: »Wenn du nicht aufhörst, bekommst du noch mehr Schläge!« Ich nahm unseren Sohn in die Arme, tröstete ihn und sagte zu Martin: »Was bist du bloß für ein Vater? So jemand wie du hat keine Kinder verdient!« Ich war so verärgert, dass wir anfingen, uns zu streiten. Martin verließ das Zimmer. Andrea sagte: »Immer wenn du nicht da bist, gehen wir zu unseren Freunden, damit er uns nicht schlagen kann!« Ich fragte sie, warum sie es mir verschwiegen hätten. Alexander sagte: »Wir hatten Angst, dass er uns danach noch mehr schlägt!«

Sie erzählten mir, dass sie Angst vor ihrem Vater hätten und er sich nach dem Autounfall zunehmend verändert habe. Nun wusste ich, dass beide das Gleiche empfanden wie ich, und machte mir Vorwürfe, dass ich mit ihnen nicht früher darüber gesprochen hatte.

Wir befanden uns in einer ausweglosen Situation. Es war schrecklich, zu wissen, dass ich mit einem Ehemann lebte, dessen Familie dem Bösen verfallen war. Das Schlimme daran war, nichts dagegen tun zu können. Ich war in einem Zustand, in dem ich ihn vermisste, wenn er nicht da war. War er aber da, war ich von seinem Anblick angewidert und konnte ihn nicht ertragen.

Spät in der Nacht kam Martin ins Zimmer. Er war betrunken und fluchte. Nach einigen Versuchen schaffte er es, den Lichtschalter zu finden. Ich hoffte, dass die Kinder nicht aufwachten. Er stolperte über eine Stehlampe und fiel zu Boden. Ich beobachtete ihn mit halbgeöffneten Augen. Der Film, der gerade ablief, war ein Drama. Beim Versuch, sich wieder aufzurichten, fiel die schwere Stehlampe auf ihn. Ich gab weiterhin vor, zu schlafen. Er bäumte sich vor mir auf und befahl mir, aufzustehen. Als ich mich nicht bewegte, schrie er mich an, zog mir die Decke weg und befahl mir noch einmal, aufzustehen.

Plötzlich klopfte es an unsere Wand, und eine männliche Stimme rief: »Ruhe, was soll das mitten in der Nacht?« Martin wurde ruhiger. Anschließend legte er sich angezogen ins Bett. Er versuchte, mich zu wecken. Dieses Mal öffnete ich die Augen und sagte: »Ich habe deine Eskapaden satt, wenn du nicht sofort aufhörst, rufe ich bei der Rezeption an und werde mit den Kindern in ein anderes Zimmer umziehen!« Er murmelte etwas Unverständliches und gab schließlich auf.

Sein Schnarchen war derart laut, dass ich mich ins Nebenzimmer ins Bett zu unseren Kindern legte. Am nächsten Tag wurde er gegen 12 Uhr mittags wach. Wir befanden uns am Swimmingpool, als er sich zu uns gesellte. Sein jahrelanger Alkoholkonsum zeichnete sich mittlerweile in seinem Gesicht ab. Es war rot, und er hatte geschwollene Augen. Er begrüßte uns mit einem Hallo und legte sich neben uns auf die Liege.

Alexander und Andrea waren an diesem Tag alles andere als fröhlich. Man merkte es ihnen an, dass die Alkoholsucht ihres Vaters beide belastete. Die nächsten zwei Tage gab es keine Zwischenfälle. Danach trank Martin erneut, aber sein schlechtes Benehmen hielt sich in Grenzen. Nach zwei Wochen flogen wir zurück nach Deutschland. Ich bat Martin, nicht sofort nach Hause zu fahren, sondern in die Universität nach Regensburg. Ich wusste, dass die Ergebnisse der schriftlichen Prüfung bereits an der Tafel ausgehängt waren. Als Vorwand sagte ich, dass ich Ende November ein Referat abgehalten hätte und nun im

Sekretariat den Schein für die Anerkennung abholen müsse. Ich war froh, dass unsere Kinder hinten im Auto schliefen. Während Martin bei den Kindern blieb, ging ich in die Universität.

MEIN PRÜFUNGSERGEBNIS

An der Tafel sah ich von Weitem die weißen Blätter mit der Notenvergabe. Ich konnte mich auf keinem der Blätter wiederfinden. Meine Nervosität und Ungeduld waren bis aufs Äußerste gestiegen. Es war sinnlos, weiterzusuchen. Mein erster Gedanke war, dass ich die Prüfung nicht bestanden hatte. Meine Augen füllten sich mit Tränen. Es war eine der wichtigsten Prüfungen in meiner Studienlaufbahn, und ich hatte sie nicht bestanden. Plötzlich sah ich oberhalb der Reihe einen zusätzlichen Aushang. Dieser enthielt die Namen der Studentinnen, die ihre Prüfung mit »sehr gut« bestanden hatten. Nach näherem Hinsehen fand ich mich an zweiter Stelle wieder. Ich dachte: »Großer Gott, ich bin die Zweitbeste!« Ich war sehr erleichtert.

Auf dem Weg nach draußen traf ich einige Kommilitonen, und wir beglückwünschten uns gegenseitig. Im Sekretariat erfuhr ich, dass meine mündlichen Prüfungen zwischen dem 16. und 21. Januar stattfinden sollten. Ich ging zurück zum Auto. Martin sagte ich, dass die Anerkennungsbestätigung erst nächste Woche herausgegeben werde.

DAS JAHR 1994

In diesem Jahr fand Andreas Erstkommunion statt. Auch sie erhielt Erstkommunionsunterricht.

Ich telefonierte oft mit Johanna, und sie beruhigte mich, wenn ich wegen meiner bevorstehenden Prüfungen nervös war. Sie sagte häufig: »Es wird alles gut werden, mach dir keine Sorgen!« Am 16. Januar war es so weit, und ich legte die erste mündliche Prüfung ab. Die nächsten Prüfungen meiner Nebenfächer Psychologie und Pädagogik fanden an den darauffolgenden Tagen statt. Auch diese bestand ich sehr gut. Am Ende der letzten Prüfung, es war mein Hauptfach Musik, stand meine Professorin mit zwei Prüfern auf und gratulierte mir mit folgenden Worten: »Heute haben Sie einen Universitätsabschluss im Fach Musik erlangt. Ich gratuliere Ihnen! Ich freue mich ganz besonders für Sie, dass Sie diesen Status erreicht haben. Ich weiß, was sie dafür auf sich genommen haben.« Ich weiß noch heute, wie überwältigend der Gedanke für mich war, endlich eine erfolgreich abgeschlossene Prüfung für meinen Beruf zu haben. Ich wusste, dass der Tag kommen würde, an dem ich von meinem Abschluss Gebrauch machen könnte.

Ende Januar erzählte ich meiner Familie von meinem Studienabschluss. Mein Mann schien nicht sehr überrascht zu sein. Er gratulierte mir und meinte, er würde sich für mich freuen. Am Abend riefen meine Eltern und Geschwister an, um mich zu beglückwünschen. Am nächsten Tag riefen auch Sabina und Helmut an. Auch sie gratulierten mir und ließen sich nichts anmerken. Wenn ich sie nicht gekannt hätte, hätte ich ihnen die Glückwünsche geglaubt. Martin und seine Eltern spielten ein falsches Spiel, und ich spielte mit.

An dem Tag, den ich meinem Mann als Prüfungstag genannt

hatte, war mir bereits seit dem frühen Morgen übel. Ich hatte Kopfschmerzen und musste mich mehrmals übergeben. Hätte ich tatsächlich an diesem Tag meine Prüfungen ablegen müssen, hätte ich sie wahrscheinlich nicht bestanden.

Johanna erzählte mir später, dass Martin, nachdem er den falschen Termin erfahren hatte, diesen sofort an seine Mutter weiterleitete. Dazu diente der Brief mit dem unterstrichenen Datum und meinen neuesten Fotos. Es durften keine alten sein, denn der Mensch ändert sich andauernd, und je älter die Fotos seien, desto geringer sei die Treffsicherheit. Trotz der fehlenden Fotos schaffte es meine Schwiegermutter, mich außer Gefecht zu setzen. Ich erinnerte mich, dass sie im Besitz meiner Haarlocke war, die ich Martin vor unserer Hochzeit geschenkt hatte. Keiner von ihnen zeigte Enttäuschung darüber, dass ich trotz ihrer Machenschaften mein Studium bestanden hatte, obwohl sie sicher waren, dass ihr Vorhaben gelingen würde. Vor allem für meinen Mann wäre es eine Genugtuung gewesen, sagen zu können, dass ich nicht einmal fähig sei, einen Berufsabschluss zu erlangen.

MARTINS GESCHENK ZUR BESTANDENEN PRÜFUNG MIT FOLGEN

Die Übergabe der Zeugnisse fand Mitte Februar statt. Martin und unsere Kinder waren dabei. Ich war stolz auf meine Leistung. Wir feierten meinen Erfolg im Restaurant. Ich wunderte mich, dass mein Mann es nicht zustande gebracht hatte, mir zum abgeschlossenen Studium ein Geschenk zu machen. Andererseits war ich es gewohnt, denn seit mehreren Jahren hatte ich von ihm kein Geburtstagsgeschenk mehr bekommen. Wie überrascht war ich, als er am nächsten Tag in seiner Mittagspause mir doch ein

Kästchen überreichte. Es war eine goldene Kette mit zwei dazu passenden goldenen Ohrringen. Ich freute mich sehr darüber. Doch die Freude sollte nicht lange währen.

Noch am selben Abend eröffnete mir Martin, dass seine Eltern bereits zwei Wochen vor Andreas Erstkommunion zu uns kommen würden. Ich hatte mit den Vorbereitungen alle Hände voll zu tun, und mich auch noch mit seiner wütenden und streitsüchtigen Mutter auseinanderzusetzen, war zu viel für mich! Ich spürte, dass die letzten Monate nicht spurlos an mir vorübergegangen waren, und sehnte mich nach innerer Ruhe. Ich war dagegen und sagte ihm, dass es unklug sei, seine Eltern so lange vor Andreas Erstkommunion zu uns kommen zu lassen. Ich hatte weder die Zeit noch die Nerven, sie zu empfangen. Martin hörte mir nicht zu, denn er meinte, dass ich Sabina eine Chance geben und sie dieses Mal in alles miteinbeziehen sollte. Meine Antwort war: »Um Gottes willen, dann gehen wir alle unter!« Er lachte, war aber nervös und ungeduldig geworden und meinte, dass sie sich dieses Mal mit Sicherheit bemühen würde, gut mit uns auszukommen. Er ließ von seiner Idee nicht ab und bedrängte mich immer mehr.

Unsere anfängliche Meinungsverschiedenheit artete in einen sehr lauten Streit aus. Zum Schluss lachte er und sagte: »Meine Eltern kommen trotzdem!« Auf dem Tisch lag noch sein Geschenk. Ich nahm es, und während ich es ihm in die Hand drückte, sagte ich: »Wenn das die Bezahlung zur Durchsetzung deiner Forderungen ist, dann behalte es für dich!« In diesem Moment klingelte es an der Tür. Es waren unsere Kinder. Unser Streit war beendet. An diesem Abend verließ Martin das Haus und kam erst wieder, als es hell wurde. Er war nicht betrunken, roch aber nach Alkohol und Frauenparfüm.

KAPITEL 6:
DIE ZEIT VOR ANDREAS ERSTKOMMUNION

Mittlerweile hatte ich bis auf einige Kleinigkeiten alles organisiert. Ich musste mich beeilen, denn in Anwesenheit von Martins Eltern war ich immer sehr unruhig. Ich sprach mit Martin nicht sehr viel, merkte aber, dass er sich viel Mühe gab, in unserem Haus wieder Ruhe einkehren zu lassen. Sabina und Helmut kamen drei Wochen vor Andreas Erstkommunion. Nach Martins Hartnäckigkeit zu urteilen war es für ihn wohl sehr wichtig, beide noch vor der Feier im Haus zu haben.

MARTINS ELTERN VOR ANDREAS ERSTKOMMUNION

Die Begrüßung hielt sich in Grenzen. Im Stillen hoffte ich, bis zur Feier alles gut überstehen zu können. Wie vermutet, war meine Schwiegermutter keine sehr große Hilfe für mich. Obwohl ich anfangs oft außer Haus war, um letzte Vorbereitungen zu treffen, machte sie keine Anstalten, mir im Haushalt zu helfen. Ich unterließ es, unsere Haushaltshilfe kommen zu lassen. Die Angst, Sabina könnte ihr mit ihrer Boshaftigkeit etwas antun, war zu groß. Andererseits musste ich fast täglich in unsere Praxis, denn vor den Osterfeiertagen gab es sehr viel zu tun. Ohne es mir erklären zu können, verstärkten sich meine Nervosität und mein Unbehagen täglich. Martin war dieses Mal sehr bemüht, Frieden und Ruhe in unserem Haus aufrechtzuerhalten.

Nach einigen Tagen fing Sabina an, sich ständig über ihre Kopfschmerzen zu beklagen, manchmal auch über ihre Übelkeit. Sie blieb immer öfter auf ihrem Zimmer. Das Gästezimmer war im Obergeschoss, gegenüber meinem Arbeitszimmer. Es kam oft vor, dass sie sich nur zu den Hauptmahlzeiten blicken ließ. Während Helmut sich sehr oft mit unseren Kindern beschäftigte und ihnen bei den Hausaufgaben half, beachtete ihre Groß-mutter sie kaum.

Eines Abends, als ich Alexander und Andrea in ihrem Zimmer vor dem Schlafengehen noch Gute Nacht sagen wollte, sagte Andrea, dass Oma komisch zu ihnen sei. Sie würde sie nicht beachten, und als sie neulich zu ihr ins Zimmer wollte, war die Tür abgeschlossen. Daraufhin sagte ich ihr, dass Oma bestimmt geschlafen habe und nicht gestört werden wollte. Andrea wider-sprach mir, indem sie behauptete, dass sie im Zimmer Schritte gehört hätte. Daraufhin hätte sie laut geklopft, aber keine Antwort erhalten. Diese Situation schien mir seltsam. Ich glaubte Andrea, denn seit ihren frühen Jahren war sie sehr aufmerksam, was ihre Umgebung anging. Sie konnte bereits nach kurzer Zeit genau schildern, was sie gesehen hatte, und detailliert einen Raum be-schreiben.

Am Abend fragte ich meinen Mann nach dem seltsamen Be-nehmen seiner Mutter. Er antwortete, dass sie sich nicht wohl-fühlen würde. Ich lachte darüber, denn wenn sie sich bei uns aus-nahmsweise blicken ließ, schien sie keineswegs krank zu sein. Die nächste Ausrede von Martin war: »Sie möchte uns nicht stören.«

MEINE SCHWIEGERMUTTER IN DER OSTERWOCHE

In der Karwoche hatte Martin Urlaub, und die Praxis war geschlossen. Weil sich meine Schwiegermutter mehr in ihrem Zimmer aufhielt als bei uns, gab es keine Zwischenfälle. Auch unsere Kinder hatten Ferien, und so konnten wir alle länger schlafen.

Es war Anfang der Woche. Ich wollte das Frühstück vorbereiten. In der Küche saßen bereits meine Schwiegereltern und frühstückten. Das bedeutete nichts Gutes. Es war erst 9 Uhr morgens. Ich fragte, weshalb sie nicht auf uns gewartet hätten, woraufhin Sabina antwortete: »Wenn du nicht fähig bist, das Frühstück zu machen, müssen wir es selbst tun. Ich möchte hier nicht verhungern.« Danach murmelte sie noch etwas. Überrascht schaute ich sie an und sah in ein Gesicht, das ich bereits kannte. Ich dachte mir: »Oh Gott, geht das schon wieder los?!« Ich hatte das Gefühl, von lauter Dämonen umgeben zu werden. Martins Vater schaute mich nicht an. Er war die Marionette meiner Schwiegermutter.

Nur gelegentlich fand er den Mut, sich gegen sie zu erheben. Jedoch ohne Erfolg. Nach solchen Situationen verließ ich den Raum, nicht aber dieses Mal. Es war mein Haus, und sie hatte kein Bestimmungsrecht. Während ich für meine Familie das Frühstück vorbereitete, versuchte ich, Ruhe zu bewahren. Sie schaffte es immer wieder, aus mir ein Nervenbündel zu machen. Aber dieses Mal, so kurz vor Andreas Erstkommunion, musste ich mich zur Wehr setzen. Als Martin und unsere Kinder sich zu mir gesellten, gingen Sabina und Helmut hinaus. Neugierig fragten beide Kinder, warum ihre Großeltern nicht mit uns frühstückten. Martin sagte, dass sie bereits gefrühstückt hätten. Bis Gründonnerstag beachtete ich meine Schwiegermutter kaum.

Ich befürchtete, dass ein Gespräch mit ihr nur Beleidigungen und Ärger nach sich ziehen würde. Wenn sie nicht dabei war, bemühte sich mein Schwiegervater, freundlich zu sein. In ihrer Anwesenheit war er wie ausgewechselt, sprach kaum ein Wort und wurde mürrisch. Die eigenartige Situation bezog sich lediglich auf mich und die Kinder. Zu Martin waren sie freundlich, obwohl ich bemerkte, dass Sabina sich auch mit ihm weniger unterhielt als sonst.

KARFREITAG

Am Karfreitag gingen wir alle in die Kirche. Bereits frühmorgens war Martins Mutter unausstehlich. Sie versuchte, einen Streit heraufzubeschwören. Zuerst ging sie auf mich los. Ich wäre unfreundlich, würde sie kaum beachten, und ihr Sohn hätte es nicht leicht mit mir.

Zwei Tage zuvor hatte ich mit Johanna telefoniert. Sie warnte mich vor diesem Tag und meinte, egal, was passieren würde, ich sollte es nicht zu einem Streit zwischen meiner Schwiegermutter und mir kommen lassen. Weil Johanna immer recht hatte, befolgte ich ihren Rat. Nachdem sie bei mir keinen Erfolg gehabt hatte, ging sie auf meinen Schwiegervater los. Sie meinte, er würde sie nicht in Schutz nehmen. Anfangs versuchte er, ruhig zu bleiben. Doch nachdem sie ihn immer weiter provoziert hatte, sagte er, sie solle damit endlich aufhören. Aber es wurde schlimmer und Helmut immer lauter. Er schrie sie an und meinte, sie wäre eine unmögliche Frau, streitsüchtig und böse. Jetzt mischte auch Martin mit, indem er laut und energisch sagte: »Hört endlich auf, euch zu streiten, dazu noch vor den Kindern!«

Es war das erste Mal, dass er während eines Streits an unsere

Kinder dachte. Tatsächlich wurden meine Schwiegereltern ruhiger. Sabina hörte auf zu streiten, bewegte sich aber nicht vom Fleck. Ich stand auf und ging in die Küche. Bald darauf folgte mir Andrea. Wir glaubten, allein zu sein, als sie sagte: »Mami, Oma ist eine böse Frau!« Plötzlich sahen wir Martins Mutter in der Tür stehen. Ich war sicher, dass sie Andreas Worte gehört hatte. Bis zur Anbetung um 15 Uhr saß sie bei uns. Sie sprach kein Wort. Aber in ihrem Inneren arbeitete es, und man hatte das Gefühl, dass sie gedanklich nicht bei uns war.

Vor dem Anbetungsbeginn in der Kirche wollten Martin und ich zur Beichte. Weil Alexander an diesem Tag ministrieren sollte, fuhren wir gegen 14 Uhr los. Martins Mutter jedoch beschwerte sich, wir würden viel zu früh losfahren und wozu die Beichte eigentlich gut sei. Martin entgegnete, dass sie katholisch sei und wissen müsse, was sie bedeuten würde. Mit zornigem Gesicht und sichtbarer Wut stieg sie ins Auto.

Vor einiger Zeit hatte ich erfahren, dass, wenn ein Mensch ein besonderes Anliegen hatte und am Karfreitag während der Anbetung am Heiligen Grab in der Kirche sein Anliegen offenbarte und um eine Antwort bat, er diese erhalten würde. So geschah es auch. Während wir nach der Anbetung das Heilige Grab besuchten, zogen es Martins Eltern vor, draußen auf uns zu warten.

Die Figur des gekreuzigten Jesus war mit vielen Blumen bekränzt. An diesem Tag machte ich Gebrauch von dem, was ich gehört hatte. Ich bat Jesus um eine Antwort, wie ich mich entscheiden sollte: für meine Ehe oder eine Familie ohne Martin?

Bereits auf der Rückfahrt beklagte sich Sabina über die Unverschämtheit, sie draußen warten lassen zu haben. Gleich zu Beginn hatten wir aus dem Schlafzimmer einen Streit zwischen ihr und meinem Schwiegervater gehört. Ich sagte zu Martin, dass ich mir keinen Streit in unserem Hause wünsche und er sie beruhigen solle. Er meinte, dass er keine Schuld für das Benehmen seiner Mutter trage. Ich entgegnete, dass es in diesem Fall besser sei, wenn sie sofort nach Hause fahren würden.

Den restlichen Tag verbreitete sich eine eigenartige Stimmung. Wir waren alle sehr unruhig. Ich spürte, dass meine Schwiegermutter es vor allem auf mich abgesehen hatte. Deshalb versuchte ich, nicht allein mit ihr zu sein, und suchte die Gesellschaft unserer Kinder oder die von Martin. Er war darum bemüht, unseren Kindern zu zeigen, dass ihre Großeltern gute und freundliche Menschen seien. Die Wahrheit ließ sich jedoch nicht verheimlichen. Außerdem konnte man ihnen nichts mehr vormachen.

GOTTES BEISTAND

Auf die Antwort meines Anliegens musste ich nicht lange warten. Noch in derselben Nacht träumte ich, ich sei in einer großen Kirche. Außer mir war niemand da. Vorn über dem Altar hing ein großes Kreuz aus Holz. Ich saß auf einer Bank im vorderen Teil des Gebäudes und beobachtete das Kreuz. Plötzlich sah ich einen sehr hellen Schein, der das Kreuz umgab. Der gesamte vordere Bereich und der Altar waren hell erleuchtet. Es war ein sehr warmes Licht, und ich fühlte mich geborgen. Dann wachte ich auf. Ich lag noch eine Weile da und ließ den Traum Revue passieren. Mir wurde klar, dass, wie immer ich mich entscheiden sollte, mir Gottes Beistand sicher wäre.

Während ich noch im Bett lag, hörte ich lautes Stimmengewirr. Es war erst 6 Uhr morgens, doch Sabina und Helmut sprachen in einer Lautstärke, die nicht zu überhören war. Kurz darauf wachte auch Martin auf. Er schaute mich an, und ich sagte lächelnd: »Das sind wahrscheinlich die Flitterwochen meiner Eltern!« Er blieb ruhig und horchte, dann sagte er: »Ich gehe zu ihr, um sie zu beruhigen.« Es dauerte nicht lange, und die Stimmen und das Gepolter wurden leiser. Es gelang ihr nicht, mit mir einen Streit anzufangen, deswegen hatte ihr Mann Helmut herhalten müssen.

Zum Frühstück erschienen alle und taten so, als ob nichts gewesen wäre. Nach dem Frühstück ging sie auf ihr Zimmer und blieb dort bis 15 Uhr. Sie verpasste sogar ihr Mittagessen. Als ich fragte, warum sie nicht herunterkomme, meinten Martin und sein Vater, dass sie Kopfschmerzen habe. Mir war es recht, denn ohne sie war es viel ruhiger. Dennoch spürte ich, dass es nicht mit rechten Dingen zuging.

Am Abend fuhren wir alle zur Auferstehungsmesse. Danach war meine Schwiegermutter wie ausgewechselt. Ihr Gesicht war wieder normal und die allgemeine familiäre Unruhe ließ nach.

Am Montag probierte Andrea noch einmal ihr weißes Kommunionkleid. Es war wunderschön, oben und an den Ärmeln mit Spitzen verziert, und der Satinrock fiel in eleganter Glockenform herunter. Wir stellten fest, dass das Kleid wegen der neuen Schuhe ein wenig zu lang war. Daraufhin bot sich Sabina an, das Kleid zu kürzen. Angeblich konnte sie es sehr gut. Als Andrea am Dienstagnachmittag aus der Schule kam, probierte sie es nach der Änderung erneut an. Erschrocken musste ich feststellen, dass das Kleid alle Längen aufwies, nur nicht die richtige.

Sabina meinte, dass sie es noch einmal versuchen werde. Ohne große Worte packte ich das Kleid in den Karton und fuhr mit Andrea zu unserer Schneiderin. Als sie den Pfusch sah, schüttelte sie den Kopf und fragte mich, wer dafür verantwortlich sei. Andrea, die es bereits angezogen hatte, sagte: »Es war meine Oma.« Ich war froh, es bereits einen Tag später wieder abholen zu können.

Am nächsten Tag hatte ich noch einiges zu erledigen. Ich

machte einen Termin beim Fotografen. Auch die letzte Besprechung zum Mittagessen im Restaurant wurde erledigt. Dann vergewisserte ich mich, dass die Übernachtungsmöglichkeiten für unsere Gäste gesichert waren.

Am Nachmittag holte ich Andreas Kleid bei der Schneiderin ab. Als Andrea aus der Schule kam, probierte sie es an. Sie sah wunderschön darin aus. Meine Schwiegereltern saßen auf der Couch und schauten zu. Während mein Schwiegervater seine Enkelin bewunderte, sagte meine Schwiegermutter: »Ja, schön.« Ihr Unterton klang verärgert.

DER STREIT VOR ANDREAS KOMMUNION

Am Freitag, einen Tag bevor die Gäste anreisen sollten, saß ich mit Martin und seinen Eltern im Wohnzimmer. Unsere Kinder waren bereits im Bett, und ich freute mich auf einen gemütlichen Abend. Wir unterhielten uns über den Stress der vergangenen Tage und Andreas Kleid, das zum Glück schnell geändert werden konnte. Plötzlich sagte Sabina, die den ganzen Abend über kaum ein Wort herausgebracht hatte, dass sie ohnehin in diesem Haus nichts zu sagen hätte und ich sie wie eine Fremde behandeln würde. Das bereits bekannte Spiel fing wieder an. Martin nahm mich in Schutz. Bevor sie antworten konnte, wandte ich mich an sie und sagte: »Wenn dir mein Benehmen nicht passt, dann fahr nach Hause! Es ist Andreas Erstkommunion, und dieses Mal werde ich nicht zulassen, dass du das Fest ruinierst.«

Nach diesen Worten wurde sie sehr laut und meinte, alle seien gegen sie. Danach lief sie aus dem Zimmer und knallte die Wohnzimmertür so heftig zu, dass man das Gefühl hatte, sie würde in Einzelteile zerspringen. Das Glas blieb unversehrt, aber das Türschloss war beschädigt. Zu Martin und Helmut sagte ich: »Entweder beruhigt ihr sie, oder ich werfe sie auf der Stelle hinaus!« Daraufhin stand mein Schwiegervater auf und ging zu ihr. Wir hörten einen lauten Streit.

Es dauerte nicht lange, und beide wurden ruhiger. An diesem Abend sah ich sie nicht mehr. Am nächsten Tag saß sie überwiegend in ihrem Zimmer. Es war mir recht, denn noch mehr Ärger hätte ich nicht verkraften können.

KAPITEL 7:
ANREISE UNSERER GÄSTE

ANREISE UNSERER GÄSTE

Am Samstag, einen Tag vor der Kommunionsfeier, reisten alle Gäste an. Außer meinen Schwiegereltern und meinen Eltern wurden alle in Gästehäusern untergebracht. Man konnte sehen, dass meine Mutter sich in Anwesenheit meiner Schwiegermutter unwohl fühlte. Gegen Mitternacht, als die meisten nach dem Abendessen zum Schlafen in die Gästehäuser gefahren waren, blieben Stefan und Piotr mit ihren Familien noch bei uns. Ich war völlig übermüdet und freute mich auf eine ruhige Nacht.

Plötzlich drängte mein Schwiegervater darauf, mit seinen Söhnen weiterzufeiern. Ich schaute meine Eltern an; auch sie schienen sehr müde zu sein. Mein Vater verstand mich. Ich war über die Entscheidung meines Schwiegervaters sehr verärgert. Diese Familie war immer wieder gut für Überraschungen, aber auch, um Ärger zu machen. Er bat Martin, noch einige Flaschen Bier zu bringen, und meinte, es sei gerade eine tolle Stimmung und man treffe sich nicht immer im familiären Kreis. Damit sprach er Stefan an, der bereits seit vielen Jahren keinen Kontakt mehr zu seinen Eltern hatte, ausgenommen bei Familienfeiern.

In dieser Nacht hatte ich nicht vor, mich dafür zu opfern. Nun meldete sich mein Vater zu Wort, indem er sagte, dass es bereits sehr spät sei und wir für den morgigen Tag ausgeschlafen sein sollten. Meine Eltern standen auf, ich schloss mich ihnen an und sagte: »Ihr könnt noch feiern, ich wünsche euch eine gute Nacht.«

Ohne lange zu überlegen, verabschiedete sich auch Martin. Es dauerte nicht lange, und die anderen begaben sich auch zu Bett.

Nach einem stressigen Morgen und einer feierlichen Erstkommunion in der Kirche begaben wir uns alle zum Mittagessen in ein Restaurant. Der Besitzer gab sich sehr viel Mühe, um die Feier außergewöhnlich schön zu gestalten. Wir wurden von drei Kellnern in einem separaten Raum bedient. Danach fuhren wir nach Hause, um weiter bei Kaffee und Kuchen und während des Abendessens zu feiern. Den ganzen Tag verhielten sich Sabina und Helmut sehr ruhig. Später erfuhr ich, dass Martin sie mit Beruhigungspillen behandelt hatte.

Wie bereits bei der Erstkommunion von Alexander fuhren wir auch dieses Mal mit dem Pfarrer nach Altötting, mit dem Unterschied, dass keiner der Gäste mitfuhr. Noch am selben Tag fuhren alle, auch meine Schwiegereltern, nach Hause. In unserem Haus war endlich Ruhe eingekehrt, und der Alltag hatte uns schnell wieder eingeholt.

Zwei Wochen danach ging Susannes und Stefans Tochter zur Erstkommunion. Ihre Tochter war meiner Schwiegermutter wie aus dem Gesicht geschnitten. Am Nachmittag sah ich meine Cousine Susanne mit meiner Schwiegermutter und einigen Gästen in einem Kreis etwas abseits stehen. Ich war neugierig und ging hin. Ich traute meinen Ohren nicht, was Martins Mutter von sich gab. Es ging um mich. Sie meinte, dass Martin gezwungen sei, mit anderen Frauen ein Verhältnis zu haben, weil ich lungenkrank sei, und mit einer kranken Frau könne er nicht schlafen. Am liebsten hätte ich die Feier sofort verlassen. Aber als meine Mutter hörte, was geschehen war, bat sie mich, mir nichts anmerken zu lassen. Sie redete so lange auf mich ein, bis ich mich entschied, zu bleiben.

Später traf ich Susanne im Waschraum. Sie versuchte, mich in ein Gespräch zu verwickeln, wobei sie sagte, dass ich nicht die Einzige sei, die unter dieser Familie zu leiden habe. Weil ich seit meiner Heirat kaum Kontakt zu Susanne hatte und mich nicht auf ein Gespräch einlassen wollte, sagte ich: »Lass es gut sein, und gib dir keine Mühe! Lassen wir es so weiterlaufen wie bisher.« Danach verließ ich den Raum.

Einige Wochen danach erzählte mir mein Bruder Patrick, dass Sabina, nachdem sie die Kommunionfotos von Andrea und von Susannes Tochter verglichen hatte, befand, Andrea sei bei Weitem nicht so hübsch wie ihre Cousine. Jahre später erfuhr es auch Andrea, die bereits zu einer schönen Frau herangewachsen war. Sie nahm es mit Humor.

ALEXANDERS ZWEITER UNFALL

Ende Juli begannen die Sommerferien. Nachdem unsere Kinder ihre Zeugnisse erhalten hatten, freuten sie sich auf die Ferien. In der zweiten Woche fuhr ich Alexander zu einem Klassenfreund, der seinen Geburtstag feierte. Ich sah die aufgebaute Hüpfburg. Bei diesem Anblick überkam mich ein ungutes Gefühl. Ich bat meinen Sohn, nicht auf die Hüpfburg zu gehen. Mein letzter Satz war: »Pass auf dich auf.« Er lächelte und sagte: »Keine Angst, Mami, bis später.« Am liebsten hätte ich ihn wieder mitgenommen.

Zwei Stunden später rief mich die Mutter des Jungen an und meinte, ich solle schnell kommen, denn Alexander sei auf seine linke Hand gestürzt. Meine damalige Vision hatte sich bewahrheitet. Es war in der Zeit gewesen, als ich sagte, dass er sich beide Hände brechen werde. Eilig packte ich einige Sachen für meinen Sohn und mich zusammen, brachte anschließend Andrea für die Nacht zu den Nachbarn und fuhr los. Als ich ihn sah, wusste ich, dass diese Hand auch gebrochen war. Die Situation hatte sich wiederholt. Die Mutter des Jungen sagte fast unter Tränen, dass ihr das Ganze sehr peinlich sei. Daraufhin antwortete ich, beinahe wie zu mir selbst: »Manche Sachen kann man nicht aufhalten.« Danach fuhr ich mit ihm ins Krankenhaus.

Dieses Mal war es ein doppelter Bruch, und auch dieses Mal wurden Schrauben eingesetzt. Nach der Operation musste Alexander noch eine Nacht bleiben. Ich blieb bei ihm. Immer wieder wachte er auf und weinte vor Schmerzen. Am nächsten Tag wurde er entlassen. Zu Hause fragte er mich, warum er immer wieder Unfälle habe. Eine Antwort darauf wusste ich nicht. In einer Sache war ich mir allerdings sicher: Ich würde alles dafür tun, um mit meinen Kindern diesem Teufelskreis zu entkommen.

Einige Tage danach kniete ich vor der Figur der Mutter Gottes aus Fatima und betete. Ich wusste nicht, wie lange ich es getan hatte, als ich folgenden Satz sagte: »Lieber Gott, wenn meine hellseherischen Fähigkeiten von dir kommen, so will ich es gern tragen, kommen sie aber von dem Bösen, dann nimm sie bitte von mir ab.« Ich bat derart innig um eine Entscheidung, dass ich kaum merkte, wie mir die Tränen die Wangen herunterliefen. Der Schmerz meines Sohnes war auch mein Schmerz. Seit dieser Zeit hatte ich keine Visionen mehr, die sich auf Unfälle bezogen.

Kurz vor dem Schulanfang wurden der Gips und die Schrauben entfernt. Während Andrea in die vierte Klasse versetzt wurde, besuchte unser Sohn nun die fünfte Klasse in einem Gymnasium. Zu seiner Aufnahme hatte sich Martin mit keinem Wort geäußert. Am Tag der Einschulung fragte mich eine Nachbarin, deren Tochter mit Alexander in einer Klasse war, welche Schule unser Sohn besuchen würde. Ich beantwortete ihr diese Frage, und sie meinte mit einem sarkastischen Unterton: »Deine Kinder müssen aufs Gymnasium gehen!« Sie lächelte dabei. Ich war sehr überrascht über ihre neidischen Worte, ließ es mir aber nicht anmerken.

Später erfuhr ich, dass Martin im Bekanntenkreis erzählt hatte, Alexander wäre für das Gymnasium ungeeignet und ich würde unsere Kinder zum Lernen zwingen. Martin gehörte anscheinend zu den Vätern, die über die guten Noten ihrer Kinder nicht besonders glücklich waren.

Einige Tage danach telefonierte ich mit Johanna. Ich erzählte ihr, was vor Andreas Erstkommunion geschehen war. Johanna sagte, dass meine Schwiegermutter den Segen, den Andrea mit der Erstkommunion erhalten hatte, zerstören wollte. Dieser Segen wäre ein Sakrament genau wie die Taufe.

Das hat folgende Gründe: Menschen, die mit dem Satan im Bunde sind, nehmen die Sakramente an, um ihren Mitmenschen zu zeigen, sie seien Christen, um kein Misstrauen aufkommen zu lassen. In Wirklichkeit jedoch sind Sakramente, wie Taufe, Erstkommunion und Firmung, ein Gräuel für sie, das man überwinden muss. Dorotas Sohn gehörte offiziell der christlichen Gemeinde an. In Wirklichkeit aber wurde das Sakrament der Taufe durch das Benehmen seiner eigenen Mutter zunichtegemacht. Bei Andrea wollte meine Schwiegermutter das Gleiche bewirken.

Hätte Dorota damals das Taufsakrament bei ihrem Sohn zugelassen, hätte sie gegen ihre Überzeugung gehandelt. Sie wusste, wie gefährlich es für sie war. Dadurch hätte sie oder eines ihrer Familienmitglieder einen plötzlichen Unfall erleiden können. Was der Teufel einmal in der Hand hat, lässt er nicht mehr los.

Wir unterhielten uns auch über die Hinfahrt nach Italien. Johanna stimmte meiner Vermutung zu, dass die Gestalt ohne Kopf Martins Großvater gewesen war. Damals hatte ich keine Vorstellung, wie gefährlich diese Reise war. Martin hatte sich auf diese Reise eingelassen, um mir zu zeigen, dass er ein anderer Mensch geworden sei und mit dem Handeln seiner Mutter nichts mehr zu tun habe. Der eigentliche Grund für diese Reise war Martins Wesensveränderung nach dem Unfall. Wahrscheinlich wollte ich ihn wieder zurückholen und aus ihm einen besseren Menschen machen. Dazu wurde ich von meiner Mutter angetrieben. Diese Aktionen waren falsch und vermessen. Sie hatte ihren Willen und ich mein Leid.

Die Gestalt ohne Kopf hatte es nicht auf Martin abgesehen, sondern auf mich. Ich sollte bei diesem Unfall umkommen, damit ich nicht weiter gegen das Böse kämpfen konnte. Ich erzählte ihr auch von dem Gespräch mit Pfarrer Hellwig über die ungeborenen Kinder der Teufelsanbeterinnen. Dazu meinte Johanna, dass Mütter, die sich Satan verschrieben haben, bereits ihre ungeborenen Kinder Satan opfern müssen. Solche Kinder entwickeln sich von Anfang an anders. Sie sind bereits im Kindergartenalter stärker und dominanter als andere Kinder, und niemand stellt sich ihnen in den Weg. In der Schule sind es oft sehr gute Schüler. Ihnen fliegt alles zu, auch hier erproben sie immer wieder ihre Überlegenheit und Dominanz. Solange man tut, was sie wollen, können sie sehr freundlich sein. Andernfalls werden sie sehr böse, und ohne selbst Hand anzulegen, erleiden die anderen plötzliche Unfälle oder werden todkrank. Sexuell sind sie viel schneller und früher reif als ihre Mitschüler. Später studieren sie oft, erreichen ohne viel Anstrengung hohe Positionen und sind finanziell sehr gut abgesichert, werden bewundert, beneidet und sehr gefürchtet. Ihnen darf sich nur niemand in den Weg stellen. Sie genießen ihr Dasein in vollen Zügen und achten sehr darauf, sich nicht bloßzustellen und ihr Geheimnis nicht preiszugeben. Sie lieben den Alkohol, denn im Rausch erleben sie ihre Macht noch intensiver. Später behaupten sie, sich an nichts erinnern zu können. Sie wollen alles und alle kontrollieren, und wenn sie sich strafbar gemacht haben, kommen sie meist straffrei davon.

So war Martins Mutter sein Halt und Schutz und hielt ihre Hand über ihn. Als Gegenleistung durfte er sich nie gegen sie stellen. Außerdem war er ihr Lieblingskind. Die ganzen Jahre über war sie seine Stütze und der Grund für seinen Erfolg. Ich wusste, dass seine Intelligenz nicht sonderlich ausgeprägt war. Er hatte kein gutes Allgemeinwissen, auch sein medizinisches Wissen war nicht herausragend. Diese Mängel wurden in jedem Krankenhaus, in dem er tätig war, nach kurzer Zeit erkannt. In seiner eigenen Arztpraxis war er der Chef und musste keine Befehle entgegennehmen. Wenn er Fehler machte, war niemand da, der sie erkannte. Es gab keine Kollegen oder Mitmenschen, die sich offiziell gegen ihn geäußert hätten, obwohl es genug Gründe dafür gab. Später erkannte ich, dass ihm jeder aus dem Weg ging. Nur wenige Kollegen wollten etwas mit ihm zu tun haben.

Meine Schwiegermutter hatte ihre Tochter Dorota als Nachfolgerin des Familiengeheimnisses vorgesehen. Von Patrick erfuhr ich, dass sich beide häufig, wenn Sabina gerade zu Besuch war, im Raum eingesperrt hatten und erst nach drei Stunden wieder herauskamen. Danach waren sie immer sehr verändert, so wie man es von Sabina kannte. Obwohl Stefan der Älteste war und in der Regel das Erbe übernehmen sollte, setzte sie Dorota als Erbin ein. Der Grund dafür war, dass Männer sehr viel mächtiger waren als Frauen und keine Skrupel besaßen, ihre Macht an der eigenen Mutter auszuüben und sie zu bekämpfen.

Unser Leben nahm seinen gewohnten Gang. Nach Andreas Erstkommunion mussten wir alle Wände neu streichen. Unsere Gäste hatten sie derart mit ihren Schuhen traktiert, dass die Spuren ihrer Schuhe die Wände arg beschmiert hatten. Wir wurden regelmäßig zu Sitzungen und Informationsabenden für Ärzte eingeladen. Dadurch bekam ich die Möglichkeit, alle Ärzte aus der Umgebung kennenzulernen. Zum Schluss hatte jeder die Möglichkeit, sich bei einem Glas Wein und Appetithäppchen mit seinen Kollegen zu unterhalten. Auf diese Weise erfuhr man viele Neuigkeiten.

Ich fühlte mich sehr wohl in dieser Gesellschaft. Mit der Zeit wurde ich voll integriert und freute mich, jedes Mal dabei zu sein. Ich merkte sehr schnell, dass Martin sich an diesen Abenden unwohl fühlte, obwohl er auch Arzt war. Ich weiß bis heute nicht, woran es gelegen hat. Jedes Mal wurde er danach zu Hause ohne ersichtlichen Grund ausfallend. Anscheinend war er neidisch, dass ich im Gegensatz zu ihm so positiv im Kreise seiner Kollegen aufgenommen wurde.

Mittlerweile hatte ich noch mehr Klavierschüler. Ich ging täglich für einige Stunden in die Arztpraxis. Wir hatten so viele Patienten, dass meine tägliche Mitarbeit notwendig war. Auch mit den Angestellten verstand ich mich sehr gut, und wenn es unter ihnen Probleme gab, war ich für sie die erste Anlaufstelle. Dann versuchte ich, den Konflikt zu schlichten. Jeden Freitag nach der Sprechstunde gab es eine Besprechung für alle, in der die neuesten Entwicklungen und diverse Probleme besprochen wurden.

Ende Oktober hatten unsere Kinder Schulferien. Wir nutzten die Gelegenheit und flogen für ein paar Tage nach Gran Canaria. Die letzten Monate waren sehr stressig gewesen, und wir freuten uns alle auf etwas Erholung. Die ersten Tage verliefen ohne Zwischenfälle. Ich spürte jedoch, dass Martin irgendetwas vorhatte. Jedes Mal, wenn er meine Hilfe benötigte, wurde er ruhiger und spielte den liebenden Ehemann und Vater.

DIE ERSTELLUNG DER DOKTORARBEIT

Am dritten Tag unseres Urlaubs, nachdem unsere Kinder sich schlafen gelegt hatten, öffnete Martin eine Sektflasche. Danach setzten wir uns auf den Balkon. Normalerweise hätte er die Flasche selbst geleert und danach noch einige Flaschen Bier. Dieses Mal war es anders. Ich war neugierig, was folgen würde. Er fing an, über seine Tätigkeit als Arzt zu reden, über die Arztpraxis und wie schön es wäre, wenn er einen Doktortitel hätte. Er war zwar Arzt, war aber nicht promoviert. Daraufhin fragte ich, ob er vorhabe, eine Doktorarbeit zu schreiben.

Ich stellte ihm diese Frage, obwohl ich genau wusste, dass er sich dafür nicht eignete und selbstständig niemals eine Doktorarbeit zustande bringen würde. Verlegen schaute er mich von der Seite an und sagte: »Na ja, du weißt, dass ich sehr wenig Zeit dafür habe, aber es gibt Möglichkeiten, einen Doktortitel zu erlangen.« Danach erzählte er mir, dass er sich erkundigt habe und es in München jemanden gebe, der diese Aufgabe übernehmen würde. Wie so oft war Martin auch dieses Mal um sein persönliches Wohlergehen sehr bemüht. Damit würde er sein Ansehen steigern. Ich hörte zu und war bemüht, mich dazu nicht negativ zu äußern, um keinen Ärger aufkommen zu lassen. Es war bereits sehr spät geworden, als wir uns ins Bett legten.

Seit einigen Tagen spürte ich immer wieder Schmerzen an meinem linken Fuß. Es war die Stelle, an der mich Martin vor einigen Jahren beim Straßenfest verletzt hatte. Es kam oft vor, dass ich beim Gehen umknickte.

Auch jetzt stellte ich mich nicht gegen Martins Vorschlag, von jemandem eine Doktorarbeit schreiben zu lassen. Ich spürte ohnehin, dass unsere Ehe nicht mehr lange Bestand haben würde. Nach dem Urlaub machte er einen Termin für ein Vorgespräch in

München aus. Wir fuhren dorthin, um mehr zu erfahren. Ich stellte fest, dass mein Mann bereits seit einigen Wochen mit diesem Büro in Verbindung stand. Wir wurden von einem dunkelhaarigen, etwa 40-jährigen Mann begrüßt. Für die Erstellung brauche er lediglich das Thema der Doktorarbeit. Eine Woche danach trafen wir uns mit einem Professor am Nürnberger Krankenhaus, der für die Vergabe des Themas zuständig war. Nachdem Martin es bekommen hatte, leitete er es an das Büro weiter. Es stellte sich heraus, dass Martin für die Arbeit lediglich einige Untersuchungen an mehreren Patienten vornehmen musste. Die Ergebnisse sollten dem Büro mitgeteilt werden, damit die Doktorarbeit und die Auswertung der Ergebnisse zu Papier gebracht werden konnten. Das Ganze sollte sechs Monate dauern.

WEIHNACHTSURLAUB 1994

Im Dezember flogen wir für zwei Wochen in den Urlaub. Dieses Mal war es Mexiko. Die erste Woche verlief sehr ruhig und ohne Aufregung. Mein linker Fuß schmerzte immer mehr, und ich konnte nur noch in Gesundheitsschuhen mit niedrigem Absatz laufen. Manchmal musste ich einen Verband tragen. Obwohl Martin es gesehen hatte, sprach er mich kein einziges Mal darauf an. In der zweiten Woche betrank er sich zweimal. Danach benahm er sich wie immer, wenn er betrunken war, mit dem Unterschied, dass er dieses Mal nicht seine Hand gegen mich erhob. Der Grund dafür war anscheinend die Angelegenheit mit der Doktorarbeit.

Als unsere Kinder seine lauten Vorwürfe hörten, kamen sie in unser Zimmer. Es war das erste Mal, dass sie sich aus Angst nicht in ihren Betten verkrochen. Alexander ging auf ihn zu und sagte:

»Papa, hör auf zu schreien, du bist schon wieder betrunken!«
Martin schaute unseren Sohn verärgert an und sagte: »Was willst
du hier, du kleiner Idiot?« Danach schlug er ihn mit offener Hand
ins Gesicht. Alexander fiel und stieß mit seinem Hinterkopf an
eine Bettkante. Er schrie auf und weinte. Daraufhin packte Andrea ihren Vater am Arm und beschimpfte ihn, er wäre gemein
und böse und würde Alexander immer nur schlagen. Sie trat ihn
gegen sein Schienbein. Ich wollte dazwischengehen, denn ich
befürchtete, dass er auch Andrea schlagen würde, aber er stieß
sie nur von sich und befahl beiden, in ihre Zimmer zu gehen.
Nachdem ich ihm gesagt hatte, dass er ein miserabler Vater und
ein Trunkenbold sei, ging ich mit unseren Kindern in ihre Zimmer,
um sie zu beruhigen und um in dieser Nacht bei ihnen zu bleiben.

Von unserem Zimmer aus hörte ich, wie Martin weitere Flaschen öffnete und sich besinnungslos betrank. Die ganze Nacht
überlegte ich, wie ich es anstellen sollte, mich von ihm zu trennen,
um mit unseren Kindern in Ruhe leben zu können. Der Umstand,
dass wir finanziell mittlerweile sehr gut abgesichert waren und
uns vieles leisten konnten, hielt mich nicht davon ab, mir eine Zukunft ohne Martin vorzustellen. Es war nur eine Frage der Zeit,
wann wir uns trennen würden.

DER TRAUM IM JAHR 1995

In den letzten Jahren hatte ich sehr viel für meine Großmutter gebetet, die mir erschienen war, als ich achtzehn Jahre alt war, und
mich um Hilfe bat. Mitte Januar hatte ich wieder einen Traum.
Ich befand mich in einem Raum mit weißen Wänden. Um mich
herum waren weiße Tische, an denen mehrere Personen saßen.
Sie schienen zu feiern, dabei tranken sie roten Wein. Ich wusste,

dass sie tot waren. Vor mir sah ich eine kleine Tür. Ich öffnete sie und befand mich plötzlich in einer Art Katakombe. Es roch nach Erde und Feuchtigkeit. Es gab nur einen einzigen Weg. Es war dunkel und unheimlich, vergleichbar mit einem Grab. Plötzlich sah ich ein Mädchen von dreizehn Jahren neben mir gehen. Sie hatte langes schwarzes Haar und mir fiel ein, dass ich sie bereits früher einmal gesehen hatte.

Vor drei Jahren, als es mir gesundheitlich sehr schlecht gegangen war, hatte ich plötzlich an meiner Bettkante zwei Mädchen sitzen sehen. Sie waren Zwillinge. Sie schauten mich an, und eine von ihnen sagte, dass ich keine Angst haben solle, denn sie wären immer bei mir und würden mich beschützen. Nun sah ich eine von ihnen wieder. Sie wich nicht von meiner Seite. Es war dunkel, und rechts und links befanden sich Ausgänge ohne Türen. Aber auch dahinter war es dunkel. Ich ging weiter, und im Traum wusste ich, dass ich nach meiner Großmutter Ausschau gehalten hatte. Plötzlich stand vor mir eine weiße Gestalt. Es war ein sehr großer Mann mit einem weißen Umhang; sein Gesicht war lang und kantig. Es war rot, und seine Augen waren sehr dunkel. Mir wurde bewusst, dass ich es hier mit einem Dämon zu tun hatte. Er packte mich am Arm, und seine langen dunklen Krallen bohrten sich in meinen Oberarm. Ich hatte Schmerzen, wagte es aber nicht, etwas zu sagen. Das junge Mädchen war noch immer neben mir. Der Dämon war sehr zornig. Er zerrte mich ans Flurende, wo ein großer hölzerner Tisch stand. Anschließend musste ich mich auf den Tisch legen. Ich hatte keine andere Wahl, als ihm zu gehorchen. Danach beugte er sich über mich und sagte: »Du wirst nicht mehr lange leben, du gehörst mir!« Er legte seine mit Krallen bewachsenen langen Finger um meinen Hals und versuchte, mich zu erwürgen. Ich bekam keine Luft mehr und hatte Todesangst. Mein Herz pochte wie wild. Seine

Fratze schien über mir zu schweben. Er zischte wütend, wobei seine Augen sich noch dunkler färbten. Ich dachte: »Jetzt musst du sterben. Das ist dein Ende!«

Ich weiß nicht, wie lange der Kampf dauerte, als er plötzlich von mir abließ. Meine Beschützerin drängte ihn in die Ecke. Wütend wandte er sich ihr zu. In diesem Moment konnte ich fliehen. Ohne mich umzudrehen, lief ich den Flur entlang zum Ausgang. Unterwegs zwang mich etwas, mich zum Seitenausgang zu begeben. Ich gehorchte, und plötzlich stand ich draußen. Es war immer noch sehr dunkel und roch nach Erde. Eine Stimme sagte: »Sie ist gerettet.« Danach wachte ich auf.

Ich wusste sofort, dass dieser Traum etwas mit meiner Großmutter zu tun hatte. Der Satz »Sie ist gerettet« bezog sich auf sie, was so viel heißen sollte wie, dass sie nicht mehr in den Katakomben von dem weißen Dämon festgehalten werden konnte. Damals wusste ich noch nicht, dass es nicht das letzte Mal gewesen war, den Dämon gesehen zu haben.

Die Geräte zur Messung und Behandlung der Patienten für die Doktorarbeit wurden in die Praxis geliefert. Nicht alle Patienten waren damit einverstanden, sodass die Fertigstellung der Arbeit länger als die vorgesehenen sechs Monate dauern sollte. Martin vermied es, sich in den nächsten Wochen zu betrinken. Seine Wesensveränderung machte mir weiterhin Sorgen, vor allem sein kalter Blick und seine kalten Augen. Manchmal saß er da, starrte minutenlang auf einen Punkt, ohne mit der Wimper zu zucken. Auch unseren Kindern entging sein Verhalten nicht, und sie fragten mich eines Tages, was mit ihrem Vater los und weshalb er manchmal so komisch sei. Um sie zu beruhigen, antwortete ich, dass er sich nur langsam von seinem schweren Unfall erholen würde.

Seit Januar hatten wir eine neue Haushälterin. Sie war eine Patientin von Martin. Erst kürzlich hatte sie ihm berichtet, sie habe ihre Arbeitsstelle verloren und sei auf der Suche nach einer neuen. Martin sprach mich darauf an, und ich war mit Magda sofort einverstanden. Sie war in unserem Alter und im Haushalt sehr erfahren.

ATEMNOT

Eines Nachts, Anfang März, bekam ich wieder Atemnot. Ich lag wach und versuchte, aufzustehen, aber irgendetwas hielt mich fest. Plötzlich spürte ich etwas Kaltes auf meinen Beinen, vor allem meine Unterschenkel waren kalt wie Eis. Ich weiß nicht, wie lange ich bewegungslos lag, als ich plötzlich das Gefühl hatte, dass jemand auf meinen Beinen läge. Ich drehte meinen Kopf zu Martin, aber er schien tief und fest zu schlafen. Mich befiel eine Panik, denn ich konnte keinen Laut von mir geben. Plötzlich ließ der Druck nach, und es schien so, als würde etwas langsam von meinen Beinen heruntergleiten. Deutlich spürte ich eine unsichtbare Gestalt. Fassungslos lag ich da und dachte: »Lieber Gott, es fängt schon wieder an!«

Die nächsten Wochen wurde ich von meiner nächtlichen Atemnot verschont. Für mich war es ein Zeichen für die Anwesenheit des Dämons, der mir sagen wollte: »Ich bin wieder da, ich habe dich nicht vergessen!« Meine Fassungslosigkeit und Ohnmacht verwandelten sich in Wut. Ich beschimpfte meinen Peiniger auf das Übelste und befahl ihm, dahin zurückzukehren, woher er gekommen war. Wie bereits oft zuvor setzte ich mich auch in dieser Nacht vor die Figur der Mutter Gottes und betete. Sie gab mir jedes Mal Kraft und Zuversicht. Mit der Zeit war sie zu meiner besten Freundin und Beschützerin geworden, der ich alles anvertrauen konnte. Ich erzählte ihr, was passiert war und wie traurig und ärgerlich die ganze Situation für mich sei. Wenn ich manchmal in ihr Gesicht schaute, sah ich ein kleines Lächeln auf ihren Lippen. Obwohl es eine Figur aus Holz war, hatte ich das Gefühl, dass sie mich hören konnte. Das gab mir Kraft und Mut, mich nicht aufzugeben und weiterzukämpfen.

Schließlich hatte ich zwei Kinder, die ich beschützen und für die ich sorgen musste. Erst später wurde mir klar, wie viel Kraft mir meine beiden Kinder gaben. Jedes Mal, wenn es mir schlecht ging und ich daran dachte, meinem Leben ein Ende zu setzen, sah ich sie plötzlich vor meinen Augen. In solchen Momenten wusste ich, dass mein Vorhaben ein Verbrechen an meinen Kindern wäre. Ohne mich wären sie bei Martin und seiner Familie verloren gewesen.

MEIN ENTSCHLUSS

Einige Tage vor Ostern eröffnete mir mein Mann, dass seine Eltern die Osterfeiertage wieder mit uns verbringen wollten. Ich war dagegen und sehr verärgert, dass mal wieder alles über meinen Kopf hinweg entschieden worden war. Martin interessierte meine Meinung dazu nicht; er bestand auf ihren Besuch. Es dauerte nicht lange, und es kam zum Streit. Ich gab ihm zu verstehen, dass ich seine streitsüchtige Mutter nicht ertragen könne und es besser wäre, wenn er über Ostern zu ihnen nach Polen fahren würde. Daraufhin lachte er und sagte, dass ihm seine eigene Familie sehr wichtig sei und er ohne sie nirgendwohin fahre, was so viel heißen sollte wie, dass seine Eltern zu uns ins Haus kommen mussten.

Es war von vornherein klar, dass die ganze Sache zwischen ihm und seinen Eltern bereits vorher entschieden worden war und man mich lediglich zum Schein fragte. Ich sah ein, dass es sinnlos war, mich dagegen zu wehren. Noch am selben Tag rief ich Johanna an und berichtete ihr, was passiert war und dass ich mich entschlossen hatte, über die Feiertage mit den Kindern zu meinen Eltern zu fahren.

Johanna warnte mich davor, das Haus zu verlassen und Martin mit seinen Eltern allein zu lassen. Ich hätte ihnen damit keine größere Freude machen können. Denn seine Mutter hätte genug Zeit, dasselbe zu tun wie in unserem letzten Haus, und dazu sollte ich ihr keine Gelegenheit mehr geben. Johanna sagte, dass es bei einer Wiederholung passieren könne, dass sie mich nicht mehr retten könne!

EIN BÖSES SCHAUSPIEL

Nach diesem Telefongespräch entschloss ich mich, zu bleiben. Am Montag, in der Woche vor Karfreitag, kamen Martins Eltern bei uns an.

Bis Donnerstagmittag war die Stimmung gedrückt. Am Abend jedoch wurde es zunehmend unruhiger im Haus. Die Kinder liefen nervös umher. Die Erwachsenen sprachen kaum ein Wort miteinander. Wie schon so oft hatte es Sabina wieder auf mich abgesehen. Plötzlich fing sie an, mich zu beleidigen und zu beschimpfen. Auch dieses Mal ging es darum, wie schlecht ich ihren Sohn behandeln würde und wie respektlos ich ihr gegenüber sei. Auf ihre Äußerungen reagierte ich nicht und tat, als ob ich mich nicht angesprochen fühlte. Um mich aus der Reserve zu locken, wurde sie immer lauter und unverschämter. Mein Mann und sein Vater reagierten mit keinem Wort. Als das böse Schauspiel kein Ende nahm, sagte ich zu Martin, er solle seine Mutter beruhigen, andernfalls sollte sie zu Bett gehen. Danach ging ich in die Küche, und er folgte mir. Er gab mir die Schuld für den Ärger und sagte: »Meine Eltern kommen so selten zu uns, und du bist so kalt zu ihnen. Könntest du nicht netter sein?« Ich fühlte, dass es ihm sehr daran gelegen war, mich aus der Fassung zu bringen, wahrscheinlich, damit ich mich auf einen Streit einließ.

Johanna hatte recht! Ich musste mir große Mühe geben, meine Nervosität nicht zu zeigen, denn damit hätte meine Schwiegermutter gewonnen, und diese Genugtuung sollte sie nicht haben. Alexander und Andrea schauten verwundert zu, sagten aber kein Wort. Danach bat ich beide, zu Bett zu gehen. Kurz darauf ging auch ich zu Bett. Es dauerte nicht lange, bis auch die anderen schlafen gegangen waren. Sabina hatte wohl die Hoffnung aufgegeben, mich in ihren Streit hineinzuziehen. Ich lag noch wach, als Martin das Schlafzimmer betrat. Er war wütend und sein Gesicht vor Zorn dunkelrot. Noch bevor er etwas sagen konnte, sagte ich, dass ich nicht vorhätte, mich mit ihm zu streiten.

Am nächsten Tag, es war Karfreitag, blieb Martin im Bett, und auch meine Schwiegereltern kamen nicht zum Frühstück. Ich saß mit unseren Kindern allein am Frühstückstisch. Beide fragten mich, warum Oma so böse sei. Daraufhin gab ich vor, es nicht zu wissen, und bat sie, auch bei den anderen keine Fragen zu stellen. Erst gegen 13 Uhr fanden sich alle ein. Ohne ein Wort setzten sie sich an den Esstisch. Es dauerte eine Weile, bis mein Mann zu mir kam und mich in barschem Ton fragte, ob sie heute noch etwas zu essen bekämen. Um keinen Ärger aufkommen zu lassen, bereitete ich rasch das Essen vor.

Während sie sich unterhielten, behandelten sie mich, als ob ich nicht anwesend wäre. Darüber war ich froh, denn so hatte ich meine Ruhe und musste meine Nervosität nicht ständig unterdrücken. Sabina sah schrecklich aus. Ihr Gesicht trug wieder die dämonische Maske. Sie beklagte sich andauernd über Schmerzen und Übelkeit. Weil sie damit nicht aufhörte und ich mich ihr nicht zu nähern wagte, brachte Martin sie auf ihr Zimmer. Helmut blieb am Tisch sitzen. Er schien sehr nervös zu sein. Weil er grundsätzlich alles machte, was ihm seine Frau befahl, wagte ich nicht, ihn anzusprechen.

Gegen 15 Uhr fuhren wir zur Anbetung in die Kirche. Martins Eltern zogen es vor, zu Hause zu bleiben. Mir war es nicht recht, seine Mutter allein daheim zu lassen. Noch bevor wir ins Auto gestiegen waren, verschloss ich die Tür zu unserem Schlafbereich und die Kinderzimmer. Andrea und Alexander ministrierten während der Anbetung. Zusätzlich führten sie mit anderen Kindern ein Karfreitagsvorspiel auf.

Sabina und Helmut schlossen sich in ihrem Zimmer ein. An

diesem Tag sahen wir sie nicht wieder. Auch in den nächsten zwei Tagen ließ ich es nicht zu, mich von Martins Mutter demütigen zu lassen. Nachdem beide erst gegen Mittag des darauffolgenden Tages ihr Zimmer verlassen hatten, sprachen wir nur das Notwendigste. Ich bemerkte, dass sie auch auf Martin nicht gut zu sprechen war. Wahrscheinlich, weil er es zugelassen hatte, dass ich, während wir zur Anbetung fuhren, die Räume abschloss. Am Montagabend fuhren sie zurück nach Hause. Martin brachte sie zum Bus. Mittlerweile gab es die Möglichkeit, mit einem Langstreckenbus in die östlichen Länder zu fahren.

DIE HÖLLISCHEN SCHMERZEN

Nachdem alle das Haus verlassen hatte, fühlte ich eine plötzliche Schwäche. Mir war kalt, und ich bekam Fieber. Das Schlimmste aber waren meine Schmerzen, die ich in jedem Millimeter meines Körpers spürte. Andrea und Alexander machten sich Sorgen über meine plötzliche Veränderung. Ich legte mich ins Bett und schlief sehr schnell ein.

Ich wachte erst auf, als Martin sich über mich beugte und mir eine Infusion verabreichen wollte. Er schien sehr zufrieden zu sein. Lächelnd sagte er, dass es mir nach der Infusion bald besser gehen würde. Ich traute der ganzen Sache nicht, denn es war eine Situation, die ich bereits kannte. Während er im Begriff war, mir die Nadel in die Vene zu stechen, stieß ich ihn von mir. Er schaute mich überrascht an, und ich sagte: »Ich brauche deine Infusionen nicht, es reicht mir, wenn ich mich ausschlafe!« Er war sehr verärgert und meinte, ich sei eine dumme, sture Kuh. Dieser Satz bestätigte mein Misstrauen gegen seine angeblich guten Infusionen noch mehr.

Am nächsten Tag nahm ich Johannas Tropfen gegen die Schmerzen. Es dauerte nicht lange, und mein Zustand besserte sich. Mein Mann fragte mich andauernd, wie ich mich fühlte und ob ich Schmerzen hätte. Anscheinend stimmte meine schnelle Genesung mit seinen Plänen nicht überein. Ich konnte mir vorstellen, dass seine Mutter ihm versichert hatte, ich würde die nächste Zeit sehr leiden und ohne Schmerzmittel nicht auskommen.

Ich war glücklich, Johanna zu kennen. Sie konnte mich in meiner schwierigen Lage nicht nur trösten, sondern mir auch in so mancher für mich ausweglosen Situation helfen. Besonders wichtig war ihre Fähigkeit, Begebenheiten vorherzusehen und mich zu warnen. Denn nur so konnte ich der Gefahr entrinnen, in der ich mich befand.

MAGDA, UNSERE NEUE HAUSHÄLTERIN

Unsere neue Haushälterin Magda kam mittlerweile täglich zu uns. Sie war für den gesamten Haushalt zuständig. Es ist uns allen nicht entgangen, wie gut sie sich mit Martin verstand und wie sehr sie ihn anhimmelte. Beim gemeinsamen Mittagessen hatte sie nur Augen für ihn.

Er bemerkte es, und es amüsierte ihn. Weil sie rauchte, brachte er ihr oft Zigaretten mit. Es war seine Taktik, sie für sich zu gewinnen. Meine innere Unruhe, die ich noch zwei Jahre zuvor wegen meines Studiums, des Praxisumbaus und des Hausbaus empfunden hatte, war verschwunden. Im Vordergrund stand nun ein anderes Problem: Ich war nicht sicher, was mein Mann im Schilde führte und wie weit er und seine Mutter gehen würden, um mir zu schaden. Es war sehr anstrengend, immer auf der Hut zu sein. Frühmorgens wachte ich oft sehr erschöpft auf, so, als ob ich die ganze Nacht kaum geschlafen hätte. Diesen Zustand verbarg ich vor Martin. Er sollte nicht merken, dass sein Dämon meine Nachtruhe störte und meine Gesundheit schädigte. Gleichzeitig glaubte ich, dass irgendwann die Zeit kommen würde, in der ich endlich aus den Fängen ihres Dämons gerettet sein würde.

MARTINS SPIEL IN DER ÖFFENTLICHKEIT

Martin war seit einigen Monaten noch mehr als früher darauf bedacht, sich mit unseren Kindern in der Öffentlichkeit zu zeigen. Alexander spielte leidenschaftlich Fußball in einer Mannschaft. Fast jedes Mal brachte er ihn zum Training und blieb bis zum Schluss. Es war sicherlich nicht verwunderlich, dass ein Vater diese Zuneigung zum Fußball mit seinem Sohn teilte.

Aber im Gegensatz dazu war er zu Hause alles andere als ein guter Vater. Es verging kaum ein Tag, an dem er unsere Kinder nicht beleidigte oder handgreiflich wurde. Dieser Umstand hatte sich in den letzten Jahren etwas gelegt. Es fing aber wieder an, als wir unser neues Haus bezogen hatten. Es interessierte ihn nicht, was sie in der Schule erlebt hatten oder ob die Schulnoten stimmten. Es kam oft vor, dass Martin sie, wenn sie über wichtige Ereignisse in der Schule berichteten, abrupt mit den Worten unterbrach, sie könnten es auch später erzählen. Beide waren über seine Reaktion sehr enttäuscht, sagten aber nichts.

LOURDES

Um meinem tristen Alltag zu entkommen, beschloss ich, Ende Juni mit unseren Kindern in den Schulferien zu meinen Eltern zu fahren. Für diese Zeit wünschte sich Martin, seine Eltern dabeizuhaben. Ich freute mich, denn wir wollten zusammen mit meinen Eltern diesen berühmten Wallfahrtsort besuchen. Er befindet sich im Südwesten Frankreichs. Martin freute sich, seine Eltern wiederzusehen.

Am 18. Juni begannen wir unseren Urlaub, und am 20. Juni fuhren wir mit dem Pilgerbus, insgesamt dreißig Personen, nach Lourdes. Wir wohnten alle in derselben Pension. Außer Frühstück, Abendessen und einigen Sehenswürdigkeiten, die vom Reiseleiter ausgesucht wurden, konnten wir die Zeit frei gestalten.

IM GEBURTSHAUS VON BERNADETTE

Es gab vieles zu sehen, unter anderem das Geburtshaus von Bernadette, dem Mädchen, dem die Muttergottes erschienen war. Es war am vierten Tag, als wir dieses Haus besuchten. Ein schmaler Gang führte zu dem Raum, in dem Bernadette geschlafen hatte. Er war dunkel und ohne Fenster. In der linken Ecke befand sich ein Bett und daneben eine Kleidertruhe. Während ich dastand, überkam mich plötzlich ein trauriges Gefühl, und ich fing an, zu weinen. Ich war allein im Raum. Mein Gefühl der Traurigkeit hatte sich mit einem schwermütigen Gefühl im Innern meines Herzens vermischt. Es war ein Zustand, den ich mir nicht erklären konnte. Irgendwann machte ich einige Fotos vom Schlafzimmer. Ich denke oft an diese Minuten und auch heute noch empfinde ich diese unerklärliche Schwermut und Traurigkeit.

An diesen Tagen dachte ich weder an Martin noch an meine Schwiegereltern und deren Machenschaften.

Auch die nächsten Tage im Hause meiner Eltern waren sehr angenehm und erholsam. Ich sah meine Brüder wieder und besuchte meine frühere beste Freundin, mit der ich seit einigen Jahren kaum noch Kontakt hatte. Eines Abends kam Patrick ohne seine Frau Dorota vorbei. Er erzählte, dass das Leben mit ihr sehr anstrengend sei und ihre Launen und plötzlichen Gemütsänderungen ihn sehr viel Kraft kosten würden. Es war keine glückliche Ehe. Auch er war in ihre Fänge geraten. Ich erfuhr auch, dass Martin fast täglich mit seiner Schwester telefonierte. Er rief sie von seinem Sprechzimmer aus an, wenn ich nicht in der Praxis war. Nun wurde mir einiges klar, vor allem seine spontanen Stimmungsschwankungen.

Anscheinend telefonierte er sehr oft mit seiner Familie und unterrichtete sie über alles, was bei uns geschah. Mit Sicherheit ließen sie kein gutes Haar an mir. Er lebte mehr mit seinen Eltern und Geschwistern als mit seiner Familie. Ich hatte es im Gefühl gehabt, aber nun hatte ich die Gewissheit. Ich vermutete, dass er seinen Eltern seit Längerem größere Geldbeträge zukommen ließ. Ich war sicher, dass das Kuvert mit dem roten Briefsiegel für diese Transaktionen gedacht war. Er versiegelte es und ließ die Sendung versichern. Bis dahin war alles nachvollziehbar, aber woher hatte Martin das Geld? Es ist mir nicht aufgefallen, dass er jemals einen größeren Betrag von unserem Konto abgehoben hatte oder ein eigenes Konto besaß, auf das ich keinen Zugriff hatte. Ich fand keine Antwort darauf.

Einen Tag vor unserer Abreise half ich meiner Mutter beim Aufräumen ihres Schlafzimmers. In einer Schublade befanden sich diverse kleine Bücher. Sie sahen aus wie kleine Informationsbroschüren. Ich war neugierig und blätterte in ihnen.

PATER PIO

Plötzlich fiel mir ein Büchlein in die Hand, auf dessen Vorderseite ein bärtiger Mönch zu sehen war. Ich war sicher, ihn schon einmal gesehen zu haben. Ich las den Namen Pater Pio. Er schenkte den Armen sehr viel Trost und war in seiner Mission als Beichtvater bekannt. Als ich das Wort Beichtvater las, wusste ich, woher ich ihn kannte. Es war derselbe Mann, der mir damals im Traum im Beichtstuhl erschienen war und mir mit einer Handbewegung den Himmel gezeigt hatte. Ich wollte mehr über ihn erfahren und las weiter in der Broschüre. Pater Pio war am 25. Mai 1887 in Süditalien geboren. Fünfzig Jahre lang bot er den Menschen, die den Beichtstuhl aufsuchten, seinen Dienst an. Er war ein Helfer der Armen und Leidenden. Zu seinen Lebzeiten trug er die Wundmale Christi und vollbrachte viele Wunder. Er starb am 23. September 1969. Ich konnte es kaum glauben, aber es war dieser Pater, der mich damals dazu gebracht hatte, erneut nach Altötting zu fahren, um die Beichte abzulegen. In den letzten Jahren waren so viele unerklärliche Dinge geschehen, dass dieser außergewöhnliche Zustand für mich zur Gewohnheit geworden war.

WIEDER ZU HAUSE

Sonntagnachmittag, Ende Juni, fuhren wir zurück nach Hause. Es war ein wunderschöner warmer Tag. Als wir ankamen, saßen Martin und seine Eltern auf der Terrasse. Wir begrüßten uns sehr formell. Nachdem ich mich ein wenig frisch gemacht hatte, gesellte ich mich zu ihnen. Kurze Zeit später kamen auch Andrea und Alexander. Beide erzählten über die Zeit in Lourdes. Weder Martin noch seine Eltern waren an ihren Erzählungen interessiert.

Während Helmut Müdigkeit vortäuschte, nickte Sabina, desinteressiert lächelnd. Auch Martin schien es nicht besonders zu interessieren. Ich hatte das Gefühl, dass dieses Verhalten abgesprochen war. Unsere Kinder merkten bald, was vor sich ging, und zogen es vor, mit den Erzählungen aufzuhören.

MARTIN SOLL SEINE KINDER UND MICH FÜR EINE JÜNGERE VERLASSEN

Nun saßen wir alle gemütlich beisammen. Was sich mein Schwiegervater dann erlaubte, sprengte alle Grenzen! Während wir am Tisch saßen, sagte er in einem ruhigen Ton: »Martin, suche dir eine andere Frau. Du hast so viele hübsche junge Frauen in der Praxis. Die Richtige zu finden, dürfte kein Problem sein!« Ich war sprachlos über so viel Gemeinheit. Helmut und Martin sahen sich lächelnd an. Auch dieses Mal diente mein Schwiegervater als Handlanger für seine Ehefrau. Dass sie mich überall als lungenkrank verleumdeten, wusste ich schon. Aber Martin diesen Vorschlag in meiner Anwesenheit zu unterbreiten, war niederträchtig und rücksichtslos. Es überbot alles, was ich bisher kannte. Aber auch dieses Mal sagte ich, aus purer Sprachlosigkeit, nichts.

Es waren noch drei Tage bis zu ihrer Heimfahrt. Ich beachtete sie kaum. Martin war ständig auf der Hut, keinen Ärger aufkommen zu lassen, dieses Mal nicht so sehr bei seinen Eltern als vielmehr bei mir. Er befürchtete, dass, nachdem ihre Absicht, Martin eine andere Frau anzudrehen, nicht mehr verheimlicht werden musste, ich noch vor der Abreise Ärger machen könnte. Damit hatte er mich unterschätzt, denn mir war seit längerer Zeit klar, dass diese Ehe keinen dauerhaften Bestand haben würde.

Außerdem hatte ich nicht vor, länger um diesen Mann zu kämpfen.

Nachdem sie weggefahren waren, verschlechterte sich auch dieses Mal mein Gesundheitszustand. Ich bekam Fieber, war sehr schwach und hatte Schmerzen. Ich nahm sofort Johannas Tropfen ein. Es dauerte nicht lange, und ich verspürte eine deutliche Besserung. Danach legte ich mich ins Bett. Als Martin spätabends nach Hause kam, sagte er, ohne mir eine Infusion verabreichen zu wollen: »Hör endlich auf, die Kranke zu spielen!« Ich antwortete nicht und gab vor, zu schlafen. Ich war sicher, dass er sich vergewissern wollte, ob ich wirklich krank war.

Am nächsten Tag ging es mir sehr viel besser, und ich ging wieder in die Praxis. Unsere Haushälterin Magda lobte Martins Eltern bei unserem gemeinsamen Mittagessen in den höchsten Tönen, was für gute Menschen sie seien und wie viel Glück ich hätte, solche wunderbaren Schwiegereltern zu haben. In den letzten Jahren war es immer dasselbe gewesen. Martin stellte seine Eltern bei sämtlichen Bekannten vor. Genauso wie Martin konnte auch seine Mutter bei Fremden einen guten Eindruck hinterlassen. Damals war ich sicher, dass ich von ihnen als die böse Schwiegertochter hingestellt wurde. Auch Magda fiel darauf herein, und bald merkte ich, dass sie Martin situationsgetreu alles erzählte, was in diesem Haus während seiner Abwesenheit passierte. Ich hatte nichts zu verbergen, aber ihre Art störte mich immer mehr.

MEIN GEBURTSTAG UND DIE REISE NACH MEKKA

Am Samstag, den 16. Juli, feierten wir meinen Geburtstag. Es war ein wunderschöner Tag, und so beschloss ich, auf der Terrasse für meine Gäste zu grillen. Auch dieses Mal bekam ich kein Geburtstagsgeschenk von Martin. An diesem Tag zeigte er bereits am Morgen ein ziemliches Desinteresse an meiner Geburtstagsfeier. Auch mir gegenüber verhielt er sich sehr kühl.

Eine Bekannte, sie hieß Sybille, war etwa fünfzehn Jahre älter als Martin und erst kürzlich Witwe geworden, zählte auch zu meinen Gästen. Gleich zu Beginn sagte sie, dass ich Gott danken müsse, so einen guten Ehemann zu haben. Danach setzte sie einen drauf, indem sie ergänzte, dass ich kniend nach Mekka gehen müsste, um mich dafür zu bedanken. Ich sah sie verwundert an, denn mit so viel Unsinn hatte ich nicht gerechnet. Gleich darauf mischte sich eine andere Bekannte ein: »Das stimmt, du bist beneidenswert!« Auch die anderen Gäste waren nicht mehr so herzlich, wie es die letzten Jahre der Fall gewesen war. Ich war sicher, dass ich diesen Umstand Martin zu verdanken hatte. Es war kaum zu übersehen, dass er sich kontinuierlich im Bekanntenkreis auf ein Leben ohne mich vorbereitete. Und wie es schien, hatte er Erfolg damit.

Am Abend wurde es kühler, und wir gingen hinein. Ich saß zwischen Martin und Sybille. Nie im Leben hätte ich geglaubt, dass ihn auch ältere Frauen interessierten. Ohne dass er mich beachtete, berührten seine Hände ihren Körper hemmungslos. Genauer gesagt, begrabschte er sie, als ob er ihren Körper untersuchen wollte. Einmal waren es ihre Brüste, ein anderes Mal ihre Haare. Fassungslos schaute ich zu. Es dauerte eine Weile, bis ein Kollege von Martin sagte: »Du sollst dich schämen, du beschämst uns alle!« Nach dieser Rüge ließ er von ihr ab. Ich war sicher, dass auch sie zu seinen Bettgenossinnen gehörte.

DIE EIFERSÜCHTIGE KATHRIN

Gegen Mitternacht waren nur noch ein Ehepaar und Kathrin, die Frau, die mich um Martin beneidete, geblieben. Weil ich die Einzige war, die keinen Alkohol getrunken hatte, erklärte ich mich bereit, das Ehepaar nach Hause zu fahren. Sie wohnten im Nachbarort. Zurück blieben Martin und Kathrin. Es dauerte nicht lange, bis ich zurück war. Es war sehr still, und ich dachte, dass auch Kathrin mittlerweile nach Hause gegangen war. Leise betrat ich das Wohnzimmer und steuerte in Richtung Terrasse, als ich plötzlich ein Geräusch vernahm. Ich konnte gerade noch sehen, wie sie zur Seite sprang. Anscheinend hatte sie mich kommen hören. Als sie zu mir aufblickte, stotterte sie verlegen vor sich hin.

Dann informierte sie mich, dass Martin und sie beschlossen hätten, jeden Abend einen Waldlauf zu machen. Ich schaute sie verwundert an, denn Martin gehörte nicht zu den Menschen, die regelmäßig joggten, und so sagte ich, dass sie bei dieser Gelegenheit eine Abkürzung durch den Wald nehmen sollten. Dabei könnten sie sich im Gebüsch vergnügen. Sie lächelte verlegen. Ich hatte bereits seit längerer Zeit das Gefühl, dass sie es auf ihn abgesehen hatte, denn jedes Mal, wenn wir auf der Terrasse saßen, joggte sie und gab sich größte Mühe, von uns gesehen zu werden. Es fiel mir auf, dass sie in den letzten Wochen sehr viel Gewicht verloren hatte. Ihren schlechten Kleidergeschmack konnte sie jedoch nicht ändern.

Anscheinend dachte jede von diesen Frauen, sie sei einzigartig und könnte meinen Platz einnehmen. Was sie jedoch nicht

wussten, war, dass er nur mit ihnen spielte und ihre Gefühle mit
Füßen trat, um lediglich seine Befriedigung zu erlangen. Sie ver-
wechselten Liebe mit Begierde. Unsere Kinder nannten sie später »die verrückte Kathrin«. Jede Frau in meiner Situation hätte
eine Frau wie Kathrin aus dem Haus geworfen und den eigenen
Ehemann zur Rede gestellt. Aber bereits damals waren meine
Gefühle für Martin erkaltet. Dennoch fragte ich ihn am nächsten
Tag, was diese Annäherungen zu bedeuten hatten. Er lachte und
antwortete, er hätte zu viel getrunken, um sich noch an irgendetwas erinnern zu können.

KAPITEL 9:
URLAUB IN ITALIEN

URLAUB IN ITALIEN

Mitte August, unsere Kinder hatten Sommerferien, fuhren wir für zehn Tage nach Süditalien. Es war das erste Mal, dass ein Urlaub mir mehr Last als Freude bereitete. Seit Januar wurde in der Praxis ein neuer Assistenzarzt, Dr. Seling, beschäftigt. Während unserer Abwesenheit übernahm er alle ärztlichen Tätigkeiten.

Mein Gefühl für Martin starb zusehends ab. In meinem Inneren öffnete sich stattdessen eine unbeschreibliche Leere. Wenn ich glückliche Pärchen am Strand oder in den Lokalen sah, überkam mich eine tiefe Traurigkeit. In Gedanken spielte sich bei mir vieles ab: Wie glücklich wir hätten sein können, wenn Familie Nidek eine normale Familie gewesen wäre. Der allseits bekannte Satz galt auch für mich: »Geld macht sicher, aber nicht glücklich.«

Es kam immer öfter vor, dass ich gegen die Berührungen meines Mannes Ekel und Abneigung empfand. Ich verweigerte mich ihm immer öfter, vor allem, seitdem er seine Spielchen mit anderen Frauen vor meinen Augen auslebte. Seine Aggressivität von früher kam immer mehr durch, und er beleidigte und schlug unsere Kinder noch mehr als früher. Mein Fuß schmerzte immer noch. Mittlerweile dachte ich daran, zum Orthopäden zu gehen. Ich war froh, als die zehn Tage vorbei waren.

DER SATZ, DER ALLES ZUM FALL BRACHTE

Einige Tage danach bat ich meinen Mann, mir zu helfen, Blumen für den Garten und die Terrasse zu kaufen. Während unseres Urlaubs hatte es zu Hause einen heftigen Sturm gegeben, der alle Terrassenblumen zerstört hatte. Er erklärte sich bereit, und so fuhren wir gemeinsam mit unseren Kindern in eine außerhalb gelegene Gärtnerei. Auf dem Weg dahin fragte ich Martin, ob in seiner Praxis alles in Ordnung und er mit dem Zustand zufrieden sei. Verwundert schaute er mich an und antwortete, dass alles bestens sei. Daraufhin sagte ich, dass ich seit der Wiederaufnahme seiner Arzttätigkeit nach seinem Unfall von ihm nichts gehört hätte und gern wüsste, ob er mit dem Praxisablauf, der während seines Aufenthaltes im Krankenhaus stattgefunden habe, zufrieden gewesen sei. Er merkte sehr schnell, dass sich diese Frage auf sein damaliges Benehmen bezog. Für ihn war die Wiederaufnahme seiner Tätigkeit selbstverständlich gewesen. Nie hatte er mich gefragt, wie es mir dabei erging. Meine Mühe, die Praxis bis zu seiner Rückkehr aufrechtzuerhalten, interessierte ihn nicht. Ein kleines »Danke, das hast du gut gemacht« hätte vollkommen ausgereicht. Stattdessen schaute er mich lachend an und sagte: »Das nächste Mal sage ich dir: ‚Leck mich am Arsch!' Nichts als Schulden hast du gemacht!« Ich kann heute nicht mehr erklären, was damals mit mir passierte. Aber in diesem Moment zog sich alles in mir zusammen, und wenn noch ein kleiner Bruchteil an Gefühlen für ihn da war, wurde nun auch dieser restlos totgeschlagen. Ich empfand nur noch Kälte und Abneigung!

Mein Mann schaffte es, mich in unserer Ehe allmählich innerlich zu vergiften und alle Werte, die ich in mir trug, zu vernichten.

MARTIN VERBIETET UNSEREN KINDERN, FREUNDSCHAFTEN ZU UNTERHALTEN

Nachdem wir die Blumen besorgt hatten, bat ich Alexander, mir zu helfen. Es kam ein Freund vorbei, um einen Fußball von ihm auszuleihen. Er ließ ihn herein und verschwand für kurze Zeit mit ihm. Mein Mann beobachtete das Ganze. Plötzlich, wie von Sinnen, lief er hinter ihm her und beschimpfte ihn als Faulpelz und Nichtsnutz. Alexander wehrte sich und meinte, dass er lediglich den Fußball für seinen Freund holen wollte. Daraufhin sagte Martin zu seinem Freund, er solle wieder nach Hause gehen, denn Alexander habe keine Zeit für ihn. Nachdem sein Freund das Haus verlassen hatte, packte Martin unseren Sohn an der Hand und versetzte ihm einen sehr heftigen Schlag auf den Hinterkopf. Er fing zu weinen an und sagte: »Warum schlägst du mich immer, was habe ich dir getan?« Andrea und ich hörten sein Weinen und kamen gerade dazu, als Martin sagte, er wolle in Zukunft keine Freunde mehr in diesem Haus sehen.

Verärgert sagte ich zu meinem Mann, dass ich seinetwegen die ganzen Jahre keine Freundschaften schließen durfte, er jedoch selbst sehr darauf bedacht sei, Freundschaften zu pflegen. Jetzt aber war es genug, und er würde es nicht schaffen, das auch unseren Kindern anzutun. Nun mischte sich Andrea ein und sagte: »Aber Alexander ist dein Sohn, und ich bin deine Tochter. Wie kannst du uns ständig schlagen, was bist du für ein Vater?« Sie nahm ihren Bruder in die Arme und tröstete ihn.

Martin stand wortlos da. Ich merkte das erste Mal, wie viel Energie und innere Kraft unsere Tochter hatte. Sie hatte schon oft ihren Bruder in Schutz genommen und war in dieser Zeit seine beste Freundin. Als die beiden sich entfernten, sagte Martin, dass ich seine Kinder gegen ihn aufhetzen würde und wir ein verschworenes Pack wären. Daraufhin sagte ich zu ihm: »Fang an, zu denken. Sie sind zwar noch sehr jung, haben deine Spielchen aber längst durchschaut.« Wie sehr Andrea diese durchschaut hatte, sollte ich einige Monate später erfahren.

KLEINE IDIOTEN?

Anfang September kamen Piotr, Kamila und ihre beiden Kinder zu uns. Ihre Kinder waren etwas jünger als unsere. Martin verhielt sich ihnen gegenüber äußerst freundlich. Er war vor allem Kamila gegenüber sehr zuvorkommend, während er mich kaum beachtete. Es war mal wieder nicht zu übersehen, wie sehr er sich Mühe gab, ihr zu zeigen, wie wenig er sich aus mir machte. Kamila war mir von Anfang an unsympathisch gewesen. Bereits seit zwei Jahren bauten sie ein Haus am Stadtrand. Mein Bruder Patrick erzählte mir jedoch, dass sie es aus Geldmangel nicht beenden konnten. Sie wären lediglich bis zum Rohbau gekommen. Am Abend grillten wir auf der Terrasse. Piotrs Kinder zeigten keine besonderen Tischmanieren; ständig fiel etwas vom Tisch. Sie schmatzten und besudelten sich mit Getränken. Es dauerte nicht lange, und der ältere Sohn stieß ein Glas um. Überall gab es Glassplitter. Ich machte keine Anstalten, es wegzuräumen. Schließlich waren es Kamilas Kinder. Letztendlich stand Martin auf, streichelte seinen Kopf und sagte: »Mach dir nichts daraus, es hätte jedem passieren können.« Danach räumte er die Scherben weg. Als er sich wieder an den Tisch setzte, sagte ich leise: »Nur gut, dass es nicht dein Sohn war.« Es schien, als ob er darauf gewartet hätte, denn er wurde furchtbar wütend, beschimpfte mich laut und meinte, ich sei eine Null, zu nichts fähig und würde ihn überall blamieren. Unsere Kinder schauten zu. Plötzlich sagte Alexander: »Wieso beleidigst du Mama ständig, ihr seid doch verheiratet und müsstet euch lieb haben!« Daraufhin sagte Martin, er sei ein kleiner Idiot und sollte sich ein Beispiel an seinen Cousins nehmen. Nun blamierte er auch noch die Kinder – das Fass war übergelaufen. Ich bat unsere Kinder, sich für das Zubettgehen fertigzumachen. Beide standen auf, und ohne ihre Cousins zu beachten, gingen sie auf ihre Zimmer.

Ich blieb noch ungefähr zwei Stunden sitzen, denn ich hatte befürchtet, dass es noch schlimmer werden würde. Danach gingen die anderen zu Bett, und Martin schlief auf der Couch im Wohnzimmer ein. Am nächsten Morgen weckte er mich und meinte, ich sollte das Frühstück für unsere Gäste vorbereiten und danach würden wir alle ins Schwimmbad fahren. Ich antwortete, dass er sich selbst um seine Schwägerin kümmern könne, denn ich würde an diesem Tag nicht zur Verfügung stehen. Außerdem dachte ich nicht daran, mit ihnen ins Schwimmbad zu fahren. Wortlos verließ er das Schlafzimmer. Es dauerte nicht lange, und unsere Kinder kamen zu mir ins Bett. Beide waren sehr traurig und meinten, dass sie lieber mit mir daheimbleiben würden. Unten hörten wir, wie Kamila und Martin dabei waren, das Frühstück vorzubereiten; danach verließen sie das Haus.

HAUSTIERE FÜR UNSERE KINDER

Ich wollte unseren Kindern eine Freude machen und fragte sie, was ihr Wunsch sei und worüber sie sich freuen würden. Auch nachdem sie längere Zeit nachgedacht hatten, fiel ihnen keine Antwort ein. Ich überlegte und erinnerte mich, dass sich beide Haustiere wünschten, Alexander Vögel und Andrea kleine

Meerschweinchen. Bis dahin hatte Martin ihnen verboten, Tiere zu halten. Mein Vorhaben stand fest.

Ich sprang aus dem Bett und sagte ihnen, ich hätte eine Überraschung für sie, über die sie sich sehr freuen würden. Beide liefen ins Bad und zogen sich schnell an. Nachdem wir eine Kleinigkeit gegessen hatten, fuhren wir nach Regensburg in ein Tiergeschäft. Ihre Augen strahlten, als sie die vielen Tiere sahen. Nach kurzer Zeit war die Entscheidung gefallen. Alexander bekam einen Käfig mit zwei Wellensittichen und Andrea einen größeren mit zwei Meerschweinchen. Voller Freude trugen sie die Käfige auf ihre Zimmer.

Irgendwann am Nachmittag kam Martin mit den anderen zurück. Sie hatten Hunger. Als sie gesehen hatten, dass ich keine Anstalten machte, ihnen etwas vorzubereiten, bestellte Martin für jeden eine Pizza. Er hätte wenigstens unsere Kinder fragen können, ob sie mitessen wollten. Aber er behandelte uns alle wie Luft. Einen Tag darauf waren unsere Gäste wieder weg, obwohl sie bis Dienstag hatten bleiben wollen. Anscheinend hatte Kamila Angst davor, sich beim Zubereiten des Essens zu übernehmen. Zu den Haustieren äußerte mein Mann sich nicht.

Mitte September fing die Schule wieder an. Auch Andrea kam aufs Gymnasium. Sie freute sich, endlich mit ihrem Bruder dieselbe Schule besuchen zu dürfen. Die nächsten Wochen verliefen etwas ruhiger. Mein Mann kam täglich sehr spät nach Hause. Oft war er erst gegen 4 Uhr morgens daheim.

MARTINS URLAUB IN SPANIEN

Mitte Oktober bat Martin mich, in unserer Praxis nach dem Rechten zu schauen, denn er hatte vor, mit einigen Bekannten für eine Woche nach Spanien zu fliegen. Unter ihnen war auch der Ehemann von Luisa Wagner. Es kam mir seltsam vor, aber ich hatte nichts dagegen. Einige Tage ohne Martin waren auch Erholung für mich. Ich versprach, mich um alles zu kümmern, was ohnehin selbstverständlich war. An dieser Reise nahmen insgesamt acht Männer teil.

Am dritten Tag seiner Abwesenheit rief ich bei ihm in Spanien an, denn ich hatte eine Frage zur Praxisorganisation. Er hätte es vor seiner Abreise erledigen müssen. Am Telefon war ein Mann, den ich nicht kannte. Nachdem ich mich vorgestellt hatte, meinte er, dass mein Mann im Moment auf der Toilette sei, aber er würde ihm trotzdem den Hörer übergeben. Es dauerte nicht lange, und mein Mann meldete sich. Verlegen sagte er, er hätte vergessen, die Tür abzuschließen. Mich überkam ein eigenartiges Gefühl. Danach sprach ich ihn auf mein Problem an. Er wurde sehr laut. Er sagte: »Du bist nicht einmal fähig, wenn ich einige Tage weg bin, dich um die Praxis zu kümmern!« Obwohl diese Art zu ihm passte, konnte ich sie nicht hinnehmen. Ich sagte, dass es seine Aufgabe gewesen sei, und er sollte sich um seine Sachen gefälligst selbst kümmern. Außerdem wäre seine überhebliche und arrogante Art fehl am Platz. Mit seiner übertriebenen Lautstärke spielte er sich vor seinen Freunden auf. Nachdem ich ihn zurechtgewiesen hatte, klärten wir mein Anliegen.

Seit einiger Zeit besuchten wir oft ein Restaurant, das von einem Palästinenser geleitet wurde. Mein Mann freundete sich mit ihm an. Beide tranken jedes Mal reichlich Alkohol. Der Inhaber gehörte zu den Menschen, die niemals ihre Freunde verraten würden.

Mitte November kam meine Mutter unverhofft für einige Tage zu uns. Martin verhielt sich sehr abweisend. Er sprach kaum ein Wort und gab ihr zu verstehen, dass sie unerwünscht sei. Mich schmerzte sein Benehmen, denn wenn seine Eltern bei uns waren, war er immer sehr darauf bedacht, ein guter Sohn zu sein, unabhängig davon, wie unmöglich sich seine Mutter benahm. Von uns verlangte er Freundlichkeit und Zuvorkommenheit gegenüber seinen Eltern.

ALEXANDERS MISSGESCHICK MIT DEM NEUEN FERNSEHER

Eines Nachmittags kauften wir einen neuen Fernseher. Er sollte im Keller des Partyraums aufgestellt werden. Der Raum bestand aus unserer früheren Küche, die zur Getränketheke umgebaut worden war. Dazu kamen eine Sitzgelegenheit und ein großer Wandschrank. Auf der anderen Seite des Kellers gab es einen Gästebereich, eine Sauna und einen Gymnastikraum mit Solarium. Am Abend schlossen wir den neuen Fernseher an. Unsere Kinder wollten ihn ihrer Oma unbedingt zeigen. Nachdem sie es sich im Partykeller bequem gemacht hatten, gesellte ich mich zu ihnen. Gemeinsam schauten wir uns einen Kinderfilm an. Meine Mutter erzählte ihren Enkeln Geschichten aus ihrer eigenen Kindheit. Alle hörten sehr gespannt zu. Nach einiger Zeit kam Martin. Er behandelte einen Patienten in seinem Sprechzimmer im Erdgeschoss.

Wir hatten im Haus ein Sprechzimmer für alle Fälle eingerichtet. Wie es sich im Nachhinein herausstellte, war die Idee sehr gut, denn es kam oft vor, dass Patienten am Wochenende Martins Hilfe brauchten. Anschließend setzte er sich zu uns.

Es dauerte nicht lange, und Alexander stand auf, musste dazu am neuen Fernseher vorbei, um zur Tür zu gelangen. Dabei stieß er mit einer Hand an die Kante des Gerätes. Zu seinem Unglück fiel der Fernseher herunter. Dabei wurde die obere rechte Seite beschädigt. Martin sprang auf und schrie wie von Sinnen: »Du bist sogar zu dumm, den Raum zu verlassen, ohne etwas zu beschädigen!« Danach holte er aus und wollte ihm eine Ohrfeige verpassen. In diesem Moment beugte sich meine Mutter über Alexander und nahm ihn in Schutz. Sie bat Martin, sich zu beruhigen, und meinte, dass wir froh sein könnten, dass unserem Sohn nichts passiert sei. Sie hatte recht, denn es war geschehen, während der Fernseher lief.

Wütend ging Martin zur Tür und gab vor, hinauszugehen, als er sich plötzlich umdrehte. Sein Gesichtsausdruck versprach nichts Gutes. Mit einem Satz sprang er in Alexanders Richtung und verpasste ihm eine schallende Ohrfeige. Unser Sohn flog gegen die Wand. Wir waren alle sprachlos. Alexander wurde blass, er rang nach Luft. Sein Atem wurde immer schwächer, und er drohte, ohnmächtig zu werden. Ich nahm ihn in meine Arme und versuchte, ihn zu beruhigen. Noch bevor Martin den Raum verließ, sagte ich zu ihm: »Ich werde dich anzeigen und allen erzählen, wie du wirklich bist, du Ausgeburt der Hölle!« Kaltherzig schaute er mich von der Seite an. Danach verließ er den Raum.

Meine Mutter brachte vor Schreck kein Wort hervor. Alexander kam langsam zu sich. Jetzt erst fing er an, leise zu weinen. Während ich ihn beruhigte, sagte ich, dass unsere Qual bald ein Ende haben werde. Daraufhin fragte meine Mutter erschrocken, was ich damit meinte. Ich antwortete ihr, dass sich unsere Beziehung bald ändern müsse, ansonsten könnte ich für nichts garantieren, und letzten Endes gehe das Wohl der Kinder vor. Ihr aber war es wichtig, dass ich unter allen Umständen unsere Ehe erhalten sollte. Diesen Vorfall verbannte sie bald aus ihren Gedanken. Auch später war es ihr unangenehm, darüber zu reden. Bereits damals spürte ich, dass ich im Falle unserer Trennung keine Hilfe von meiner Mutter zu erwarten hatte.

Obwohl Martin ihr oft genug seine Abneigung gezeigt hatte und sie genau wusste, was bei uns vor sich ging, hielt sie ihn noch immer für einen würdigen Schwiegersohn. Um das Ganze zu verharmlosen, sagte er einen Tag darauf, dass ihn Alexanders Benehmen oft zur Weißglut treiben würde. Er entschuldigte sich mit keinem Wort bei ihm. Beim Abschied sagte meine Mutter, dass wir uns wieder vertragen sollten, denn das Leben wäre schwer genug. Damals schien es mir, als ob sie nichts verstanden hätte. Wir sollten uns schlagen und demütigen lassen und trotzdem nach außen hin eine gute Ehe führen? Sie redete vom schweren Leben, aber was wusste sie schon davon?

Heute weiß ich, dass sie mit aller Macht ein Zerbrechen der Ehe verhindern wollte, ungeachtet dessen, was ihr eigenes Kind an Grausamkeiten durchmachen musste. In ihrer Familie sollte es keine Scheidung geben.

DER DÄMON SCHLÄGT WIEDER ZU

Einige Tage danach erlebte ich eine Nacht, die ich meinem schlimmsten Feind nicht wünsche.

Ich wurde plötzlich wach. Irgendetwas war anders als sonst. Etwas sagte mir, dass ich mich nicht bewegen sollte. Mich überkam eine unbeschreibliche Angst. Plötzlich sah ich etwas durch die Tür kommen. Es war dunkel, dennoch erkannte ich eine Gestalt, die sich in Richtung meiner Bettseite bewegte. Mein Herz pochte wie wild, als ich in ihr den Dämon aus den Katakomben erkannte. Auch dieses Mal trug er einen weißen Umhang. Ich erinnerte mich an sein Versprechen. Damals hatte er gedroht, mich umzubringen. Er kam auf mich zu, stand einige Sekunden an meinem Bett und griff mit seinen Händen nach mir. Mit seinen Fingern umklammerte er meinen Hals und drückte immer fester zu. Seine Finger und seine Fingernägel waren sehr lang. Die Nägel waren dunkel, als ob er gerade in der Erde gearbeitet hätte. Ich bekam keine Luft und fing an, mich zu wehren. Ich schaute in seine teuflische Fratze. Sie war länglich und rot, seine Nase lang und die Augen schwarz wie Kohle. Ich hatte es mit einem mächtigen Dämon zu tun. Mich gegen ihn zu wehren, erschien mir nach kurzer Zeit sinnlos. Ich spürte am ganzen Körper eine gefährliche Kälte. Halb benommen dachte ich: »Hoffentlich ist alles bald zu Ende.«

Von Weitem hörte ich Johannas Worte: »Einen Dämon kannst du nur besiegen, wenn du innigst und andächtig Gott anrufst.« Gott anrufen hieß das Vaterunser zu beten. Ein Dämon verabscheut die Macht der Gebete. Mit letzter Kraft fing ich an, ein Vaterunser zu beten. Ich tat es mit einer derart innigen Kraft, dass ich bald merkte, wie sich der Druck um meinen Hals allmählich löste. Ich war hellwach. Er stand immer noch über mir. Ich setzte mein Gebet fort. Aber dieses Mal mit lauter Stimme. Er sah mich wütend an. Plötzlich fing er an, sich langsam zu entfernen. Es war eher ein Schweben. Danach drängte ihn eine unsichtbare Kraft durch das Fenster hinaus. Er flog durch das Fenster. Obwohl ich sehr laut war, schlief Martin tief und fest. Ich wusste, dass ich dem Ganzen unbedingt bald ein Ende setzen musste, denn es war nur eine Frage der Zeit, bis etwas Schreckliches passieren würde. Es war Gottes Wille, dass ich meinen Peiniger erkennen durfte, und ich hoffte, dass ich mit Gottes Hilfe alles überstehen würde.

Später schilderte mir Johanna sinngetreu meinen nächtlichen

Vorfall. Sie wachte über mich, und sie war es auch, die mir im letzten Moment befahl, das Vaterunser zu beten.

Mit ihrer hellseherischen Gabe überraschte sie mich immer wieder. Ihre Begabung lag sehr viel tiefer als die allseits bekannte »Gabe des Himmels«.

EIN FOTO AUS LOURDES

Die Fotos, die ich in Lourdes gemacht hatte, gerieten in Vergessenheit. Ende November brachte ich den Film in ein Fotogeschäft. Einige Tage später waren sie abholbereit. Es waren schöne Erinnerungen, und natürlich wollten auch unsere Kinder sie sehen. Martin fand das Ganze uninteressant und zog es vor, einige Flaschen Bier zu trinken. Auf einem Foto war ein heller Schein zu sehen, und ich dachte, dass das Blitzlicht daran schuld war, bis Andrea es in die Hände bekam. Sie schaute zuerst auf das Foto, dann etwas verwundert auf mich, anschließend wieder auf das Foto. Danach sagte sie: »Mama, das ist die Mutter Gottes.« Ich schaute es mir an, erkannte zuerst aber nichts Besonderes. Erst nach längerem Hinsehen bemerkte ich in dem Schein eine Gestalt mit ausgebreiteten Händen.

Es war eine Frau in einem langen weißen Kleid. Das Ganze spielte sich im Zimmer der heiligen Bernadette ab, in dem ich damals geweint hatte. Nun stellte ich mir die Frage, ob diese Gestalt tatsächlich die Madonna war und ob ich aus diesem Grund den inneren Schmerz so intensiv gespürt hatte. Andererseits war es auch ein Zeichen dafür, dass ich nicht allein war. So wie es Dämonen gibt, gibt es auch Gottes heilige Geschöpfe, die dem Menschen im Kampf gegen das Böse beistehen.

WEIHNACHTSFEIER MIT AUSEINANDERSETZUNG

In der zweiten Woche im Dezember fand unsere alljährliche Weihnachtsfeier bei Martins palästinensischem Freund statt. Insgesamt waren wir fünfzehn Personen. Unsere Kinder schliefen bei ihren Freunden. Er versprach uns, eine eigene Menükarte zu erstellen, nur mit Speisen aus seiner Heimat. Wir ließen uns darauf ein und waren sehr neugierig, was er uns servieren würde. Es war tatsächlich eine Reise in den Orient. Anstatt Gabeln und Messern gab es Weinblätter und unsere Finger. Das Essen bestand aus mehreren Gängen. Martin trank sehr viel Alkohol und versuchte andauernd, auch mit seinem Assistenten Dr. Seling anzustoßen. Er machte aber nicht mit. Nach zwei Stunden waren wir mit unserem üppigen Mahl fertig. Anschließend saßen wir gemütlich in froher Runde.

Es war eine angenehme Atmosphäre, bis zu dem Zeitpunkt, als der Alkohol meinem Mann zu Kopf stieg. Zu dieser Zeit waren keine anderen Gäste mehr im Lokal. Als der Palästinenser die Situation erkannte, schloss er die Eingangstür, um Martin vor Zuschauern zu schützen. Mein Mann redete wirres Zeug, und bald begann er, mich vor allen zu beschimpfen. Ich saß da, ohne etwas zu sagen, denn in seiner Hemmungslosigkeit war er jederzeit bereit, mich zu schlagen. Er wurde zusehends aggressiver, worauf unsere Angestellten ihn zu beruhigen versuchten. Als es ihnen nicht gelang, verabschiedeten sie sich und verließen das Lokal. Bevor sie gingen, sagte mir die Älteste von ihnen: »Frau Nidek, gehen Sie nach Hause, bevor noch etwas Schlimmes passiert.« Wie konnte ich in dieser Situation nach Hause gehen und ihn mit Dr. Seling und dem Palästinenser allein lassen? Ich beschloss, zu bleiben, und hoffte darauf, dass er bald einschlafen würde.

Es dauerte über eine Stunde, bis er zu schnarchen anfing. Davor schüttete er permanent seine Getränke auf den Tisch und zerschlug zwei Weingläser. Seine aggressive und primitive Art war beschämend. Er wiederholte ständig, wie nutzlos und dumm ich sei. Nach einiger Zeit befahl er mir, nach Hause zu gehen, denn er könne mich nicht mehr sehen. Als ich keine Anstalten machte, aufzustehen, sprang er auf und wollte mir eine Ohrfeige verpassen. Dr. Seling sprang dazwischen, hielt seine Hände fest und befahl ihm, sich wieder zu setzen. Mein Mann sah ihn verwundert an, gehorchte jedoch und setzte sich wieder hin. Er war völlig betrunken, hatte aber genügend Kraft, mir weh zu tun.

DER PALÄSTINENSISCHE »FREUND«

Nachdem sich auch Dr. Seling verabschiedet hatte, nahm der Palästinenser meinen Mann auf seinen Rücken und trug ihn zu uns nach Hause. Es waren ungefähr 300 Meter. Ich bewunderte seine Ausdauer, denn mein Mann war sehr muskulös gebaut und wog 100 Kilo. Er brachte ihn bis ins Wohnzimmer und legte ihn aufs Sofa. Danach setzte er sich hin, und ich brachte ein Glas Wasser. Er war völlig erschöpft. Bevor er ging, sollte er sich zuerst ausruhen. Wir unterhielten uns eine Weile, und ich hoffte, dass er bald gehen würde. Aber ich hatte mich getäuscht.

Plötzlich setzte er sich neben mich, umarmte mich und versuchte, mich zu küssen. Ich wehrte ihn ab und bat ihn, zu gehen. Als er es noch einmal versuchte, stand ich auf und forderte ihn auf, unser Haus zu verlassen. Er stand auf und ging wortlos hinaus. Es kam mir vor, als ob sein Benehmen ein abgekartetes Spiel zwischen ihm und Martin sei. Demnach gab mein Mann nur vor, betrunken zu sein. Er war in der Gegend kein unbeschriebenes

Blatt, was das Thema Frauen anging. Ich vermutete, wenn ich darauf eingegangen wäre, hätte Martin einen Grund gehabt, mich vor den Leuten bloßzustellen. Seit diesem Vorfall betrat ich das Lokal seines Freundes nicht mehr. Mein Mann verschlief den ganzen Sonntag. Seine betrunkene Visage widerte mich an. Am liebsten hätte ich ihn auf der Stelle verlassen.

Am Montag gingen wir in die Praxis. Unsere Angestellten kamen ins Büro und erkundigten sich nach meinem Befinden. Ich konnte mich nicht zurückhalten und fing an, zu weinen. Enttäuscht sagte ich, dass es bis zu unserer Trennung nicht mehr lange dauern würde. Sie sagten, dass sie nicht im Traum daran gedacht hätten, wie er wirklich war, und er ohne mich keine Praxis mehr hätte. Danach sagte die Älteste von ihnen, sie hätten alle gedacht, dass er mich schlagen würde. Deswegen standen sie noch lange draußen am Fenster.

Wir verstanden uns alle sehr gut und respektierten uns gegenseitig. Nun war die Katze aus dem Sack, und unsere Angestellten gehörten zu den ersten Personen, die meinen Mann sahen, wie er wirklich war. Seither waren sie vorsichtiger. Sie respektierten ihn als ihren Chef. Die Unbeschwertheit, die diese Praxis besessen hatte, war jedoch verschwunden.

MARTINS SELBSTMORDVERSUCHE

In den letzten Monaten versuchte Martin immer wieder, sich in der Garage zu erhängen. Wenn er zu viel getrunken hatte und ich ihn abwies, setzte er sich an seine Bettkante und versprach mir, sich umzubringen. Danach verließ er das Schlafzimmer und steuerte in Richtung Garage. Anfangs nahm ich es sehr ernst und lief hinter ihm her, um ihn davon abzuhalten. Er zehrte sehr an meinen Nerven. Er ließ sich sehr schnell überreden und kam wieder zurück. Anfangs dachte ich, er sei depressiv. Aber bald stellte ich fest, dass er mit mir spielte. Als er es eines Nachts wieder versuchte, öffnete ich ihm die Tür und sagte: »Dann tu es, aber dieses Mal richtig, damit ich hinterher keinen Ärger mehr mit dir habe, denn bisher waren es nur leere Versprechungen, und auf Dauer sind sie ohnehin langweilig geworden.« Er schaute mich verwundert an und sagte: »Du blöde Kuh, du gehörst ins Irrenhaus, und ich bringe dich dorthin!« Seit meinen Beschimpfungen wollte er sich nicht mehr erhängen. Ich hatte meine Ruhe und er war »geheilt«.

THAILAND 1995/1996

Kurz vor den Weihnachtsfeiertagen flogen wir nach Thailand. Mein Gefühl ähnelte dem in Süditalien. Es galt, durchzuhalten. Die Tage vergingen, und wir bemerkten beide, dass wir uns nicht mehr viel zu sagen hatten. Mein linker Fuß brannte wie Feuer, und ich nahm mir vor, nach dem Urlaub beim Orthopäden einen Termin zu vereinbaren.

Am vorletzten Tag fuhren wir gegen Abend mit dem Fahrstuhl in unsere Zimmer, um uns fürs Abendessen umzuziehen. An diesem Tag war Martin sehr nervös. Er schien sehr unzufrieden zu sein, und alles um ihn herum störte ihn.

Im Fahrstuhl waren außer uns noch andere Personen. Alexander und Andrea unterhielten sich sehr lebhaft. Sie waren sehr fröhlich. Als wir in unserer Etage ankamen, stellte sich unser Sohn vor uns, um als Erster auszusteigen. In diesem Moment packte ihn Martin an der Schulter, zog ihn zu sich und schlug ihn mit voller Kraft mit offener Hand auf den Hinterkopf. Alexander schrie auf.

Die Personen, die mit uns im Fahrstuhl waren, schauten entsetzt auf dieses Schauspiel. Meinen Mann schien das nicht zu stören. Keiner von ihnen brachte ein Wort heraus.

Meine Wut auf ihn war grenzenlos. Um die Situation nicht zu verschlimmern, wartete ich, bin bis die Tür aufging. Unser Sohn verließ weinend als Erster den Fahrstuhl. Im Flur rief Martin hinter ihm her: »Du kleiner Idiot, aus dir wird sowieso nichts. Du hast überhaupt kein Benehmen, immer willst du der Erste sein!« Unsere Kinder gingen sofort auf ihr Zimmer. Als wir unser Zimmer betraten, hielt ich es nicht mehr aus. Ich machte meinem Mann Vorwürfe, bezeichnete ihn als miserablen Vater und Alkoholiker. Zuletzt sagte ich: »Ein Mann wie du sollte keine Kinder in die Welt setzen!« Daraufhin antwortete er, dass ihm die Schläge seines Vaters auch nicht geschadet hätten.

Später erfuhr ich, dass er und seine Geschwister im Elternhaus regelmäßig vom Vater geschlagen worden waren. Es soll keine Entschuldigung für Martins Benehmen sein, aber ich bin sicher, dass ihn diese Bestrafungen für sein späteres Leben geprägt haben.

An diesem Abend war er nicht betrunken. Seine Pupillen waren jedoch erweitert. Meine Vermutung war, dass er unter Drogeneinfluss stand. Während ich unsere Sachen packte, saß er auf seinem Bett und schaute mir zu. Sein Gesicht nahm wieder den diabolischen Ausdruck an. Er schaute auf ein Päckchen mit Gummibärchen, die ich vor Kurzem gekauft hatte. Plötzlich nahm er es und verstreute den Inhalt im ganzen Zimmer. Es war nicht zu übersehen, dass er einen Streit mit mir anfangen wollte, was ihm auch gelang. Unser Streit wurde immer lauter und heftiger. Nach einiger Zeit verließ er wütend, aber lächelnd den Raum, als ob er sagen wollte, er hätte es wieder geschafft.

Nachdem ich mit dem Kofferpacken fertig war, ging ich zu

unseren Kindern. Beide saßen auf ihren Betten. Sie waren sehr traurig über das Geschehene. Wir unterhielten uns, und ich tröstete sie. Zum Schluss versprach ich ihnen, uns alle von diesem Mann zu befreien. Es war das erste Mal, dass ich ihnen mein Vorhaben mitteilte. Ich las in ihren Gesichtern, dass sie mir glaubten. Ich wusste, dass ich ihre einzige Hoffnung war, aus dem Dilemma herauszukommen. Anschließend wurden auch ihre Koffer gepackt; danach ging ich zurück auf mein Zimmer. Ich dachte nicht mehr darüber nach, was geschehen war, und schlief schnell ein. Irgendwann kam Martin betrunken ins Zimmer. Er legte sich ins Bett und schlief ein. Unser Rückflug verlief ruhig, fast zu ruhig.

Noch in derselben Woche bekam ich einen Termin bei einem Orthopäden. Nachdem mein Fuß geröntgt worden war, riet er mir zu einer sofortigen Operation. Mein Sprunggelenk war dermaßen porös, dass es mit der Zeit absplitterte. Die Splitter bewegten sich frei im Gelenk und setzten sich an den Nerven ab. Dieses Leiden hatte ich meinem Mann zu verdanken, als er mich vor Jahren beim Straßenfest misshandelt hatte. Dabei war ich schwer verletzt worden!

DAS ERBE VON MARTINS BRUTALITÄT

Am Tage meiner Operation begleitete mich Martin in die Klinik. Während der OP-Vorbereitung zeigte er sich von seiner besten Seite. Er war sehr fürsorglich und aufmerksam. Vor dem Orthopäden spielte er den besorgten Ehemann.

Die Operation war eine gute Entscheidung, denn die Knochensplitter hatten sich mittlerweile an mehreren Nervenenden festgesetzt. Ich hatte sehr große Schmerzen und Krämpfe. Nach der Operation brachte man mich auf mein Zimmer. Ich sollte noch einige Tage im Krankenhaus bleiben. In dieser Zeit bekam ich täglich Krankengymnastik.

Am nächsten Tag besuchte mich mein Mann mit unseren Kindern. In dieser Zeit führte meine Mutter unseren Haushalt. Er bedrängte mich, so bald wie möglich wieder nach Hause zu kommen. Ich gab ihm zu verstehen, dass es keine gute Idee sei, weil ich noch immer sehr unter Schmerzen leiden würde und hier in den besten Händen sei. Außerdem bekam ich täglich Krankengymnastik. Er wurde ungehalten. Nachdem ich mit unseren Kindern gesprochen hatte, bat ich ihn, nach Hause zu fahren.

Später erst begriff ich, warum er mich so bedrängte. Er befürchtete, dass ich während meines Krankenhausaufenthaltes unser Familienleben preisgeben könnte. In all den Jahren hatte er davor ununterbrochen Angst. Deshalb war er sehr bemüht, mich von allen Bekanntschaften oder Freundschaften fernzuhalten.

WIEDER ZU HAUSE

Die erste Zeit zu Hause war sehr anstrengend. Meine Mutter blieb nur drei Tage, danach fuhr sie wieder. Ich hatte Schmerzen und konnte mich nur mithilfe von Gehstützen bewegen. Wie froh war ich, dass unsere Haushaltshilfe täglich zu uns kam!

MARTINS NEUE GESCHÄFTSIDEE

Eines Abends eröffnete mir Martin eine neue Idee. Diese bestand in der Gründung eines neuen Behandlungsspektrums. Patienten, die an Osteoporose litten, sollten mittels spezieller Geräte behandelt werden, die ihre Schmerzen lindern konnten. Während

Martin der behandelnde Arzt sein sollte, müsste ich die Geschäftsführung übernehmen. Nach kurzem Überlegen stimmte ich dem Vorhaben zu. Wie es sich später herausstellte, war meine schnelle Entscheidung sehr unklug, vor allem, weil ich die Hälfte der Finanzierung übernehmen sollte.

Aus einem Teil des Kellers in dem Hotel, in dem sich unsere Arztpraxis befand, wurden innerhalb eines Monats neue Behandlungsräume geschaffen. Alle Wände wurden weiß gestrichen, Möbel für eine neue Anmeldung geliefert und die Räume mit Trennwänden versehen. Am 15. März feierten wir die offizielle Einweihung. Neben geladenen Kollegen und Masseuren kamen auch die Hotelbesitzer aus der Umgebung und andere Interessenten. Es ging alles sehr schnell, und ich machte mir keine Gedanken darüber, was damit geschehen sollte, wenn es zu unserer Trennung kommen sollte. Auch diese Praxis lief sehr gut. Im hinteren Raum richtete ich für mich ein kleines Büro ein.

Mein operierter Fuß machte immer noch Probleme, sodass ich beim Gehen ziemlich eingeschränkt war. Ende März machte Martin den Vorschlag, seine Eltern in Polen zu besuchen. Ohne darauf einzugehen, sagte ich, dass er allein fahren könne. Aber er bestand darauf, unsere Kinder und mich mitzunehmen. Nach kurzer Meinungsverschiedenheit meinte ich, dass ich noch Schmerzen habe und ihn in diesem Zustand nicht begleiten könne. Er sagte, dass es nicht sofort sein müsse, sondern irgendwann in den Sommerferien.

MARTINS DOKTORARBEIT

Martins Doktorarbeit wurde Anfang April fertig gestellt. Kurz darauf erhielt er einen Termin zur Verteidigung der Arbeit. Es war der letzte Schritt, bevor sie endgültig anerkannt werden sollte und ihm der Titel eines Doktors der Medizin verliehen werden konnte. Am nächsten Tag verlief alles ohne Komplikationen, und Martin durfte ab sofort den Titel »Dr. med.« führen. Nun hatte er alles, was er sich wünschte. Er hatte eine eigene Praxis, den langersehnten Doktortitel und wurde von seinen Mitmenschen respektiert. Nun wollte er als Belohnung unbedingt für eine Woche in die Arabischen Emirate fliegen. Kurz darauf saßen wir beide im Flugzeug. Während dieser Zeit kümmerten sich meine Eltern um unsere Kinder und den Haushalt.

ARABISCHE EMIRATE

Es war das erste Mal, dass ich mit meinem Mann einen Urlaub ohne unsere Kinder verbringen sollte. Wir hatten ein sehr schönes Hotel. Wäre da nicht eine Kleinigkeit gewesen, hätte alles zu Martins Zufriedenheit gepasst. Diese Kleinigkeit bestand im Ausschenken des Alkohols. Im Hotel gab es keine Möglichkeit, Alkohol zu bekommen, aber wie es die Vorsehung so wollte, fand er sehr schnell heraus, wo man welchen kaufen oder zum Essen bestellen konnte. Nicht weit entfernt, gab es ein kleines Geschäft, in dem Martins Lebenssaft inoffiziell verkauft wurde. In einem Lokal mitten in Dubai gab es uneingeschränkten Alkoholverkauf! Mein Mann fühlte sich wie zu Hause. Die vielfach übersteigerten Preise interessierten ihn nicht. Wir bemühten uns, miteinander gut auszukommen, bis der vierte Tag kam. Auch an diesem Abend gingen wir in das besagte Lokal. Nachdem wir eine Kleinigkeit gegessen hatten, trank Martin wie üblich Bier und Wein.

Es gab auch eine kleine Vorführung von Bauchtänzerinnen. Ich schaute interessiert zu, als mich Martin unerwartet am Arm packte. Sein Gesicht nahm wieder diabolische Züge an, und während er lachte, versetzte er mir mit seinem Fuß einen Hieb auf die operierte Stelle an meinem Fuß. Vor Schmerzen stieß ich einen lauten Schrei aus. Die Musik war laut, und so bemerkte es niemand. Mir standen Tränen in den Augen. Hinkend verließ ich das Lokal. Draußen setzte ich mich auf eine kleine Mauer. Mein Fuß brannte wie Feuer, und ich hatte Schmerzen wie zu Anfang. Was zugleich bedeutete, dass die Wunde keineswegs ausgeheilt war. Ich hasste meinen Mann für das, was er mir antat. Anschließend ging ich zurück ins Lokal. Heute weiß ich, dass ich es besser nicht getan hätte.

Martin saß immer noch am Tisch bei Bier und Wein. Als ich hereinkam, sah er mich mit seinem diabolischen Blick und kalten Augen an. Sein Gesichtsausdruck versprach nichts Gutes, und mich überkam ein kalter Schauer. Ich war beunruhigt, denn ich wusste nicht, was mich als Nächstes erwartete. Als wir in unserem Zimmer angekommen waren, wollte er den Kampf fortsetzen. Zuerst beschimpfte er meine Mutter als Drachen, danach meine Geschwister und zum Schluss auch mich. Meine Gefühle für Martin waren derart erschöpft, dass mich seine Worte kaum noch verletzten; überdies war ich weit davon entfernt, deswegen mit ihm einen nächtlichen Streit anzufangen. Als ich nicht auf seine Beleidigungen einging und wortlos in das Badezimmer gehen wollte, lief er mir nach. Er packte mich am Arm und drängte mich in eine Ecke. Dabei zischte er: »Ich will mit dir reden, komm wieder zurück ins Zimmer!« Daraufhin antwortete ich: »Ich bin müde, wir können uns auch morgen darüber unterhalten.« Er sah mich mit seinen kalten Augen an.

Ich hatte Angst und zitterte am ganzen Körper, denn ich hatte es hier nicht mit einem Menschen, sondern mit dem Leibhaftigen zu tun. Seine Augen verdunkelten sich noch mehr, während er sarkastisch lächelte. In diesem Moment befreite ich mich aus seinem Griff und lief zurück ins Zimmer. Noch bevor er etwas sagen konnte, rief ich: »Lass mich endlich in Ruhe, du Ausgeburt der Hölle!« Er zischte: »Ich mache dich fertig, du gehörst ins Irrenhaus. Denke daran, du hast nicht mehr viel Zeit.« Ob Mensch oder Dämon, er wusste genau, was er tat. Er wusste, dass ich im Falle seines Angriffs laut um Hilfe geschrien hätte. Aus diesem Grund zog er es vor, mich in Ruhe zu lassen. Es dauerte nicht lange, und er war eingeschlafen. In dieser Nacht saß ich noch sehr lange vor unserem Hotel. Erst nachdem ich in Ruhe über seine Attacken nachgedacht hatte, fiel mir der Satz wieder ein: »Denke daran, du hast nicht mehr viel Zeit.«

Vorher hatte ich Angst vor seinen Aggressionen und Wutanfällen. Nun musste ich um mein Leben bangen.

Die letzten beiden Tage verliefen ohne Zwischenfälle. Wir sprachen wenig miteinander. Mein Fuß schmerzte, und ich war gezwungen, mir Gesundheitsschuhe zu kaufen, um überhaupt normal gehen zu können. Er vermied es, mit mir über das Gewesene zu sprechen. Für meinen Teil sah ich ohnehin keinen Sinn darin, mich mit ihm noch einmal auseinanderzusetzen.

KAPITEL 10:
OSTERN 1996

OSTERN 1996

In diesem Jahr waren meine Schwiegereltern ausnahmsweise in der Osterzeit nicht bei uns. Nachdem wir gefrühstückt hatten, gönnte ich mir ein Bad. Der Tag fing sehr ruhig an. Alle waren ausgeglichen, auch unsere Kinder. Während ich in der Badewanne saß, klingelte es an der Tür. Es war unsere Haushälterin Magda, die ein Ostergeschenk vorbeibrachte. Anschließend hörte ich, wie Andrea und Alexander aufgeregt umherliefen. Sie lachten, ihre Worte konnte ich nicht verstehen. Martin wechselte mit ihr einige Sätze. Nach kurzer Zeit wurde die Eingangstür geschlossen.

Es dauerte nicht lange, und ich hörte lautes Geschrei. Martin schrie unsere Kinder an, und bald darauf hörte ich, wie sie weinten. Ich lief die Treppe hinunter. Alexander kauerte zusammengerollt in der Wohnzimmerecke. Er hielt seine Hände um den Bauch und schrie: »Au, au, mein Bauch!« Während Andrea ihren Vater beschimpfte, er solle Alexander endlich in Ruhe lassen und ihn nicht immer schlagen, hielt Martin sie an den Armen fest. Im letzten Moment sah ich, wie er auch unserer Tochter einen Fußtritt in den Bauch verpasste. Sie flog mit voller Wucht gegen die Terrassentür, dabei schlug sie mit dem Kopf gegen die Scheibe.

Mir stockte der Atem. So hatte ich ihn noch nie erlebt. Beide weinten bitterlich, während Martin sie immer noch beschimpfte. Als er im Begriff war, Alexander erneut anzugreifen, ging ich dazwischen und stieß Martin weg. Er sah mich überrascht an. Kurz darauf spürte ich einen Schlag auf meinem Kopf, der Alexander treffen sollte. Martin verließ eilig den Raum mit den Worten: »Ihr seid ein Haufen Idioten!« Es dauerte eine ganze Weile, bis wir uns beruhigt hatten. Ich ließ meinen Tränen freien Lauf, nicht aus Wut, sondern aus Ohnmacht vor der Brutalität.

Noch heute verfolgt mich der Anblick, der sich mir damals bot. Unsere Kinder mussten dafür büßen, dass sie an diesem Tag lebhaft und fröhlich waren. Beide lagen zusammengekauert auf dem Boden, von ihrem eigenen Vater mit Füßen getreten. Auch später zeigte Martin keine Reue über das, was er unseren Kindern angetan hatte.

MARTINS VORGEHEN, MICH IN DEN WAHNSINN ZU TREIBEN

Seit diesem Vorfall verweigerte ich mich Martin völlig. Es war mir gleichgültig, wie er darauf reagieren würde. Das Maß an Brutalitäten, Bösartigkeiten und Erniedrigungen war voll! In dieser Zeit nahm seine Wut gegen mich immer mehr zu. Vor einiger Zeit hatte er mir gedroht, mich ins Irrenhaus zu bringen. Sein Ziel verfolgte er systematisch, indem er mich jede Nacht mindestens dreimal weckte. Zuerst schaltete er das Licht an, dann zog er meine Bettdecke weg und über mich gebeugt sagte er: »Steh auf, ich will mit dir reden!« Ich erwiderte: »Ich aber nicht mit dir, morgen ist auch noch ein Tag.« Es waren immer die gleichen Situationen. Ich weiß nicht, was schlimmer war: von Dämonen gewürgt oder jede Nacht mehrmals aus dem Schlaf gerissen zu werden.

Früher war Martin hauptsächlich im betrunkenen Zustand unerträglich gewesen, nun aber auch im nüchternen Zustand. Mein Mann brachte es fertig, mich wegen Kleinigkeiten zu terrorisieren.

Wenn er ein Haar auf den Fliesen sah oder seine Hemden nicht sofort gebügelt wurden, wurde er zornig und ausfallend. In solchen Situationen versuchte ich, ruhig zu bleiben, um keinen Streit aufkommen zu lassen. Ich wunderte mich darüber, denn früher war ich sehr nervös gewesen und hatte versucht, ihm alles recht zu machen.

WEITERE KONFLIKTE

Eines Abends saß ich mit unseren Kindern vor dem Fernseher. Irgendwann gesellte sich Martin zu uns. Er trank eine Flasche Bier nach der anderen. Die Nervosität unserer Kinder war nicht zu übersehen. Plötzlich griff er Alexander mit folgenden Worten an: »Du kleiner Idiot, aus dir wird sowieso nichts. Du wirst entweder drogenabhängig oder Alkoholiker, und die Schule schaffst du auch nicht!« Unser Sohn sagte kleinlaut und mit nervöser Stimme: »Papa, wieso sagst du mir das immer?« Daraufhin lachte sein Vater und sagte nichts.

Es war ein grauenvoller Anblick. Ein betrunkener Vater, der seinen eigenen Sohn ununterbrochen beleidigt und demütigt und das auch noch für selbstverständlich hält. Heute erst weiß ich, dass sich Martins Hass gegen unseren Sohn auch gegen mich richtete. Er sah in Alexanders Augen dieselbe Furcht wie in meinen. Außerdem ähnelten sich unsere Charaktere. Sich vor Martin zu fürchten, brachte die Gefahr mit sich, dass er nur noch überlegener und gefährlicher wurde.

Anschließend versuchte Martin, aufzustehen, um nach Alexander zu greifen; dabei stolperte er über einen Sitzkegel und fiel zu Boden. Wir waren alle starr vor Furcht, keiner wagte, etwas zu sagen. Martin bewegte sich nicht. Anschließend bat ich beide Kinder, zu Bett zu gehen. Kurze Zeit danach verließ auch ich den Raum. Am nächsten Morgen lag er noch immer auf dem Fußboden.

KOMMUNIONSFEIER IN POLEN

Im Mai fuhren wir zur Kommunionsfeier von Piotrs älterem Sohn nach Polen. Auch dieses Mal war es im Haus dunkel und kalt, trotz der sehr schönen, sonnigen Tage. Ich bemerkte, dass Piotr dauernd Martins Nähe suchte. So oft es ging, unterhielten sie sich, ohne dass jemand dabei war. Wenn ich mich ihnen näherte, verstummten sie plötzlich. Es war ersichtlich, dass beide etwas im Schilde führten.

KRÜPPEL?

Einen Tag vor unserer Rückfahrt gingen wir mit meinen Schwiegereltern im nahegelegenen Wald spazieren. Ich war mit meinem operierten Fuß noch sehr unsicher, und es fiel mir schwer, ein höheres Tempo zu halten. Deswegen hielt ich mich im Hintergrund. Plötzlich drehte sich mein Schwiegervater zu mir um und bat mich, mit ihnen Schritt zu halten. Noch bevor ich etwas erwidern konnte, sagte er im selben Moment: »Ach ja, ich habe vergessen, dass du ein Krüppel bist!« Er und Martin amüsierten sich darüber und schenkten mir anschließend keine weitere Beachtung. Dieser Satz versetzte mir einen Stich ins Herz, dennoch bemühte ich mich, es mir nicht anmerken zu lassen. Von dieser Familie war ich einiges gewohnt.

Das Nachbarhaus stand seit längerer Zeit zum Verkauf; dort

hatte die Hausbesitzerin gewohnt, die beim schweren Autounfall ihr Leben ließ. Obwohl mehrere Besichtigungen stattgefunden hatten, konnte es nicht verkauft werden. Es war nicht zu übersehen, wie sehr sich meine Schwiegermutter darüber freute. Sie hatte erreicht, was sie wollte.

URLAUB IN MEXIKO

Einen Monat danach flogen wir für eine Woche nach Mexiko. Am dritten Tag erfuhren wir, dass der älteste Sohn unseres früheren Steuerberaters ertrunken war. Obwohl der See nicht tief war, hatte es ihn plötzlich nach unten gezogen. Erst am dritten Tag war seine Leiche an der Oberfläche aufgetaucht. Dieses Unglück konnte sich keiner erklären, vor allem, weil er ein guter Schwimmer und Taucher gewesen war. Mich überkam ein sonderbares Gefühl, wie damals, als ich erfahren hatte, dass Martin und seine Mutter während meiner Abwesenheit bei dieser Familie zu Gast gewesen waren. Überall, wo diese Frau freundlich empfangen wurde, passierte später ein Unglück. Dieses Wissen machte mir sehr zu schaffen, denn einerseits konnte ich die betroffenen Personen nicht warnen, weil man mich für geistesgestört gehalten hätte, andererseits musste ich mit diesem Geheimnis leben.

Seit einiger Zeit wiederholte mein Mann ständig, dass unsere Kinder, wenn sie sich mit dem Lernen schwertun sollten, die Schule wechseln müssten. Es wunderte mich, weil beide gute Schüler waren und sich am Gymnasium sehr wohlfühlten. Es erinnerte mich an die Situation mit Susannes und Stefans Tochter.

MARTINS VERBOT

Nach unserem Urlaub in Mexiko verschlimmerte sich Martins Herrschsucht noch mehr. Vor einiger Zeit hatte er unseren Kindern verboten, Freunde ins Haus einzuladen. An einem Samstag im Juli setzte er sich in den Kopf, beide Kinder über seine Erziehungsmaßnahmen zu unterrichten. Am Frühstückstisch sagte er, er würde es nicht länger dulden, fremde Kinder in unserem Haus zu sehen. Ab sofort verbot er ihnen, sowohl im Haus als auch im Garten mit anderen Kindern zu spielen. Das Ganze bezog sich auch auf gemeinsames Lernen. Wortlos und geduldig hörte ich ihm zu, bis er mit dem Vortrag seiner Moralansichten fertig war.

Während Andrea und Alexander keinen Ton herausbrachten, meldete ich mich zu Wort. Ich fragte Martin, was er damit bezwecken wolle. Er antwortete, dass sie sich zu sehr auf Freundschaften konzentrieren würden anstatt auf ihre Pflichten. Beide waren gute Schüler, und über ihr Benehmen konnte ich mich nicht beklagen, deshalb verstand ich sein Anliegen nicht. Er konnte mir keinen triftigen Grund dafür nennen. Um etwas zu sagen, meinte er zum Schluss: »In meinem Elternhaus durfte ich auch keine Freunde mit nach Hause bringen, und das verlange ich auch von meinen Kindern.« Während ich mir ein Lachen nicht verkneifen konnte, sahen mich beide Kinder mit großen Augen verwundert an. Daraufhin antwortete ich, dass diese Maßnahmen anscheinend in seinem Elternhaus an der Tagesordnung waren, jedoch nicht bei uns. Außerdem wären Freundschaften förderlich für die Entwicklung eines jeden Kindes. Zum Schluss sagte ich: »Ich werde es nicht erlauben, dass du mit unseren Kindern dasselbe machst wie mit mir!« Verärgert und mit hochrotem Kopf sagte er, dass ich unsere Kinder gegen ihn aufhetzen würde und er in diesem Haus nichts zu sagen habe.

Es war der erste offensichtliche Versuch, seine Macht auch gegenüber unseren Kindern zu demonstrieren. Bisher waren es Zorn und Beleidigungen gewesen. Ein solches Verhalten von Martin durfte ich nicht zulassen.

Die Situation am Tisch hatte sich ein wenig beruhigt, bis Martin das nächste Verbot aussprach. Er verlangte von unseren Kindern, dass sie »mit sofortiger Wirkung« die Tiere aus dem Haus schaffen müssten, weil er Tiere nicht leiden könne. Daraufhin sagte Andrea: »Aber Papa, das sind unsere Tiere, und wir haben sie gern.« Alexander sagte: »Meine Vögel werde ich nicht hergeben.« Noch bevor Martin etwas erwidern konnte, sagte ich, dass sie in der Vergangenheit genug durchmachen mussten und ihnen die Verantwortung für diese kleinen Lebewesen zu entziehen falsch sei. Ich stellte mir die Situation wieder vor, als Kamila und Piotr bei uns gewesen und in welchem Zusammenhang die Tiere gekauft worden waren. Die Stimmung am Tisch war sehr gedrückt. Während Martin unruhiger wurde, versuchte ich, meine Nervosität nicht zu zeigen. Unsere Meinungsverschiedenheiten wurden durch den Anruf eines Patienten beendet.

In der nächsten Zeit wurde es ruhiger, außer dass mein Mann fast täglich erst im Morgengrauen nach Hause kam. Oft bemerkte ich, dass er sich selbst anlächelte und seine Augen eigenartig glänzten. Es war nicht zu übersehen, dass er frisch verliebt war. Für mich stellte sich die Frage, welche Frau dieses Mal seine Auserwählte sei. Ich fragte nicht mehr nach dem Grund seiner Verspätung, denn ich war froh, dass er mich nachts in Ruhe ließ. Auch unsere Kinder, vor allem Alexander, konnte er dann nicht mehr belästigen.

MARTINS AUSRUTSCHER AUF ANDREAS BETT

Die Freunde unserer Kinder waren nach wie vor gern gesehene Gäste, so auch an diesem Samstag. Andreas beste Freundin sollte bei uns übernachten. Sie kam bereits nach dem Frühstück. Zusammen bereiteten wir eine Pizza fürs Mittagessen vor. Danach spielten sie miteinander und machten Fotos von der Umgebung und von sich als Models verkleidet. Beide gingen erst sehr spät zu Bett.

Es war 3 Uhr nachts, als mein Mann nach Hause kam. Seinen Schritten nach zu urteilen war er angetrunken. Unsicher und sehr laut hörte ich ihn die Treppe hinaufkommen. Plötzlich blieb er stehen. Nach einiger Zeit steuerte er auf Andreas Zimmer zu. Anscheinend hatte er sich daran erinnert, dass ihre Freundin zum Übernachten bei ihr war. Ich wurde unruhig und verließ das Schlafzimmer. Sprungbereit horchte ich hinter der Tür, was sich abspielen würde.

Im Flur machte er das Licht an, danach öffnete er die Tür zu Andreas Kinderzimmer. Ich betete, er möge die beiden Mädchen nicht aufwecken. Plötzlich hörte ich Andreas Stimme. Sie sagte: »Papa, was machst du hier?« Danach sah ich, wie er ausrutschte und auf die beiden Kinder fiel. Sie gaben einen lauten Schrei von sich. Halb benommen richtete er sich auf und sagte lallend: »Oh Entschuldigung, ich habe mich im Zimmer geirrt.« Danach kam er ins Schlafzimmer. Um ihm keine Gelegenheit zu irgendeiner unsinnigen Diskussion zu geben, gab ich vor, zu schlafen. Er zog seine Sachen aus und legte sich ins Bett.

Am nächsten Morgen waren beide Mädchen sehr ruhig. Nach dem Frühstück ging Andreas Freundin nach Hause. Anschließend kam Andrea zu mir. Unter Tränen erzählte sie mir, ihr Vater sei letzte Nacht völlig betrunken auf sie gestürzt. Dabei war ihre Freundin aus dem Bett gefallen. Sie hatte überall Schmerzen und wollte noch in derselben Nacht nach Hause gehen. Andrea konnte sie davon abhalten, sodass sie erst nach dem Frühstück unser Haus verließ. In diesem Moment bedauerte ich es, bei diesem Vorfall nicht bei ihnen gewesen zu sein. Aber in seinem Zustand war Martin unberechenbar, und ich hatte Bedenken, dass die Situation noch mehr hätte eskalieren können. Sie schämte sich für ihren Vater und weinte bitterlich.

Hinterher sah ich in diesem Vorfall Martins verdrängte Wut bezüglich seiner Anordnung, keine Freunde mehr einladen zu dürfen. Als Andrea ihn noch am selben Tag darauf ansprach, lächelte er und sagte, dass es besser wäre, wenn sie keine Freundinnen mehr für die Nacht einladen würde.

Sein Verhalten mir gegenüber wurde noch unerträglicher. Er beleidigte mich wegen Kleinigkeiten. Er war nicht nur im betrunkenen, sondern auch im nüchternen Zustand erbarmungslos. Mit der Zeit machte ich mir kaum mehr etwas daraus. Wenn er ausfallend wurde, gab ich keine Antwort und ging meiner Tätigkeit nach. Es kam öfter vor, dass er nach der Arbeit zu Hause blieb. In der Nacht weckte er mich wieder mehrmals, um sich mit mir zu unterhalten. Ich wurde immer schwächer.

Das ganze Theater ging an mir nicht spurlos vorbei. Oft war ich unausgeschlafen und musste mich am Tag hinlegen. Die Situation zerrte an meinen Nerven. Ich hatte überall Schmerzen, ließ es mir aber nicht anmerken. Umso mehr wunderte ich mich über sein Durchhaltevermögen. Obwohl er nachts kaum geschlafen hatte und meistens alkoholisiert war, konnte er seiner Tätigkeit als Arzt ohne Probleme nachgehen. Er sah ausgeschlafen und ausgeruht aus.

Eines Tages erzählte ich meiner Mutter am Telefon, was sich bei uns abspielt. Sie hörte geduldig zu, und als ich fertig war, sagte sie: »Mach dir nichts daraus. Er ist wahrscheinlich oft nervös, außerdem fehlt es dir finanziell an nichts.« Bei dem, was sie sagte, übersah sie, dass ich neben unserem Haus, der Erziehung unserer Kinder, meinen Klavierschülern auch täglich für die Praxisorganisation und Buchführung verantwortlich war. Die einzige Person, der ich mich anvertrauen konnte und die mich verstand, war Johanna. Ich telefonierte oft mit ihr. Sie gab mir jedes Mal gute Ratschläge und die Zuversicht, dass sich meine Situation eines Tages zum Besseren wenden würde. Ich glaubte daran.

MARTINS ERNEUTER URLAUB MIT FREUNDEN

Anfang September flog Martin mit anderen Männern wieder in den Urlaub. Es war dieselbe Gruppe wie beim letzten Mal. Ich machte mir keine Gedanken darüber und war froh, dass ich eine ganze Woche meine Ruhe vor ihm hatte. Dr. Seling übernahm die Vertretung in unserer Praxis. Er machte es sehr gut, und man konnte sich auf ihn verlassen.

Ende September besuchten uns meine Eltern. Während mein Vater sich neutral verhielt, spielte meine Mutter mal wieder die liebevolle Schwiegermutter. Sie las Martin jeden Wunsch von den Augen ab. Ich merkte, wie sehr er sich darüber amüsierte. Und obwohl sie sich sehr viel Mühe gab, gut dazustehen, bestrafte mein Mann sie mit Verachtung und Unfreundlichkeit. Auch vor meinen Eltern trank er viel Alkohol.

Am dritten Tag fragte er meine Mutter mit einem ungeduldigen Unterton in der Stimme, wann sie vorhätten, wieder nach Hause zu fahren. Meine Mutter schien völlig überrascht zu sein und antwortete, dass sie den genauen Zeitpunkt mit mir noch besprechen wollten. Man merkte jedoch, dass sie über seinen

Ton verärgert war. Sie blieben noch zwei Tage, dann fuhren sie nach Hause.

Martins unverschämtes Verhalten beschränkte sich nicht nur auf mich. Er nutzte jede Gelegenheit, um Alexander noch öfter als früher zu demütigen. Andauernd wiederholte er, dass aus ihm ein Alkoholiker und Drogenabhängiger werden würde. Er redete es ihm förmlich ein; oft sagte er zu ihm: »Aus dir wird entweder ein Alkoholiker oder du wirst drogenabhängig. Das Abitur wirst du auch nicht schaffen.« Unser Sohn bettelte förmlich um Vaterliebe.

Obwohl Martin ihn seelisch derart misshandelte, gab er sich große Mühe, seinem Vater zu gefallen. Alexander spielte hervorragend Fußball. Wie auch sein Vater entwickelte er für diesen Sport große Leidenschaft. Oft bat er Martin, ihn zum Training oder zu einem Spiel zu begleiten. Anschließend wurde daheim über das Resultat des Fußballspiels diskutiert. Alexander nannte ihn nicht mehr Papa, sondern Papi. Es schmerzte, zu hören, wie sich seine Stimme dabei veränderte. Sie wurde hoch, fast piepsig, und flehte um Anerkennung. Es waren nur sehr kurze Momente, in denen sein Vater ihm diesen Wunsch erfüllte. Dann strahlten Alexanders Augen vor Freude.

GROSSPUTZ IN DER PRAXIS

Ende Oktober fand in unseren Praxisräumen der jährliche Großputz statt. Unsere Angestellten und unsere Haushälterin Magda waren daran beteiligt. Am Nachmittag eskalierte die Situation zwischen mir und Magda. Sie weigerte sich, die unteren Räume zu reinigen, und meinte, es wäre nicht ihre Aufgabe. Ein Wort gab das andere und im Laufe des Gefechts sprach ich ihr die Kündigung aus. Sie lief zu Martin, der die angespannte Situation zu schlichten versuchte. Ich ließ beide allein und ging zu den anderen.

Andrea beobachtete den Vorgang. Nach einiger Zeit kam Magda zu mir und entschuldigte sich für ihr Verhalten. In dieser Zeit akzeptierte ich ihre Entschuldigung, wohl wissend, dass ihre Beschäftigung bei uns nicht länger von Dauer sein würde. Der Grund war nicht ihr Verhalten, sondern ihre offensichtliche Zuneigung zu meinem Mann. Ich fühlte mich wie ein Vogel im Käfig. Er war über jeden meiner Schritte im Haus bestens informiert.

Zwei Tage nach dem Vorfall fragte mich Andrea, ob ich glaube, dass die beiden ein Verhältnis miteinander haben. Über diese Frage war ich sehr überrascht, einerseits weil sie noch sehr jung war, andererseits weil sie ein sehr gutes Beobachtungsvermögen hatte. Ich gab vor, es nicht gemerkt zu haben, und fragte sie nach ihrer Meinung. Sie sagte: »Ja, ich denke, die beiden haben ein Verhältnis.« Sie gab mir keine Antwort, als ich sie fragte, wie sie darauf käme. Um sie nicht zu bedrängen, fragte ich nicht weiter nach. Später erzählte sie mir, sie hätte einmal im Keller unseres Hauses gesehen, wie sich beide geküsst haben. Damals wurde mir auch klar, weshalb Andrea diese Frau seit längerer Zeit so sehr hasste. Sie ließ kein gutes Haar an ihr und kritisierte andauernd ihre Kochkünste. Die Abneigung beruhte auf Gegenseitigkeit.

DROGENSÜCHTIGE PATIENTEN

Es fiel mir auf, dass seit einiger Zeit sehr oft drogenabhängige junge Menschen an der Tür klingelten und mit meinem Mann reden wollten. Jedes Mal begleiteten sie ihn ins Sprechzimmer unseres Hauses. Es störte mich, dass es immer mehr wurden und sie jedes Mal unser Haus betraten. Ich vermutete nichts Gutes. Eines Abends sprach ich Martin darauf an. Er meinte, er sei Arzt und verpflichtet, jedem zu helfen. Trotzdem hatte ich kein gutes Gefühl.

SCHLAFZIMMERTRENNUNG

Martins Ausdauer, mich nachts mehrmals zu wecken, ließ nicht nach. Mit seiner Hartnäckigkeit stieg meine Nervosität. Deshalb entschloss ich mich, nicht mehr im Schlafzimmer, sondern im Gästezimmer im obersten Stockwerk zu übernachten. Dennoch weckte mich mein Mann weiterhin mehrmals auf, aber nicht mehr, um mit mir reden zu wollen, sondern um mich davon zu überzeugen, ich sei nervenkrank, weshalb er mich in eine Irrenanstalt einweisen werde.

Nach einigen Tagen verschloss ich die Tür. Damit hoffte ich, dass er mich in Ruhe lassen würde. Ich hatte mich jedoch getäuscht. Als er es bemerkte, trat er wütend und heftig gegen die Tür. Fast schreiend forderte er mich auf, sie sofort zu öffnen. Um unsere Kinder nicht zu wecken, kam ich seiner Forderung nach. Wütend schrie er mich an. Dabei riss er die Bettdecke weg, die ich um mich gewickelt hatte. Er hob seine rechte Hand und wollte mich schlagen. Ich drehte mich zur Seite und wich ihm aus. Danach sagte ich laut: »Wenn du mich schlägst, rufe ich die Polizei. Dann erzähle ich ihr, was in diesem Haus wirklich vor sich geht!« Er entgegnete: »Du dumme Kuh, das bringst du nicht fertig!« Er starrte mich noch eine Weile mit hasserfüllten Augen an. Dann verließ er wortlos das Zimmer. Als ich klarer denken konnte, wurde mir bewusst, dass er sich meines Schweigens nicht mehr sicher war.

Hätte ich mich von Anfang an gegen seine Aggressionen gewehrt, wäre es nicht so weit gekommen. Aber meine Angst vor ihm und seiner Familie war stärker als ich.

DR. SELING BEI UNS ZU HAUSE

Mitte November kam Martins Assistenzarzt zu uns nach Hause, um einige organisatorische Angelegenheiten zu besprechen. Als sie damit fertig waren, wollte er wieder gehen. Martin bat ihn jedoch, noch zu bleiben. Dr. Seling erfüllte seine Bitte. Mein Mann stellte sofort Bier und Wein auf den Tisch. Es war vor allem Martin, der übermäßig viel trank. Im angetrunkenen Zustand lud er seinen Assistenzarzt zum Essen ein. Ich war bereits in der Küche beim Zubereiten des Abendessens für uns, als Martin hereinkam und mir mitteilte, dass ich sie zum Essen ins Lokal begleiten solle. Andrea und Alexander saßen im Schlafanzug am Küchentisch. Als er hinausging, kamen beide zu mir und baten mich fast flehend, ich solle sie nicht allein lassen und daheimbleiben. Daraufhin beruhigte ich beide und antwortete, dass ich sie niemals allein lassen würde. Zufrieden nahmen sie wieder am Tisch Platz.

Es dauerte nicht lange, und mein Mann rief nach mir, ich solle mich gefälligst beeilen. Beide standen bereits am Ausgang. Ich ging zu ihnen, schaute Martin an und sagte: »Ich kann nicht mitkommen, ich kann unmöglich unsere Kinder allein lassen.« Verärgert verließ er in Begleitung seines Assistenzarztes das Haus. Ich bemerkte, dass ihn Martins Auftritt amüsierte. Er hatte ein breites Grinsen im Gesicht, als beide das Haus verließen.

Wir wurden nach wie vor zu verschiedenen Veranstaltungen eingeladen. Es waren sowohl Vorträge als auch nette Abende und Tanzveranstaltungen. Es fiel mir immer mehr auf, dass mein Mann verärgert war, wenn mich ein anderer Mann zum Tanzen aufforderte. Völlig unsinnig beschuldigte er mich, ich hätte ein Verhältnis mit ihm. Anfangs lächelte ich darüber, später fand ich es lästig. Hierbei spielte nicht seine Eifersucht eine Rolle, sondern die Macht, die er über mich haben wollte.

Als wir eines Nachts nach einem Ball nach Hause kamen und er mich beschuldigte, lachte ich und sagte: »Es müssten aber viele Verhältnisse mit verschiedenen Männern sein, fast genauso viele wie du sie mit anderen Frauen hast!« Er sah mich wütend an. Danach verließ er wortlos unser Haus. Erst am nächsten Tag kam er am Nachmittag wieder nach Hause. Ich stellte keine Fragen. Aufgrund seines Aussehens und dem Geruch nach Frauenparfüm war ich sicher, dass er die Zeit bei einer seiner Geliebten oder im Bordell verbracht hatte.

EINWEIHUNGSFEIER BEIM PALÄSTINENSER

Anfang Dezember fand eine Einweihungsfeier beim Palästinenser statt, zu der auch wir eingeladen waren. Es war sein zweites Restaurant, dessen Eröffnung er mit seinen Bekannten und Freunden feiern wollte. Unter den vielen Gästen waren auch Dr. Leibniz und seine Frau. Wir saßen mit ihnen an einem Tisch. Es war sehr unterhaltsam, denn wir kannten die beiden schon länger und verstanden uns gut. Es war spät geworden. Martins Alkoholkonsum hielt sich in Grenzen, was nicht selbstverständlich war. Er unterhielt sich überwiegend mit Frau Leibniz.

Plötzlich stand sie auf, um die Toilette aufzusuchen. Kurze Zeit darauf stand auch Martin auf und steuerte in dieselbe Richtung. Ich hatte kein gutes Gefühl dabei. Auch Dr. Leibniz schien beunruhigt zu sein und schaute andauernd in Richtung Treppe. Nach einiger Zeit kam Martin wieder, er war sichtlich nervös und sein Gesicht gerötet, was darauf hindeutete, dass sich im Keller etwas ereignet hatte. Es dauerte nicht lange, und auch Frau Leibniz kam zurück. Auch sie schien nervös zu sein. Es war eigenartig, aber seitdem sie wieder da waren, fand zwischen den beiden keine Unterhaltung mehr statt.

Einige Monate später erfuhr ich von einer Bekannten, dass Frau Leibniz und mein Mann sich in einer Ecke vor den Toiletten leidenschaftlich geküsst hatten, und wäre der Palästinenser nicht dazwischengegangen, hätten beide zu Ende gebracht, was sie angefangen hatten. Unser damaliger Gastgeber sagte zu ihnen: »Wenn ihr schon eine Affäre habt, dann macht es woanders, aber nicht in meinem Keller. Ich will keinen Ärger haben.« Nun verstand ich, warum beide dermaßen nervös waren, als sie wieder zu uns an den Tisch gekommen waren. Anscheinend fühlten sich beide ertappt und befürchteten, ihre Affäre könnte publik werden.

KAPITEL 11

URLAUB IN THAILAND 1996/1997 UND DER JUNGE MANN

Zwei Tage vor den Weihnachtsfeiertagen flogen wir in den Urlaub. Dieses Mal sollte es wieder Thailand werden. Das Verhältnis zwischen Martin und mir war eingefroren. Wegen unserer Kinder versuchten wir, miteinander auszukommen.

Einige Tage vor dem Urlaub traf ich eine Bekannte. Wir sahen uns gelegentlich zu verschiedenen Anlässen und luden uns gegenseitig ein. Bei dieser Gelegenheit erzählte sie mir, man hätte ihr erzählt, dass Martin der größte Frauenheld von Bad Abbach sei und er keine Gelegenheit auslassen würde, eine Frau abzuschleppen. Sie lachte ungläubig darüber und meinte, dass sie mir unbedingt diesen Unsinn erzählen musste, wie die Leute hinter unserem Rücken über meinen Mann lästern würden. Es war mir nicht entgangen, dass sie sich mir gegenüber kühler verhielt als sonst. Auf das angebliche Gerede der Leute ging ich nicht ein. Außerdem hatte ich das Gefühl, dass mich mein Mann auch bei ihnen in schlechtem Licht dargestellt hatte.

Obwohl Martin auch in diesem Urlaub übermäßig viel Alkohol trank, ließ er mich in Ruhe. Er wiederholte jedoch ständig, wie schön es sei, mit Freunden in den Urlaub zu fahren und nicht mit der eigenen Familie.

Am Strand lernten wir einen jungen Mann kennen, der sich mit Gelegenheitsarbeiten über Wasser hielt. Der junge Thailänder und Martin verstanden sich auf Anhieb. Immer wieder spendierte er ihm ein Getränk und bat ihn, sich zu uns zu setzen. An einem Nachmittag gab ich vor, zu schlafen. Während unsere Kinder im Sand spielten, saßen beide Männer auf einer Liege. Obwohl sie Verständigungsschwierigkeiten hatten, kamen sie sehr gut miteinander aus. Neugierig öffnete ich für einen kurzen Moment die Augen und sah beide sehr dicht beieinandersitzen, zu sehr. Mein Mann streichelte mit seiner Hand den Oberschenkel des jungen Thailänders. Ich traute meinen Augen nicht – sollte er sich auch noch zu Männern hingezogen fühlen?

Ich weiß bis heute nicht, was für eine Verbindung zwischen den beiden bestand, aber was sich da abspielte, war wahrscheinlich Zuneigung.

SILVESTER

Es gab eine große Silvesterfeier. Wir saßen an einem langen Tisch zusammen mit anderen Hotelgästen, neben uns zwei Damen. Eine von ihnen war unterwegs im Auftrag der Weltgesundheitsorganisation. Sie verstand sich sehr gut mit Alexander. So erzählte sie ihm verschiedene Begebenheiten aus ihrer Tätigkeit. Dabei ging es hauptsächlich um die Versorgung kleiner afrikanischer Dörfer. Alle, die am Tisch saßen, hörten interessiert zu. Um Mitternacht gab es ein großes Feuerwerk, und alle wünschten sich gegenseitig ein gutes Neues Jahr 1997. Martin gratulierte den beiden Damen und blieb anschließend bei ihnen stehen. Mich und unsere Kinder würdigte er keines Blickes. In diesem Moment wusste ich, dass es unser letzter gemeinsamer Urlaub sein würde und wir nie wieder Silvester miteinander feiern würden.

Als die Wunschzeremonie und das Feuerwerk beendet waren, setzten wir uns an unseren Tisch. Ich schien sehr nachdenklich gewirkt zu haben, denn nach einiger Zeit fragte mich eine der Damen, weshalb ich so still geworden sei. Ich lächelte nur. Als unsere Kinder zu Bett wollten, verabschiedete ich mich von ihr. Mein Mann forderte mich auf, wieder Platz zu nehmen. Seine Forderung überhörte ich. Letzten Endes stand auch er auf und folgte uns.

FASCHING 1997

Wie jedes Jahr gab es einen Faschingsball. Es war einer der Bälle, die ich sehr genoss. Ich war von den verschiedenen Verkleidungen und Ideen der Menschen sehr beeindruckt. Nicht weit von uns saß Dr. Leibniz mit seiner Ehefrau. Martin tanzte überwiegend mit anderen Frauen. Es störte mich nicht, denn ich war in guter Gesellschaft und wurde oft zum Tanzen aufgefordert. Am späten Abend fragte mich Martin, ob ich mit ihm einen Drink an der Bar einnehmen würde. Ich stimmte zu und folgte ihm. Wir suchten uns einen Platz an einem Barhocker, er holte die Getränke. Es waren erst einige Minuten vergangen, als er mich plötzlich stehen ließ und zum Tisch, an dem das Ehepaar Leibniz saß, steuerte.

Er forderte die Frau seines Kollegen zum Tanzen auf. Erst jetzt bemerkte ich, dass ihr Ehemann mit einer anderen Frau tanzte. Martin ergriff die Gelegenheit, als sie allein am Tisch saß. Auch dieses Mal schaffte er es, mich zu demütigen. Das Tanzen allein reichte nicht aus, denn nach kurzer Zeit waren beide verschwunden. Es dauerte eine Weile, bis sie wieder zu sehen waren. Auf dem Heimweg war Martin sehr unruhig; so kannte ich ihn kaum. Wie ich bald darauf erfuhr, gab es auch einen Grund dafür.

ANRUF VON FRAU LEIBNIZ

Einige Tage danach rief mich Frau Leibniz in der Praxis an. Sie weinte und sagte, ihr Ehemann hätte sie aus dem Haus geworfen. Daraufhin fragte ich, was der Grund dafür sei. Sie antwortete, ihr Mann würde ihr unterstellen, ein Verhältnis mit einem anderen zu haben. Danach bat sie mich, für sie eine Wohnung zu suchen. Ich war sehr überrascht, denn sie war eine erwachsene Frau und mit Sicherheit auch imstande, für sich eine Wohnung zu finden. Außerdem wunderte ich mich darüber, wieso sie gerade mir ihr Herz ausgeschüttet hatte. Wenig später erfuhr ich von Bekannten, dass Dr. Leibniz meinen Mann und seine Frau während des Faschingsballs im Obergeschoss des Gebäudes miteinander in einer eindeutigen Situation erwischt hatte.

Es folgten noch einige Anrufe von ihr, die ich nicht entgegennahm. Ich war der Meinung, dass jeder Mensch seine Taten und Handlungen selbst verantworten müsse. Einige Wochen danach rief sie mich wieder an und beklagte sich, dass Martin an dem Zusammenbruch ihrer Ehe die Schuld trage. Ich ließ mich auf keine Diskussion mit ihr ein und sagte: »Wenn du so naiv bist und deine Ehe aufs Spiel setzt, ist es dein Problem. Ruf mich nicht wieder an!« Seither hatte ich nichts mehr von ihr gehört. Dennoch bemitleidete ich sie, denn sie hatte sich mit einem Menschen eingelassen, der mit ihr seine teuflischen Spielchen trieb. Andererseits tragen bei dieser Situation beide die Verantwortung.

DER UNHEIMLICHE SCHATTEN

In dieser Zeit sah ich vor unserem Haus andauernd einen Schatten. Ich hatte das Gefühl, als ob etwas an mir vorbeihuschte. Am Anfang dachte ich, es sei Einbildung. Als der Schatten intensiver wurde, bekam ich es mit der Angst zu tun. Ich rief Johanna an und erzählte ihr davon. Sie beruhigte mich und sagte, dass sie uns in absehbarer Zeit besuchen wolle.

GELDEINNAHMEN

Im März fand ich in Martins Sprechzimmer in unserem Haus sehr viel Geld. Beim Aufräumen zog ich ein Buch heraus, aus dem überwiegend Hundertmarkscheine herausfielen. Ich stellte sie zusammen und stellte erstaunt fest, dass es sich dabei um die Summe von 30.000 Mark handelte. Die letzten Jahre hatte ich mir öfter Gedanken darüber gemacht, woher er immer so viel Geld in seiner Geldbörse hatte. Obwohl er nie etwas vom Konto abgehoben hatte, war er ständig im Besitz von viel Geld. Nun wurde mir klar, dass er Nebeneinkommen haben musste. Ich nahm mir vor, die Geldbewegungen in der nächsten Zeit zu beobachten. Meine Detektivarbeit wurde belohnt. Fast täglich kamen mehrere Hundertmarkscheine dazu oder wurden herausgenommen.

Als Nächstes stellte ich mir die Frage, woher er das Geld hatte und welche Dienste er in Anspruch nahm, um an so viel Geld zu kommen. Neben meiner Neugierde hatte ich auch Angst vor der Wahrheit. Ich hatte kein gutes Gefühl dabei, und am liebsten hätte ich von diesen Geldtransaktionen nie erfahren. Aber meistens kommt es anders, als man denkt.

Bereits in der ersten Woche kamen 3.000 Mark dazu, abgehoben wurden 2.000 Mark. In der zweiten Woche waren es insgesamt 6.000 Mark, die dazukamen, und es wurden wieder 2.000 Mark rausgenommen. Diese Geldbewegungen konnte ich wöchentlich beobachten.

Ende April fuhren wir zu meinen Schwiegereltern. Während ich den Reiseproviant ins Auto brachte, begab sich Martin für kurze Zeit in sein Sprechzimmer. Ich ahnte, dass er sich um das versteckte Geld kümmerte. Wir stiegen alle ins Auto. Bevor wir losfuhren, stieg ich noch einmal aus, unter dem Vorwand, noch einmal die Toilette aufsuchen zu müssen. Während die anderen im Auto warteten, lief ich ins Sprechzimmer, um nach dem Geld zu sehen. Meine Vermutung hatte sich bestätigt, denn es fehlten 8.000 Mark.

Bereits am ersten Tag unseres Besuches bemerkte ich, dass mein Mann und Piotr Geheimnisse austauschten. Ich wusste, dass sein Bruder aus Geldmangel nicht imstande war, seinen Hausbau zu beenden.

KAMILAS EINLADUNG

Eines Abends, es war der dritte Tag unseres Besuches, lud mich Kamila in ihre Wohnung ein. Sie bewohnten noch immer die erste Etage im Haus meiner Schwiegereltern. Ich folgte ihr. Sie bemühte sich sehr darum, freundlich zu sein. Sie bot mir etwas zum Trinken an und versuchte, mich mit ihrem Gerede bei Laune zu halten. Ich war der Meinung, dass Martin und sein Bruder uns irgendwann folgen würden, doch ich hatte mich getäuscht. Mir wurde schnell klar, dass ihre Einladung nur ein Vorwand war. Die beiden Männer wollten in dieser Zeit die Gelegenheit nutzen, sich in Ruhe zu unterhalten.

Als wir nach einer Stunde immer noch allein dasaßen und ich von Kamila Geschwätz die Nase voll hatte, ging ich in die Wohnung meiner Schwiegereltern. Sie waren in ihr Gespräch vertieft, als ich den Raum betrat. Es ging um Geld. Als sie mich bemerkten, wurde es still. Sie schienen überrascht zu sein. Noch bevor einer von ihnen etwas sagen konnte, verabschiedete ich mich mit den Worten: »Ihr könnt euch weiter unterhalten, ich werde euch nicht stören!« Danach ging ich zu Bett. Kurz darauf kam auch Martin. Ich war verärgert und fühlte mich hintergangen. Aber angesichts unserer familiären Situation war es nicht verwunderlich. Kamila und Piotr nutzten unsere gefährdete Ehe für ihre Zwecke. In diesem Fall handelte es sich um die Finanzierung ihres Neubaus.

BANKGESCHÄFTE IN POLEN

Am nächsten Morgen erzählte mir Martin am Frühstückstisch, dass er mit seinem Vater zum Einkaufen in die Stadt fahren müsse. Weil unsere Kinder gemeinsam mit ihren Cousins spielten und ich nicht vorhatte, mit Kamila und meiner Schwiegermutter im Haus zu bleiben, sagte ich, dass ich sie gern begleiten würde. Außerdem wollte ich nicht zulassen, dass sich die gestrige Situation wiederholte. Ich bemerkte, dass es meinem Mann und seinem Vater nicht recht war. Aber ich fragte nicht nach Erlaubnis, und mein Entschluss stand fest.

Martin und sein Vater sprachen in meiner Anwesenheit nur wenig miteinander. Ich fühlte mich sehr unwohl, ließ es mir jedoch nicht anmerken. Nachdem sie notgedrungen einige sinnlose Sachen gekauft hatten, unter anderem einen Bimsstein und Reinigungsmittel, offenbarte mir mein Mann, dass er noch in eine Bank gehen müsse. Ich war sehr erstaunt, was er mit einer polnischen Bank zu tun hatte. Es war mir nicht bekannt, dass er hier ein Bankkonto gehabt hätte. Es war ein sehr modernes, großes Gebäude mit dunklen Fenstern. Um auf den Vorplatz zu gelangen, mussten wir einige Treppen steigen. Hierbei handelte es sich um eine Devisenbank, in der man ohne Probleme mit Währungen aus anderen Ländern handeln konnte.

Vor dem Eingang hielt mich Helmut an und bat mich, mit ihm draußen zu bleiben. Als Vorwand gab er an, sich nicht wohlzufühlen. Ich tat es, konnte jedoch von meinem Standpunkt aus in das Innere des Gebäudes sehen. Martin ging sofort zur Kasse. Danach sah ich, dass er eine Menge an Scheinen einzahlte. Vermutlich waren es die 8.000 Mark.

Später erfuhr ich, dass er ein Konto in Polen hatte – es war auf den Namen seiner Mutter eingetragen –, über das er auch ein Verfügungsrecht besaß. Auf diese Weise konnte er so viel Geld transferieren, wie er wollte, ohne dass es jemand bemerkte.

Ich sprach ihn nicht darauf an, denn meine Neugierde, was noch kommen sollte, war größer als mein Ärger über die Heimlichtuerei. Nach fast einer Woche fuhren wir wieder nach Hause. Dieses Mal hielten sich Sabinas Bösartigkeiten in Grenzen. Alles konzentrierte sich auf »den reichen Onkel aus Deutschland«. Martin war der Geldesel dieser Familie, was er sichtlich genoss. Es war mir nicht entgangen, wie stolz seine Eltern auf Martins Doktortitel waren. Immer wieder nannten sie ihn »Herr Doktor«.

HEIMLICHE ANRUFE

Zu Hause wurde die Heimlichtuerei fortgesetzt. Täglich wurde mein Mann von seinem Bruder auf dem Handy angerufen. Jedes Mal lief er in den Garten, um mit Piotr ungestört reden zu können. Ich durfte nicht erfahren, was sie vorhatten. Nach einiger Zeit belustigte mich dieses Versteckspiel. Als mein Mann mal wieder nach einem Anruf aus dem Garten ins Haus kam, fragte ich: »Seid ihr fertig? Die Anrufe kommen dich teurer zu stehen als das Fertigstellen des Hauses von Piotr!« Er sah mich überrascht an. In seinen Augen stand die Frage: »Woher weißt du das?« Er lächelte verlegen und sagte: »Du spinnst!« Sein Lächeln und die Art, wie er es sagte, bestätigten meine Vermutung.

Noch am selben Tag unterrichtete er mich davon, wegen einer Angelegenheit nach Polen fahren zu müssen. Es war das erste Mal in unserer Ehe, dass er allein fahren wollte. Ich hatte nichts dagegen, im Gegenteil. Ich fragte auch nicht nach dem Grund. Außerdem hätte er mir ohnehin nur eine billige Ausrede aufgetischt. In der kommenden Zeit fuhr er sehr oft allein nach Polen. Auch mit Piotr telefonierte er immer noch mehrmals täglich.

DER SCHATTEN

Der Schatten vor unserem Haus wollte nicht verschwinden. Wenn ich im Garten arbeitete oder mich in den Räumen aufhielt, deren Fenster zur Straße hinausgingen, schien es mir, als ob ein dunkler Schatten am Haus entlang vorbeihuschte. Es war sehr schnell, sodass es mir nicht gelang, ihn deutlich zu sehen.

Es war Ende Mai, als Martin wieder nach Polen fuhr, stand ich in der Küche am Fenster und beobachtete seine Abreise. Neben seinem Auto sah ich wieder diesen Schatten. Es war wie eine Wolke, die sich hin- und herbewegte. Mein Mann stieg ins Auto und fuhr davon, mit ihm verschwand der Schatten. Als er fort war, verschwand auch die seltsame Erscheinung. Es beunruhigte mich, und ich machte mir Gedanken über diese seltsamen Vorkommnisse.

In letzter Zeit hatte ich oft mit Johanna telefoniert. Ich berichtete ihr davon und auch von Martins ständigen Besuchen in Polen. Sie ging nicht näher darauf ein, sagte aber, dass sie in unser Haus kommen müsse, um der Sache auf den Grund gehen zu können.

Nach wie vor terrorisierte mich mein Mann vor allem nachts. Oft sagte er: »Du bist ein Nichts, du bist eine Null. Vergiss, dass du jemals studiert hast!« Was er nicht wusste, war, dass er mich in den vergangenen Jahren psychisch und körperlich derart verletzt hatte, dass seine Worte für mich keine Bedeutung mehr hatten, im Gegenteil, je öfter er mich mit seinen Vorwürfen zu zerstören versuchte, desto intensiver spürte ich seine eigene Unsicherheit.

In letzter Zeit war er nervöser und unruhiger als sonst. Ich spürte, dass er Angst hatte, die sich auch in seinen Augen widerspiegelte.

JOHANNA

Es war wieder ein Wochenende, an dem mein Mann nach Polen fahren musste. Er fuhr an einem Freitag früh los. Einige Tage zuvor hatte ich Johanna davon berichtet. Sie versprach, während seiner Abwesenheit zu kommen. Für diese Zeit wurde unsere Haushälterin beurlaubt, sodass wir in Ruhe miteinander reden konnten.

Am Nachmittag desselben Tages kam Johanna bei uns an. Ich freute mich sehr, sie wiederzusehen. Andrea und Alexander waren über ihr Kommen sehr überrascht, aber auch sie freuten sich, Johanna wiederzusehen. Beim Abendessen erzählte ich ihr, was sich in den letzten Wochen bei uns ereignet hatte. Ihr

Interesse galt hauptsächlich dem Schatten vor unserem Haus. Sie hörte sehr aufmerksam zu und stellte ab und zu Fragen zu den seltsamen Vorkommnissen. Danach fragte sie nach Martin, seinen Reisen nach Polen und unserer familiären Situation. Ich erzählte ihr von dem Bankkonto und dem Geld, das ich in Martins Buch gefunden hatte, den geheimnisvollen Anrufen seines Bruders und unserem Garten als Telefonhäuschen.

Kurz vor dem Schlafengehen gesellten sich Andrea und Alexander zu uns. Beide setzten sich neben Johanna und berichteten über die Schule, Zensuren und über ihren Vater, seiner Trinksucht und Schlägen, die sich vor allem gegen Alexander richteten. Beide wurden traurig, als sie über ihn sprachen. Johanna tröstete sie und meinte, dass sich bald alles zum Guten wenden würde. Andrea umarmte sie. Johanna drückte sie fest an sich, streichelte ihre Haare und gab ihr einen Kuss auf die Stirn. Danach verließen beide zufrieden den Raum.

Es war spät geworden, als auch wir zu Bett gingen. Sie bat mich am folgenden Tag, für den Vormittag unser Haus zu verlassen, damit sie allein bleiben konnte. Ich wusste, dass sie der Schattengestalt auf den Grund gehen wollte. Den gesamten Vormittag verbrachte ich in unserer Praxis. Fast gleichzeitig mit unseren Kindern betrat ich unser Haus am frühen Nachmittag. Johanna saß im Esszimmer und betete. Ich war sehr neugierig, was sie mir zu sagen hatte. Meine Fragen musste ich jedoch aufgrund der Anwesenheit unserer Kinder auf einen späteren Zeitpunkt verschieben.

Erst nachdem sie zu Mittag gegessen und sich auf ihre Zimmer begeben hatten, um Hausaufgaben zu machen, war es mir möglich, mich mit ihr zu unterhalten. Sie schien sehr nachdenklich zu sein. Nach einer Weile sah sie mich an und sagte: »Mein Kind, du musst dich entscheiden!« Damit meinte sie das

Zusammenleben mit Martin. Über ihren Satz war ich sehr überrascht, sodass es mir schwerfiel, ihr eine Antwort zu geben.

Ich merkte, dass es ihr schwerfiel, mit mir darüber zu reden. Am Anfang sagte sie langsam: »Er ist wieder da!« Mir lief ein kalter Schauer über den Rücken. Ich wusste sofort, dass es sich um den kopflosen Dämon handelte. Sie meinte, er wäre immer bei uns, gebe sich jedoch nicht zu erkennen. Das Wichtigste war, dass er mich in Ruhe ließ. Nun musste ich von ihr erfahren, dass er bereits vor unserer Haustür stand. Sein Interesse galt hauptsächlich Martin. Diesen Umstand hatte ich Johanna zu verdanken, die ihm damals befohlen hatte, mich in Ruhe zu lassen. Wie lange dieser Zustand anhalten würde, konnte sie mir nicht sagen. Diesen Schatten, also den kopflosen Dämon, konnte nur ich sehen, weil ich bereits mit ihm zu tun gehabt hatte.

Jedes Mal wartete er, bis mein Mann in sein Auto gestiegen war, danach setzte er sich neben ihn und begleitete ihn auf seinen Reisen. Bei dem Gedanken, dass ich manchmal neben Martin auf dem Beifahrersitz saß, wo sich auch der Dämon befand, wurde mir übel. Obwohl er mich in den vergangenen Jahren oft gequält hatte, konnte ich nicht fassen, was sie mir berichtete. Auch an diesem Wochenende fuhr er mit Martin nach Polen. Der Dämon war über meinen Mann und seine Mutter sehr verärgert, denn es waren seine Familienmitglieder, die seine Totenruhe störten. Nachdem Johanna ihm befohlen hatte, mich in Ruhe zu lassen, ging er dorthin zurück, woher er gekommen war. Sie sagte, dass Martin dieses Mal einen Unfall erleiden würde, ihm aber nichts geschehen werde. Sie fragte mich, ob ich etwas von seiner Geliebten wüsste. Ich stellte ihr die Gegenfrage: »Welche von ihnen?« Johanna lachte und sagte: »Na ja, die, die er schon lange kennt.« Sie hatte beide im Auto am Grenzübergang gesehen. Seine Geliebte schien um einiges jünger zu sein als mein

Mann, hatte lange dunkle Haare und war etwas größer als er. Es wunderte mich, denn er lachte jedes Mal, wenn in einer Partnerschaft die Frau größer war als der Mann. So eine Frau nannte er dann Eiffelturm. Nun hatte es ihn selbst erwischt.

Nach der Aussage von Johanna lebte ich gefährlich, denn beide warteten auf meinen Tod. Martin spielte mit dem Gedanken, mich umzubringen. Es überraschte mich nicht, denn ich wusste seit längerer Zeit, dass er vorhatte, mich loszuwerden. Auf welche Art auch immer, Irrenhaus oder Begräbnis. Das durfte ich nicht zulassen, denn dann wären meine Kinder verloren. Es würde keinen mehr geben, der sie in Schutz nahm. Beide wären dieser Familie gnadenlos ausgeliefert.

Am Sonntagmorgen fuhr sie nach Hause. Ich bat unsere Kinder, den Besuch von Johanna für sich zu behalten, was sie auch taten.

MARTINS RÜCKKEHR

Am späten Sonntagabend kam Martin zurück. Ich hörte, wie er in die Garage fuhr. Wir gingen ihm entgegen. Meine einzige Neugier galt ihm und seinem Wagen. Ich wollte wissen, ob Johannas Worte sich bewahrheiteten. Er schien nervös und unausgeschlafen zu sein. Ein Blick in die Garage genügte mir, um festzustellen, dass sich ihre Worte bestätigten. Dort stand nicht sein eigener Wagen, sondern ein Leihauto mit polnischem Kennzeichen. Ich fragte, was passiert sei. Martin erzählte, dass er auf der Hinfahrt, einige Kilometer hinter dem Grenzübergang, einen Unfall gehabt habe. Es hatte geregnet, und er kam ins Schleudern, dabei verlor er die Kontrolle über seinen Wagen, kam von der Straße ab und raste in einen tiefen Graben. Er kam mit einigen Kratzern davon. Sein Auto hatte jedoch einen Totalschaden. Ich hörte mir seine Geschichte an und stellte erschrocken fest, dass ich kein Mitleid mehr mit ihm hatte. Ich war froh, dass weder unsere Kinder noch ich dabei gewesen waren. Der kopflose Dämon hatte ihn dieses Mal verschont. Wie es seiner schwarzhaarigen Geliebten ergangen war, konnte ich nicht in Erfahrung bringen. Außerdem war es ohne Bedeutung für mich.

KAPITEL 12:
DIE ANGST

DIE ANGST UNSERER KINDER

Martins Schläge und seine Wut gegenüber unseren Kindern zeigten ihre Wirkung. Beide versuchten, ihren Vater zu meiden, wo sie nur konnten. Wenn er von der Arbeit zum Mittagessen nach Hause kam, verließen sie das Haus. Dabei kam es oft vor, dass Alexander ins Dorf zu seinen Freunden lief und Andrea sich in meinem Auto auf dem Rücksitz verkroch. Es tat mir weh, beide in dieser Verfassung zu sehen. Sie ließen sich davon nicht abbringen. Einerseits beschuldigte mich Martin, ich würde unsere Kinder gegen ihn aufhetzen, andererseits unternahm er keinen Versuch, mit ihnen über die Schwierigkeiten zu reden. Er empfand keine Schuld und übersah, dass beide erwachsener geworden waren und jeder Konfrontation mit ihrem Vater aus dem Weg gehen wollten. Ihre Hausaufgaben machten sie, wenn er das Haus verlassen hatte.

Die Stimmung in unserem Haus war sehr gedrückt. Meine Angst, Martin könnte mir und unseren Kindern etwas antun, stieg täglich. Unsere Haushälterin wurde stattdessen ruhiger. Es war aber nicht zu übersehen, dass er in ihren Augen ein Unschuldslamm war. Nun war sie diejenige, die ihm am Mittagstisch Gesellschaft leistete und ihn mit Mitleid überschüttete. Auch als sich die Situation nach einiger Zeit nicht gebessert hatte, unternahm Martin keinen Versuch, mit uns darüber zu reden. Er entfremdete sich uns immer mehr.

In unserer Ehe empfand er nie Schuld für kritische Situationen.

Ich war mir nie sicher und bin es bis heute nicht, ob es an seinem Charakter oder seiner Erziehung lag.

Jetzt aber handelte es sich um unsere Kinder. Damals wusste ich noch nicht, was er erreichen wollte. Es sollten noch einige Monate vergehen, bis ich Einblick erhielt.

MEIN ENTSCHLUSS

Die Anspannung in unserem Haus und meine ständige Angst um unser Leben bewogen mich zu folgendem Entschluss: An einem Wochenende, Anfang Juni, als unsere Kinder bei ihren Freunden waren, bat ich Martin um eine Unterredung. Er sah mich eigenartig an, als ob er geahnt hätte, was ich ihm sagen wollte. Wir saßen am Tisch im Esszimmer. Unser Gespräch begann ich mit der Aufzählung der letzten Ereignisse, seiner Wutanfälle und unser beider Entfremdung. Ohne mich zu unterbrechen, hörte er zu. Ich sagte, dass ich keinen Sinn mehr in unserer Ehe sähe, wenn diese in der bisherigen Art und Weise weitergeführt werden sollte. Daraufhin sagte er: »Dann schlag doch was vor.« Es war nicht zu übersehen, dass Martin dieses Gespräch nicht ernst nahm. Er wäre nie auf die Idee gekommen, dass ich ihn mit unseren Kindern verlassen könnte. In seinem Kopf hatte er nur einen Gedanken, eingeprägt von seinen Eltern: »Ohne dich ist Anna ohnehin verloren.« Ich sah keinen Sinn, unser Gespräch zu vertiefen oder die Ereignisse der letzten Zeit zu analysieren. Deshalb entschloss ich mich, dem Ganzen ein Ende zu bereiten, indem ich sagte: »Ich will die Scheidung! Außerdem bitte ich dich, auszuziehen, bis wir alles geregelt haben.« Er sah mich eigenartig an. Überrascht schien er nicht sehr zu sein, brachte aber im ersten Moment kein Wort hervor. Danach sagte er: »Wenn es

dein Wunsch ist, so soll es geschehen.« Anschließend verließ er
das Haus.

DIE KONSEQUENZ

Als Erstes sperrte er unsere gemeinsamen Bankkonten, sodass ich
keinen Zugriff mehr darauf hatte. Danach verkündete er, dass er
nicht vorhabe, auszuziehen. Er würde das oberste Stockwerk für
die nächste Zeit bewohnen. Einige Tage danach stellte er eine
neue Bürokraft ein, eine erfahrene Frau mittleren Alters. Daraufhin bezog ich den Büroraum in meinem Geschäft im Keller des
Hotels.

SITUATION IM HAUS

Die Situation in unserem Haus verschlechterte sich. Man konnte
unsere Nervosität förmlich spüren. Andrea und Alexander zogen
es vor, ihren Vater, so gut es ging, zu meiden. Wie angekündigt,
bezog Martin die oberste Etage des Hauses. Jeden Abend
holte er aus dem Schlafzimmerschrank seine Wäsche für den
nächsten Tag. Ansonsten betrat er unseren Schlafbereich nicht
mehr. Nach einigen Tagen klagte Andrea über ständige Kopfschmerzen, Alexander über Bauchschmerzen. Für mich war klar,
dass unsere familiäre Situation und der damit verbundene tägliche Stress für ihre Schmerzen verantwortlich waren. In dieser
Zeit versuchte ich, beide zu beruhigen, indem ich mich, so oft es
ging, mit ihnen unterhielt. Wir sprachen über frühere Zeiten. Die
Erinnerungen an ihre Baby- und Kindergartenzeit brachten uns
immer wieder zum Lachen, und wir merkten, wie entspannend es

war, unserem Alltag zu entfliehen. Es kam oft vor, dass wir uns ins Auto setzten und nach Regensburg fuhren. Trotz allem übersah ich Martins hasserfüllten Blick nicht.

NEUE HAUSHÄLTERIN

Eines Tages kam unsere Haushälterin und verlangte mehr Geld für weniger Arbeitsstunden. Ich hörte mir ihren Vorschlag in Ruhe an. Ihr Ton und die Art, wie sie es mir mitteilte, waren unverschämt. Als sie fertig war, sagte ich, dass sie weder mehr Geld bekommen würde noch weniger Stunden arbeiten dürfte. Sie sah mich verwundert an, dann sagte ich: »Ich kann dich nicht länger beschäftigen, nimm deine Sachen und geh!« Kurz darauf verließ sie mit all ihren Sachen unser Haus. Mein Mann machte mir Vorwürfe, sie ohne sein Wissen entlassen zu haben. Daraufhin sagte ich: »Weil ich keinen Zugriff mehr auf unsere Konten habe, kann ich keine Haushaltshilfe mehr beschäftigen.«

Weder sie noch ich bestanden auf einer ordentlichen Beendigung des Arbeitsverhältnisses, wie es im Arbeitsvertrag stand. Damit war ich in der Lage, eine neue Haushaltshilfe zu suchen. Ich hätte mich unmöglich neben meiner Arbeit im Geschäft auch noch um den Haushalt kümmern können. Außerdem wäre es für meinen Nochehemann eine Genugtuung gewesen, zu sehen, dass der Haushalt und unsere Kinder zu kurz kamen. Mit Sicherheit hätte er mir einen Strick daraus gedreht, spätestens vor Gericht. Wie sich herausstellte, hatte ich mit meiner Vermutung recht.

Johanna versprach mir, eine neue Haushälterin in Polen zu suchen. Nach einigen Tagen meldete sich eine alleinstehende Frau, die bereit war, für die nächste Zeit zu uns zu kommen. Sie war einige Jahre älter als ich. Als Martin wieder einmal nach Polen gefahren war, kam Lydia mit Johanna zu uns. Sie war klein und sehr schlank. Ab sofort bewohnte sie unsere kleine Einliegerwohnung im Keller. Dadurch fühlte ich mich im Haus sicherer und hatte jemanden in meiner Nähe.

Andrea und Alexander beobachteten sie anfangs argwöhnisch, außerdem war es für uns eine neue Situation, denn bis dahin hatte keine Haushälterin bei uns gewohnt. Johanna blieb zwei Tage, dann fuhr sie nach Hause. Als Martin zurück war und Lydia sah, zog er mich zur Seite und fragte neugierig, wer das sei. Ich erklärte ihm, dass ich unbedingt eine neue Haushaltshilfe brauchte und es mir nicht leisten könne, wegen des Hausputzes mein Geschäft aufzugeben. Sein Gesicht wurde vor Zorn dunkelrot. Weil sie in der Nähe stand und uns beobachtete, unternahm er keinen Versuch, sich mit mir zu streiten. Er drehte sich um und ging wortlos die Treppe hinauf.

Lydia, die vor Martins Eintreffen sehr nervös war und ihre Bedenken hatte, was ihn betraf, beruhigte sich schnell wieder. Sie lebte sich erstaunlich schnell ein und wurde nach kurzer Zeit fast zu einem Familienmitglied. Aber es war nicht zu übersehen, dass sie Martin ein Dorn im Auge war. Nachdem er sie anfangs ignoriert hatte, versuchte er bald, sie mit kleinen Geschenken für sich zu gewinnen.

MARTINS GESCHENKE

Johanna hatte Lydia davor gewarnt, Geschenke von Martin anzunehmen. Weil sie Raucherin war und mein Mann ihr Zigaretten schenkte, vergaß sie Johannas Warnungen sehr schnell. Bald merkte ich, dass sie nervöser wurde. Danach klagte sie über

Übelkeit und eigenartige Bauchschmerzen. Ich rief Johanna an und erzählte ihr, was sich bei uns abspielte. Sie sagte, dass die Ursache für ihre Übelkeit und Bauchschmerzen Martins Zigaretten seien. Als sie merkte, dass ich es nicht so recht glauben konnte, fragte sie: »Hast du vergessen, wie es dir ergangen ist und was diese Familie dir angetan hat? Dasselbe geschieht jetzt mit Lydia. Sie darf keine Zigaretten mehr von deinem Mann annehmen. Er will sie loswerden.« Nach diesem Telefongespräch verbot ich Lydia, irgendetwas von Martin anzunehmen. Ihre Gier nach seinen Zigaretten war zunächst wichtiger als mein Verbot. Aber mit der Zeit sah sie ein, dass seine Geschenke ihr schadeten und sie krank machten. Sie wurde vorsichtiger, was Martin betraf. Als er es merkte, wurde er wütend und befahl mir, sie sofort zu entlassen, ansonsten würde er sich vor ihr nackt ausziehen. Mit dieser Aktion wollte er sie verscheuchen. Seine Ideen, wenn er etwas erreichen wollte, waren grenzenlos dumm. Mit seinen Drohungen glaubte er, bei mir Eindruck zu schinden. Ich lachte nur über so viel Einfallsreichtum. Ich sagte: »Der Alkohol und dein Hass haben deine letzten Gehirnzellen aufgefressen.« Als ich diesen Vorfall Lydia erzählte, lachte sie und sagte, dass er es doch versuchen sollte. Wir hätten mit Sicherheit sehr viel Spaß.

Auch in den nächsten Tagen änderte sich nichts an unserer Situation, mit dem Unterschied, dass ich mich in Lydias Anwesenheit sicherer fühlte. Sie wachte über mich wie ein Schutzengel und ließ mich selten allein. Martin hingegen war gezwungen, seine Wutausbrüche unter Kontrolle zu halten, was ihm zu meinem Erstaunen auch gelang. Mit der Zeit hörte er auf, Lydia Geschenke zu machen.

BEIM ANWALT

Nachdem Martin alle Konten gesperrt hatte, vereinbarte ich einen Termin beim Anwalt. Es dauerte nicht lange, und ich konnte ihm alles schildern. Anschließend erzählte ich Martin, dass er in Kürze einen Brief von meinem Anwalt erhalten würde. Er sollte sehen, dass es mir ernst war.

MARTINS FREUND BEI UNS ZU BESUCH

Kurz darauf erschien eines Abends ein guter Freund von Martin. Sein Besuch galt dem Versuch, Martin und mich zu versöhnen. Weil er seit einigen Monaten von seiner Frau getrennt lebte, versuchte er, uns zu erklären, wie deprimierend und schwierig eine solche Situation sein könne. Auch sprach er unser Vermögen an, das wir uns in den letzten Jahren gemeinsam erarbeitet hatten. Damit meinte er, dass wir im Falle einer Scheidung alles verlieren könnten. Zum Schluss beschwor er uns, uns wieder zu vertragen, und sei es nur wegen der Kinder.

MARTINS VERSÖHNUNGSVERSUCHE

Als sein Freund gegangen war, brachte mein Mann zwei Flaschen Rotwein mit. Meiner Meinung nach hätte auch eine Flasche gereicht, aber nicht für Martin. Nachdem er uns den Wein eingeschenkt hatte, gab er mir einen Versöhnungskuss. Er bat mich, dass wir uns wieder vertragen sollten, und versprach dabei, sich zu bessern. Seine kalten Augen und die Art, wie er es sagte, gaben mir zu verstehen, dass er es nicht ernst meinte. Wir tranken einen

Schluck, danach sagte er, nachdem wir uns nun versöhnt hätten, brauchten wir Lydia als Haushälterin nicht mehr. Ich dachte: »So also läuft der Hase.« Aufgrund dieser Aktion war ich ziemlich sicher, dass er seinen Freund zu diesem Besuch angestiftet hatte, um Lydia loszuwerden. Aber da hatte er sich getäuscht. Denn hätte ich sie entlassen, wäre ich ihm schutzlos ausgeliefert gewesen. Sein Gesicht bekam Zornesfalten, als ich ihm sagte, dass wir sie brauchten.

Er meinte, dass wir Magda, unsere letzte Haushaltskraft, wieder einstellen könnten, sie wäre sicher einverstanden damit. Martin war schlau, aber nicht schlau genug. Ich durchschaute dieses Spiel, ließ mich aber auf einen Versöhnungsversuch ein. Bereits in der Nacht bedauerte ich, Martins Vorschlag zugestimmt zu haben. Seine Versuche, nett und liebevoll zu sein, erfüllten mich mit Ekel. Seine Berührungen empfand ich als erniedrigend und widerlich. In den letzten Monaten hatte ich mich von ihm derart distanziert, dass er mir wie ein Fremder vorkam. Ich empfand es als Vergewaltigung. In meinem Inneren bäumte sich alles gegen ihn auf, meine stillen Hilferufe und mein Weinen konnte keiner hören. Anschließend schlief Martin wortlos ein. In dieser Nacht lag ich noch lange wach und dachte über den Sinn des Vorgefallenen nach. Mein Mann schnarchte laut neben mir, und ich dachte: »Oh Gott, sollte ich es wirklich zulassen, mich wieder auf ihn einzulassen?«

GESPRÄCH MIT UNSEREN KINDERN

Am nächsten Tag erzählte ich unseren Kindern, dass wir uns wieder versöhnt hätten. Beide sahen mich erschrocken an, vor allem Alexander. Als sie den ersten Schock überwunden hatten, fragte er: »Wie lange willst du das Ganze noch mitmachen, hat er uns nicht lange genug gequält? Er wird uns doch sowieso wieder schlagen!« Diese Worte schrien nach Hilfe. Andrea stimmte ihrem Bruder zu und sagte unter Tränen: »Alexander hat recht, und du weißt ganz genau, dass er sich nicht ändern wird. Außerdem müsste er aufhören, Alkohol zu trinken, und das wird er nie machen, egal, was er dir verspricht.« Mir wurde bewusst, was ich ihnen mit diesem Versöhnungsversuch antat. Damit hatte ich sie verraten und Martin ausgeliefert. Trotz aller Widerstände wollte ich diesen Versuch wagen. Noch am selben Tag rief ich den Anwalt an und zog die Klage zurück. Martin ließ die Kontensperre aufheben, sodass ich wieder Zugriff auf alle unsere Konten hatte.

Als ich es Lydia erzählte, schüttelte sie ungläubig den Kopf und sagte: »Hoffentlich geht das gut.« Ich merkte, wie unsicher sie wurde. Die Angst in ihren Augen, die in Martins Anwesenheit zu sehen war, wollte nicht mehr von ihr weichen, sie wurde ängstlicher und unruhiger. Andrea und Alexander verhielten sich sehr zurückhaltend. Ihr Vater gab sich anfangs größte Mühe, seine Wutausbrüche unter Kontrolle zu halten. Trotzdem spürte ich, dass der Versuch, uns zu versöhnen, nicht ehrlich gemeint war. Einerseits weil die Unsicherheit unserer Kinder stärker wurde, andererseits weil meine Gefühle für Martin nur vorgetäuscht waren und es mir nicht gelang, sie wiederzuerwecken. Im Gegenteil, je länger dieser Zustand andauerte, desto deprimierter wurde ich.

Das Schuljahr unserer Kinder ging zu Ende und die großen Ferien begannen. Unsere Familiensituation spiegelte sich auch in ihren Zeugnisnoten wider. Erst jetzt erkannte ich, unter welchem Druck beide standen. Beide waren jedes Jahr überdurchschnittlich gut gewesen. Dieses Jahr jedoch hatten sich ihre Noten enorm verschlechtert. Sie waren noch nicht gefährdet, aber wenn sich nicht bald etwas ändern würde, konnte es passieren, dass beide Schulprobleme bekämen. Mit diesem Problem würde ich allein dastehen, denn von ihrem Vater würden sie keine Hilfe erhalten. Noch vor dem nächsten Schuljahr musste ich Überlegungen anstellen, wie wir dieses Problem lösen konnten.

Trotz unseres Versöhnungsversuchs war unsere Situation sehr bedrückend. Andrea und Alexander mieden ihren Vater weiterhin. Ich merkte sehr bald, dass sie noch stärker verunsichert waren als zuvor. Beide wussten nicht, wie sie sich verhalten sollten. Einerseits stand das Wort Versöhnung im Raum, andererseits hatte Martin ihnen zu weh getan, sowohl körperlich mit Schlägen als auch psychisch mit Beleidigungen und Demütigungen. Martin und ich hatten uns anfangs Mühe gegeben, gut miteinander auszukommen. Doch nach einigen Tagen schon eroberten seine alten Verhaltensweisen unseren Alltag. Er trank mehr Alkohol und wurde vor allem mir gegenüber ausfallend. Die mir allzu bekannten Worte »alte Kuh«, »du Null« und dass ich zu nichts fähig sei, schlichen sich wieder in seinen Wortschatz ein. Andrea und Alexander verbrachten mehr Zeit bei ihren Freunden als zu Hause.

Eine Ausnahme gab es: Martin ließ Lydia in Ruhe. Wenn sie dabei war, versuchte er, sich gut zu benehmen, und zeigte keine Wut. Trotzdem konnte man in ihren Augen erkennen, dass sie Angst vor ihm hatte. Durch seine Anwesenheit fühlten wir uns eingeengt und verunsichert. Als ich eines Tages das Geld in seinem Buch nachzählen wollte, war es verschwunden. Dafür sprach eine Möglichkeit: Er hatte wohl bemerkt, dass es durchsucht worden war, weshalb er es an einen anderen Ort gebracht hatte.

FERIENLAGER

Drei Wochen nach Ferienbeginn fuhren unsere Kinder für zwei Wochen in ein Ferienlager nach Österreich. Sie freuten sich schon sehr darauf, und ich war erleichtert, denn so konnten sie sich einige Tage entspannen. Am Morgen des Tages ihrer Abfahrt verabschiedeten sie sich von ihrem Vater und gaben ihm einen Kuss auf die Wange, während Martin sie mit einer gewissen Kälte und Gleichgültigkeit umarmte. Danach lösten sie sich ruckartig und schnell aus seiner Umarmung. Es hatte nichts mit gegenseitiger Liebe zu tun, sondern mit Verpflichtung und Abneigung. Bei diesem Anblick erkannte ich, dass der Versöhnungsversuch ein großer Fehler war und es mir nie gelingen würde, die Schläge und Demütigungen ihres Vaters ungeschehen zu machen. Während beide Kinder im Auto saßen und auf mich warteten, holte ich meine Handtasche aus dem Haus.

Mein Mann trank seinen Frühstückskaffee zu Ende, und als er mich sah, sagte er: »Sogar die Umarmung mit ihrem Vater fällt ihnen schwer, so weit hast du sie also gegen mich aufgebracht!« Ich antwortete: »Bevor du allen anderen die Schuld gibst, solltest du vielleicht über dich selbst nachdenken und dir gut überlegen, wie es dazu kommen konnte.« Martin war so auf sich und sein Mitleid fixiert, dass er weder Einsicht noch Schuldgefühle zeigte. Immer waren es die anderen, nie aber er. Hinter dieser Maske des Mitleids verbarg sich ein gefährlicher Mann, der nur auf seine Vorteile bedacht war. Dafür opferte er sogar seine eigene Familie.

Als wir an die verabredete Abholstelle kamen, wurden wir von vielen Kindern und Andreas und Alexanders Freunden begrüßt. Alle warteten aufgeregt auf den Reisebus. Während ich mich mit den Eltern unterhielt, diskutierten alle Kinder miteinander, wer neben wem im Bus sitzen sollte. Sie liefen aufgeregt umher. Manche von ihnen aßen bereits ihre Süßigkeiten. Es dauerte nicht lange, und wir konnten von Weitem den Bus sehen. Andrea und Alexander kamen zu mir, und wir umarmten uns zum Abschied. Ich empfand dabei ein eigenartiges Gefühl, und mir stiegen Tränen in die Augen. Alexander bemerkte es, umarmte mich noch einmal und sagte leise: »Mami, weine nicht, wir kommen doch bald wieder!« In diesem Moment versuchte ich, meine Tränen zu unterdrücken, und lachte.

Nachdem die Gepäckstücke untergebracht waren und alle Kinder ihre Plätze im Bus eingenommen hatten, fuhren sie los. Ich winkte ihnen. Anschließend fuhr ich in die Praxis. Ich übernahm wieder einige Aufgaben. Den Rest erledigte Martins neue Bürokraft. Auf dem Weg dorthin überkam mich ein bedrückendes Gefühl der Leere. Ich hatte es bis dahin nicht gekannt, aber es war auch das erste Mal, dass ich mich von unseren Kindern für zwei Wochen trennen musste. Trotzdem spürte ich, dass es nicht allein die Trennung war. Der andere Grund dafür war meine Angst davor, mit Martin die nächste Zeit allein verbringen zu müssen. Lydia wohnte zwar mit im Haus, aber ich hatte dennoch ein eigenartiges Gefühl. Um es abzuschütteln, redete ich mir ein, dass alles gut gehen würde und ich mir etwas vormachte.

MARTINS UNFÄLLE

In den letzten Wochen hatte mein Mann öfter Autounfälle. Immer wieder sah ich neue Kratzer und Beulen an seinem Auto. Er kam oft sehr spät angetrunken nach Hause. Auch das Garagentor und die Garagenwand waren in Mitleidenschaft gezogen worden. Das Garagentor hatte Dellen und Kratzer. Als ich ihn darauf ansprach, sagte er: »Ich verdiene genug Geld. Bestell einen Handwerker, der das Ganze wieder herrichtet!« Es ging immer nur ums Geld. Seiner Meinung nach besaß er genügend davon, um Schäden ohne Probleme beseitigen zu können.

Ungeachtet seiner Überheblichkeit war mir stets klar, dass der kopflose Dämon ihn beherrschte. Dieser würde nicht eher ruhen, als bis er das vollbracht hatte, was ihm meine Schwiegermutter, also seine Tochter Sabina, aufgetragen hatte. Mit Johannas Hilfe hatte ich weiterhin Ruhe vor ihm. Martin war oft sehr nervös und ängstlich. Ich war mir sicher, dass er dafür keine Erklärung hatte.

Johanna erzählte mir in einem Telefongespräch, dass sich durch den Dämon in Martin eine für ihn unerklärliche Angst und Nervosität ausbreiten würde. Dieser Zustand glich dem, den ich noch vor einiger Zeit empfunden hatte, bevor ich von Johanna aufgeklärt worden war. Der kopflose Dämon gehorchte meiner Schwiegermutter. Diese wiederum spürte, dass etwas nicht stimmte, konnte es jedoch nicht deuten, geschweige denn von ihrem Sohn Martin abwenden. Sie war imstande, den Menschen, die ihr nahestanden, weh zu tun oder sie schlimmstenfalls umzubringen. Sie war aber unfähig, den einmal ausgesprochenen Fluch ungeschehen zu machen. Hätte sie jedoch von Johanna und ihren Fähigkeiten gewusst, dann hätte sie gegen sie vorgehen können. In diesem Fall lautete die Frage, ob sie Johannas Stärke und Fähigkeiten gewachsen war. Für mich galt damals wie heute, dass das Böse lange sein Unwesen treiben kann, jedoch am Ende gegen die Stärke Gottes und menschliche Größe verliert.

Martins Unfälle und Ängste waren Antworten auf das böse Treiben seiner Mutter.

Als mittelloser Arzt nach Deutschland gekommen, brachte er es mit meiner Hilfe und anfangs auch mithilfe meiner Eltern zu einem wohlhabenden Arzt. Auf dem Weg dahin hatte er jegliches Gefühl und jegliche Liebe für seine eigene Familie verloren. Was für ihn zählte, waren seine Eltern und Geschwister. Letzten Endes war die Frage, ob der Preis für seinen Reichtum und seine Anerkennung nicht zu hoch gewesen war. Für mich und meine Kinder mit Sicherheit, aber wie stand es um Martin? Hatte er bei seinen Wünschen, alles erreichen zu wollen, nicht seine Menschlichkeit verloren? Obwohl er bemitleidenswert war, empfand ich kein Mitleid mit ihm. Dass es so weit gekommen ist, war einzig und allein sein Wille.

Er hatte uns von Anfang an gnadenlos seiner Mutter ausgeliefert. Es gab einige Momente, in denen ich dachte, hoffen zu dürfen, dass er zur Einsicht kommen und sich für seine eigene Familie entscheiden würde. Aber ich wurde jedes Mal bitter enttäuscht, und es dauerte Jahre, bis ich meine Hoffnungen auf ein besseres gemeinsames Leben endgültig aufgegeben hatte.

KAPITEL 13: ABWESENHEIT VON ANDREA UND ALEXANDER

Andrea und Alexander waren bereits seit einer Woche im Ferienlager. Am Tag ihrer Ankunft riefen sie an, um uns zu informieren, dass sie gut angekommen seien. Ich merkte, dass beide sehr aufgeregt waren. Sie erzählten von der Busreise und den ersten Eindrücken im Lager. Als ich es Martin am Abend erzählte, sagte er kurz: »Schön, dann sind wir ja ganz allein.« Im Stillen dachte ich, dass wir zum Glück nicht ganz allein im Haus waren, weil Lydia auch noch da war. Die Art, wie er es sagte, machte mich nervös – es klang fast wie eine Drohung.

GESPRÄCH MIT MEINER MUTTER

Seit der Abreise unserer Kinder waren elf Tage vergangen. Unser Eheleben nahm wieder alte Gewohnheiten an. Martin kam täglich sehr spät oder erst im Morgengrauen nach Hause. Wir merkten beide, dass wir uns nichts zu sagen hatten. Zu dieser Zeit schlich sich in mir eine unerklärliche Angst ein. Diese Art von Angst kannte ich aus früheren Jahren, noch bevor mich Johanna beraten hatte.

An diesem Tag rief ich abends meine Mutter an. Ich brauchte jemanden, mit dem ich reden konnte, und sie war doch meine Mutter. Es war gegen 22 Uhr, und mein Mann war noch nicht aus der Praxis zurück. Ich setzte mich in sein Sprechzimmer, es hatte ein Fenster zur Straße. So konnte ich sehen, wenn er mit seinem Wagen vors Haus fuhr. Ich wollte verhindern, dass er das Telefongespräch mithören konnte. Ich war froh, dass meine Eltern noch nicht zu Bett gegangen waren. Ich erzählte meiner Mutter über unser derzeitiges Eheleben. Sie war sehr überrascht, denn in unseren bisherigen Gesprächen hatte ich mit keinem Satz unser angespanntes Verhältnis erwähnt. Ihre erste Bemerkung war: »Aber ich dachte, dass jetzt alles in Ordnung sei.« Daraufhin sagte ich, dass es nie in Ordnung gewesen sei, Martin fast jede Nacht erst im Morgengrauen nach Hause komme und ich nicht wüsste, wie lange ich es noch bei ihm aushalten würde. Bevor ich weiterreden konnte, unterbrach sie mich und sagte aufmunternd: »Ach, Anna, mach dir nichts draus, Hauptsache ist doch, dass er euch finanziell gut versorgen kann. Sag nichts, und du wirst sehen, dass sich alles zum Guten wenden wird. Manchmal ist es besser zu schweigen; damit kannst du mehr erreichen als mit bösen Worten.« Im ersten Moment war ich über ihre Äußerung bestürzt. Ich ärgerte mich, dass ich sie überhaupt angerufen hatte. Von meiner Mutter war ich einiges gewohnt. Obwohl sie wusste, wozu Martin fähig war und wie er uns behandelte und miss-handelte, tat sie, als ob nach diesem vorübergehenden Regen bald wieder die Sonne scheinen würde. Daraufhin versuchte ich, ihr zu erklären, was sich in unserem Haus tagtäglich abspielte und wie wenig wir uns mittlerweile zu sagen hatten. Ohne mich ausreden zu lassen, unterbrach sie mich und sagte: »Ich will davon nichts mehr hören, lass mich damit in Ruhe. Du solltest versuchen, dich mit ihm zu vertragen, denn er arbeitet genug für euch.« Diese Worte wiederholte sie mehrmals, so, als ob ich es mir ein für alle Mal einprägen sollte.

Es war ihr also egal, was mit mir und ihren Enkeln geschah, wir sollten alles über uns ergehen lassen und unserem Peini-ger alles verzeihen und durchgehen lassen. Mich überkam ein heftiger Zorn. Meine eigene Mutter, bei der ich nach Hilfe und Zuwendung gesucht hatte, hatte mich mal wieder verstoßen. Ich fühlte mich verraten. Bald darauf beendete ich das Gespräch. Ich saß noch eine Weile im Sprechzimmer am Schreibtisch und konnte kaum fassen, was gerade passiert war. Mich überkam eine tiefe Traurigkeit; ich ließ meinen Tränen freien Lauf. Als ich mich wieder gefangen hatte, fiel mir Johanna ein, die mich die letzten Jahre nie im Stich gelassen hatte. Ich dankte Gott, dass ich sie hatte kennenlernen dürfen und durch deren Hilfe und Beistand immer noch am Leben war. Erst jetzt wurde mir bewusst, wie sehr sie sich meiner in den letzten Jahren angenommen hatte. Sie war die Einzige, die mich auch in Zukunft begleiten würde. Ich nahm mir vor, weder meine Mutter noch meinen Vater mit meinen Problemen zu belästigen. Sie wollten in Ruhe gelassen werden, und die sollten sie auch haben.

TEUFELSFRATZE

Am nächsten Morgen stand Martin vor mir auf. Nachdem er das Bad verlassen hatte, ging er in die Küche. Kurze Zeit später stand auch ich auf und ging hinunter, um mir mein Frühstück vorzubereiten. Kaum war ich auf der Treppe, hörte ich, dass er seine Jacke aus dem Flurschrank nahm. Ich ging weiter und blieb automatisch stehen, als ich ihn vor dem geöffneten Schrank stehen sah. Ich kann es mir bis heute nicht erklären, was mich davor zurückhielt, die Treppenstufen weiter hinunterzugehen. Plötzlich drehte er sich zu mir um, und was ich da sah, verfolgt mich bis zum heutigen Tag. Mein Herz klopfte wie wild, und ich musste mich am Geländer festhalten, um vor Schreck nicht umzufallen. Das Gesicht meines Mannes hatte sich in eine Teufelsfratze verwandelt. Es war feuerrot, und seine Augen waren groß und schwarz. Sie sahen mich voller Verachtung an. Auf seiner Stirn befanden sich zwei kleine Hörner. Bis dahin hatte ich geglaubt, dass diese nur symbolisch in Büchern dargestellt werden. Er schaute zu mir hoch und lächelte. Ich hatte Mühe, mich am Geländer festzuhalten. Ich spürte, wie mir Schweißperlen am Hals und am Rücken herunterliefen. Mein Gesicht war wie versteinert, und ich brachte kein einziges Wort hervor. Plötzlich wurde aus dem Lächeln der Fratze ein höhnisches Lachen. So, als ob mir dieses Wesen sagen wollte: »Nun weißt du, mit wem du es zu tun hast und wie ich aussehe!« Er verwandelte sich wieder in Martin.

Er zog seine Jacke an und sagte: »Bis später.« Danach verließ er das Haus. Ich weiß nicht, wie lange diese Erscheinung gedauert hatte, aber als er das Haus verlassen hatte, setzte ich mich auf die Treppenstufe und versuchte, mich allmählich von meinem Schrecken zu erholen. Mein Herz schlug immer noch wie wild, und ich spürte, wie mir übel wurde. Während ich dagegen ankämpfte, merkte ich, dass die Stelle des Geländergitters, an der ich mich festhielt, gelockert war. Jetzt erst bemerkte ich, welche Kraft ich beim Festhalten angewendet haben musste, um ein derart massives Gitter zu lockern.

Meine Übelkeit wurde immer stärker, und es dauerte nicht lange, bis ich mich in der Gästetoilette übergab. Danach setzte ich mich an den Esszimmertisch und war unfähig, einen klaren Gedanken zu fassen. Bald kam Lydia herein. Sie sah mich an und sagte: »Um Gottes willen, was ist denn mit dir passiert, geht es dir nicht gut? Du siehst aus, als ob du den Leibhaftigen gesehen hättest!« Sie hatte keine Vorstellung davon, wie recht sie hatte. Ich zog es jedoch vor, ihr nichts darüber zu sagen. Obwohl sie sehr gesprächig war, merkte sie schnell, dass ich in Ruhe gelassen werden wollte. Ich war froh, als sie bald den Raum verließ.

Wie lange ich noch so dasaß, weiß ich nicht. Eines wurde mir an diesem Morgen klar: Mein Mann war vom Bösen besessen und beherrscht. Er hatte die ganzen Jahre über die Wahl gehabt, sich von seiner Mutter zu trennen, um ein normales Leben zu führen; stattdessen entschied er sich für das Böse. In den letzten Monaten wiederholte er immer wieder, dass, wenn sein Vater sterben sollte, er seine Mutter für immer zu uns holen würde. Es war eigenartig, denn woher wusste er, dass sein Vater als Erster sterben würde? Dieses Vorhaben klang wie eine Drohung.

GESPRÄCH MIT JOHANNA

Als ich wieder klar denken konnte, rief ich meine Lebensretterin Johanna an. Ich war froh, ihre Stimme zu hören. Noch bevor sie etwas sagen konnte, fing ich an, zu weinen. Sie wartete geduldig, bis ich mich beruhigt hatte, danach bat sie mich, zu erzählen, was geschehen war. Ich berichtete ihr über meine Begegnung mit dem Leibhaftigen, sein Lachen und das gelockerte Geländergitter. Sie hörte zu, und ich merkte, wie ich ruhiger wurde und meine Gedanken klarer wurden. Als ich ihr alles erzählt hatte, sagte sie, dass die Zeit gekommen sei, vor der sie mich in den letzten Jahren immer wieder gewarnt hatte, nämlich, dass mein Mann vorhatte, mich umzubringen. Sie meinte, dass ich besonders in den nächsten Tagen sehr vorsichtig sein sollte, vor allem, weil unsere Kinder außer Haus waren.

Wir unterhielten uns noch eine Weile, und ich merkte, dass sie bereits über alles Bescheid wusste, noch bevor ich ihr über das Gewesene berichten konnte. Es war ihre besondere Gabe, nicht nur die Zukunft vorhersagen zu können, sondern auch die Fähigkeit, eine Verbindung zu der Welt des Dämons herzustellen.

Aber noch wichtiger war es, dass sie die Macht hatte, gegen das Böse anzukämpfen und damit vielen Menschen zu helfen.

Zum Schluss gemahnte sie mich zur Vorsicht. Sollten nämlich die Vorhaben gelingen, würde er aufgrund seines Unfalls als unzurechnungsfähig und anschließend durch die Machenschaften dieser Familie für unschuldig erklärt werden.

DER NACHMITTAG

Am Nachmittag kam mein Mann zum Mittagessen nach Hause. Es war ungewöhnlich, denn in letzter Zeit hatte er es vermieden, mit mir das Mittagessen einzunehmen. Am Tisch sprachen wir über die Praxis und unsere Kinder. Während des Gesprächs versuchte ich, Ruhe zu bewahren und meine Nervosität vor ihm zu verbergen. Weil er jedoch einen sehr scharfen Blick hatte, war ich sicher, dass er es bemerkte. Als mir die Themen ausgingen, sprach ich ihn auf sein brutales Verhalten gegenüber den Kindern an. Er meinte beiläufig, dass er oft von seinem Vater Schläge bekommen habe und ihm diese keineswegs geschadet hätten. Heute bin ich mir sicher, dass er sich seines Benehmens bewusst war und er die Situation zwischen ihm und seinem Vater als Vorwand nutzte, um die Kinder zu misshandeln. Ich war froh, als er wieder in die Praxis fuhr.

DIE ALLES ENTSCHEIDENDE SITUATION

An diesem Abend kam Martin gegen 21 Uhr nach Hause. Kurz davor hatte ich meinen Schlafanzug angezogen und mich ins Büro im Dachgeschoss begeben, um die Buchführung vorzubereiten. Lydia war bereits schlafen gegangen. Ihr Wohnbereich befand sich im Kellergeschoss. Es war ungewöhnlich, dass Martin um diese Zeit nach Hause kam. Es war 0:30 Uhr geworden, und ich dachte, er sei zu Bett gegangen.

Während ich am Schreibtisch saß, wurde plötzlich die Zimmertür aufgerissen, und Martin stand im Türrahmen. Erschrocken sah ich zu ihm. In diesem Moment erschien er mir größer und breiter als jemals zuvor. Ich merkte, dass er nicht alkoholisiert war. Trotzdem spürte ich eine unglaubliche Gefahr, die von ihm ausging. Ich sprang von meinem Stuhl und stotterte: »Du bist schon zu Hause?« Er lachte und sagte: »Du hast mich wohl nicht erwartet.« Er kam auf mich zu. Ich fühlte, dass ich in großer Gefahr war. Ich lief zur Tür hinaus, er war jedoch schneller und versperrte mir den Weg zur Treppe. Als ich vor ihm stand, zitternd und voller Angst, zischte er: »Heute werde ich dich umbringen.« Ich wusste, dass er es ernst meinte. Als ich ihn ansah, blickte ich in zwei riesengroße, schwarze Pupillen. Mir wurde bewusst, dass er zwar nicht betrunken war, aber unter Drogen stand.

Ich hatte schon immer befürchtet, dass er Drogen nahm – jetzt hatte ich den Beweis dafür. Sein Gesicht war kalt, blass und fast unmenschlich. Mein einziger Gedanke in diesem Moment galt meinen Kindern. Was würde aus ihnen werden, wenn ich nicht mehr da wäre? Allein aus diesem Grund durfte ich nicht sterben. In dem Moment, in dem er mich mit seinen Händen packen und mich durch das große Treppenfenster nach draußen werfen wollte, sprang ich zur Seite und prallte gegen das Treppengeländer. Ich spürte weder Schmerzen noch hörte ich das laute Pochen meines Herzens. Mein einziger Gedanke galt dem Überleben. Weil ich sehr schlank und gelenkig war, erholte ich mich sehr schnell von dem Aufprall und lief zurück ins Büro. Es gelang mir, die Tür mit dem Schlüssel zu verschließen. Kurz darauf hörte ich, wie Martin sich am Griff zu schaffen machte, um die Tür aufzubrechen.

Die Uhr an der Wand zeigte 1:30 Uhr. Der erste Gedanke, der mir durch den Kopf schoss, war Johanna. Ich griff zum Telefon und erreichte sie sofort. Nachdem ich ihr kurz aufgeregt geschildert hatte, was passiert war, sagte sie: »In dieser Nacht sollst du umgebracht werden. Lauf schnell auf den Balkon und schrei um Hilfe. Schrei laut und deutlich, dass dein Mann dich umbringen will!« Ohne zu überlegen, lief ich auf den Balkon und schrie laut um Hilfe. In zwei gegenüberliegenden Nachbarhäusern gingen die Lichter an. Für mich war es ein kleiner Hoffnungsschimmer, dass die Nachbarn ihre Häuser verlassen und sich auf die Straße begeben würden. Tatsächlich hatte Martin es geschafft, die Tür aufzubrechen. Als er mich auf dem Balkon stehen sah und die beleuchteten Nachbarhäuser bemerkte, sagte er laut und deutlich: »Du blöde Kuh, hör auf zu schreien.« Er verschwand aus dem Zimmer.

Krampfhaft überlegte ich, was ich als Nächstes tun sollte. Ich war sicher, dass er irgendwo im Haus auf mich lauern würde. Er war nirgendwo zu sehen, und so konnte ich mich ins erste Obergeschoss begeben. Ich wählte Alexanders Zimmer, setzte mich auf sein Bett und wartete ab, was passieren würde. Es war ein guter Platz, denn von dort aus waren es nur zwei Schritte bis zum Balkon. Es dauerte nicht lange, und Martin stand im Türrahmen und sagte wütend: »Du bist verrückt, du gehörst ins Irrenhaus, und da bringe ich dich hin!« Er knallte die Tür zu. In dieser Nacht legte er sich nicht mehr mit mir an. Bis zum nächsten Morgen saß ich sprungbereit und hellwach auf Alexanders Bett.

Ich überlebte, denn ich hatte meine beste Freundin an meiner Seite. Später fragte ich mich, was in diesem Moment aus mir geworden wäre, wenn ich Johanna nie kennengelernt hätte.

In solchen Situationen gelingt es kaum jemandem, einen kühlen Kopf zu bewahren und logisch zu denken. Mit Sicherheit wäre es mir anders ergangen, wenn ich nicht das Gefühl gehabt hätte, dass Johanna die ganze Zeit über mich gewacht und mich beschützt hätte. Ihr verdanke ich mein Leben.

DER MORGEN DANACH

Als Martin das Haus verließ, begab ich mich in die Küche. Während ich den Kaffee zubereitete, kam Lydia herein. Sie schien sehr aufgeregt zu sein. Noch bevor ich etwas sagen konnte, schimpfte sie: »Was soll das, warum wurde ich im Keller eingesperrt?« Mit einem zusätzlichen Schlüssel, den ich ihr zu Beginn ihrer Tätigkeit ausgehändigt hatte, hatte sie sich befreien können. Mir war sofort klar, dass diese Tat meinem Mann zuzuschreiben war. Er hatte vorher alles gut durchdacht. Wer weiß, vielleicht hätte er auch unsere Haushälterin aus dem Weg geräumt. Es wäre ein geplanter Mord gewesen. Mein Gehirn arbeitete auf Hochtouren. Im Haus konnten wir die nächsten drei Tage bis zur Rückkehr von Alexander und Andrea nicht bleiben. Wer wusste, was noch alles passieren würde. So entschied ich mich, Lydia nach Hause fahren zu lassen, während ich mich in einem Hotel in Regensburg einquartierte. Sie fragte nicht weiter nach, aber ich spürte, dass sie die richtige Vermutung hatte.

Die nächsten drei Tage vergingen sehr langsam. Immer wieder musste ich an das denken, was geschehen war. Und wenn ich an die letzten Jahre unserer Ehe dachte, stiegen mir Tränen in die Augen. Ich dachte oft daran, wie meine Zukunft mit Andrea und Alexander aussehen würde. Manchmal überkamen mich Ängste, wie ich die nächste Zeit überstehen sollte. Unabhängig davon, welches Geheimnis diese Familie umgab, hätte er wenigstens an seine beiden Kinder denken können. Aber wir waren ihm gleichgültig, und für das, was in dieser Nacht geschehen war, trug er die alleinige Verantwortung. Er war kalt, unberechenbar und gefährlich. Auch heute noch denke ich so über ihn. Jeder, der sich ihm in den Weg stellte, würde über kurz oder lang ausgeschaltet werden.

Keiner wäre dahintergekommen, was in dieser Nacht geschehen war, wenn er mich umgebracht hätte. Es hätte eine kurze Grabrede, einige falsche Tränen und Mitleid für den armen Ehemann gegeben, der nun die beiden Kinder am Hals hatte. Die wahren Leidtragenden wären Andrea und Alexander gewesen. Bei diesem Vater hätten sie keine Chance auf eine normale Entfaltung gehabt. Nun hieß es, einen kühlen Kopf zu bewahren und an die Zukunft mit meinen Kindern zu denken.

In diesen drei Tagen konnte ich in Ruhe schlafen, was in den letzten Jahren nicht möglich gewesen war. Johanna war die Einzige, die wusste, was sich zugetragen hatte und in welchem Hotel ich die Tage verbrachte. Weil meine Mutter mir in den letzten Jahren immer wieder zu verstehen gegeben hatte, dass ich sie mit meinen Problemen in Ruhe lassen sollte, belästigte ich sie auch dieses Mal nicht.

DIE RÜCKKEHR UNSERER KINDER

Ich freute mich sehr, meine Kinder wieder in die Arme schließen zu können. Ich zögerte keine Sekunde, ihnen davon zu berichten, was sich vor drei Tagen nachts in unserem Haus ereignet hatte. Nachdem die Koffer im Auto verstaut waren und beide auf dem Rücksitz Platz genommen hatten, schlug ich vor,

Eis essen zu gehen. Beide waren einverstanden und freuten sich, wieder daheim zu sein. Der Gedanke daran, mit ihnen reden zu müssen, tat weh. Wir bestellten uns ein großes Eis. Dabei berichteten beide aufgeregt, was sie im Ferienlager erlebt hatten. Sie erzählten mir über die Nachtwanderungen im Wald, das Lagerfeuer und die Überlebensstrategien. Dann sagte ich, dass ich mit ihnen über einen Vorfall reden wolle. Es tat mir im Herzen leid, aber ich durfte keine Zeit verlieren, und sie mussten die Wahrheit erfahren.

Als Erster fragte Alexander: »Mama, du bist so komisch, was ist passiert?« Ich erzählte ihnen, was in der Nacht vor drei Tagen geschehen war, dass ihr Vater mich umbringen wollte, Lydia eingesperrt und ich die letzten drei Nächte im Hotel verbracht hatte. Während sich Alexanders Gesicht vor Wut rot färbte, bemerkte ich Tränen in Andreas Augen. Beide hörten aufmerksam zu, ohne mich zu unterbrechen. Als ich meine Schilderungen beendet hatte, wurde es plötzlich still. Wir waren so mit uns beschäftigt, dass wir die anderen Menschen nicht bemerkten. Es dauerte eine Weile, bis Alexander das Wort ergriff und sagte: »Und nun, wie lange willst du dir das noch gefallen lassen? Sag ihm, dass er ausziehen soll!« Daraufhin sagte ich, dass die nächste Zeit für uns nicht einfach werden würde und wir alle drei zusammenhalten müssten. Nun äußerte sich Andrea: »Mama, er wollte dich umbringen, und wenn du nichts dagegen tust, wird er es wieder versuchen!« – »Ich weiß«, sagte ich und dass ich in den nächsten Tagen alles in Angriff nehmen würde, was notwendig sei. Alexander sagte: »Nicht in den nächsten Tagen, sondern sofort, noch heute. Wir sind doch alle in Gefahr. Versprich uns, dass du ihn noch heute rauswerfen wirst!« Ich gab ihm dieses Versprechen, ohne zu wissen, wie ich Martins Rauswurf erreichen konnte. Ich erkannte, wie erwachsen und klug unsere Kinder waren. Es kam mir vor, als ob ich mich mit zwei erwachsenen und lebenserfahrenen Menschen unterhielte. Es tat weh, zu wissen, dass ihnen durch unsere angespannten Familienverhältnisse die Kindheit geraubt worden war.

Wir fuhren mit gemischten Gefühlen nach Hause. Unterwegs musste ich Alexander noch einmal versprechen, mit Martin zu reden und ihn zum Ausziehen zu bewegen.

KAPITEL 14:
ANDREA UND ALEXANDER WIEDER DAHEIM

Als wir das Haus betraten, war die Stimmung immer noch gedämpft. Man spürte, wie sehr die Situation Andrea und Alexander beschäftigte. Es war gegen 11 Uhr vormittags. Ich entschloss mich, Lydia sofort wieder zu uns zu holen. Sie freute sich über meinen Anruf und versprach, noch in derselben Woche zu kommen. Nachdem ich unseren Kindern geholfen hatte, ihre Koffer auszupacken, setzten wir uns an den Esszimmertisch. Durch die Schilderung ihrer Erlebnisse im Ferienlager hatten wir alle für eine kurze Zeit unsere missliche Lage vergessen. Irgendwann stand ich auf und bereitete das Mittagessen zu. Es war kurz vor 13 Uhr, als Martin das Haus betrat. Ich hatte nicht mit ihm gerechnet. Als wir ihn hörten, wurde es ganz still, und man konnte die Angst, die von uns ausging, förmlich spüren. Er betrat den Raum, begrüßte Andrea und Alexander mit einem Kuss. Danach sah er zu mir herüber und sagte: »Bist du auch wieder da?« Es war, als ob mir jemand einen Schlag ins Gesicht versetzt hätte. In der Art, wie er es sagte, versuchte er, die Schuld auf mich zu lenken. Aber dieses Mal gelang es ihm nicht. Es war unglaublich, aber er tat, als ob nichts geschehen sei. Er gab sich große Mühe, uns zu zeigen, dass er das Opfer sei. Unsere Kinder sprachen nur sehr wenig, antworteten aber auf seine Fragen. Am Ende fragte er mich, wo ich die letzten drei Tage gewesen sei, worauf ich antwortete, dass ich mich in einem Hotel wohler fühlte als zu Hause. Er lachte, drehte sich zu unseren Kindern um und sagte: »Eure Mutter spinnt, sie ist psychisch krank!« An diesem Abend sah ich ihn nicht mehr. Er kam, wie so oft, erst im Morgengrauen nach Hause.

Am nächsten Tag musste ich Alexander versprechen, mit Martin über unsere Situation zu reden und ihn zum Auszug zu bewegen.

GESPRÄCH MIT MARTIN

Auch am nächsten Tag kam Martin zum Mittagessen nach Hause. Alexander und Andrea gingen auf ihre Zimmer, unter dem Vorwand, dass sie ihre Schulranzen für den bevorstehenden Schulbeginn herrichten müssten. Als beide den Raum verließen, beschuldigte Martin mich, unsere Kinder gegen ihn aufzuhetzen, sodass sie ihn nicht mehr akzeptieren würden. Daraufhin sagte ich, dass er sich ohnehin gegen uns entschieden hätte und ich wüsste, dass er bereits seit zwei Jahren eine ständige Geliebte habe. Er schaute mich mit großen Augen an und lachte, während er sagte: »Wo hast du denn diesen Unsinn her? Du versuchst doch nur, mich vor unseren Kindern schlechtzumachen. Das wird dir aber nicht gelingen, denn vorher bringe ich dich ins Irrenhaus. Du weißt, dass du da hingehörst.« In diesem Moment verspürte ich weder Angst noch Trauer. Das Einzige, woran ich dachte, war die Situation, als er mich umbringen wollte. Er warf mir erneut vor, die letzten drei Nächte nicht im Haus verbracht zu haben. Es interessierte ihn sehr, in welchem Hotel ich mich einquartiert hatte. Anscheinend befürchtete er, ich hätte bei einer Bekannten übernachtet und ihr von seinem Versuch, mich umzubringen, erzählt. Ich lächelte. Bevor er noch etwas sagen konnte, schaute ich ihm in die Augen und sagte, dass unser gemeinsames Eheleben keinen Sinn mehr für mich habe und er nach dem, was in der Nacht vor vier Tagen passiert sei, ausziehen solle.

Daraufhin meinte er, dass ich diejenige sein werde, die das Haus verlassen müsse, aber ohne etwas mitnehmen zu dürfen und ohne unsere Kinder. Er sagte: »Weil du ohnehin nicht imstande bist, unsere Kinder zu erziehen, werde ich dafür sorgen, dass das Sorgerecht mir zugesprochen wird!« Ich hatte mich vor einigen Tagen erkundigt und wusste, dass unsere Kinder bereits in dem Alter waren, in dem sie zwischen Mutter und Vater wählen können. Ich war sicher, dass er es nicht sein würde. Mit einem bösen Blick und sichtlich verärgert verließ er das Haus.

Noch am selben Tag rief ich die Anwältin an und machte für den nächsten Tag einen Termin aus. Lydia kam am Abend bei uns an. Wir waren sehr froh, sie wieder bei uns zu haben.

NÄCHTE VOLLER ANGST

Bereits in dieser Nacht äußerten unsere Kinder den Wunsch, mit mir in einem Zimmer übernachten zu dürfen. Beide hatten die Befürchtung, Martin könnte mir in der Nacht etwas antun. Da er seit einiger Zeit nicht mehr im Ehebett übernachtet hatte, sondern das Gästezimmer im Obergeschoss vorzog, gab es keine Probleme, Alexander und Andrea im Schlafzimmer übernachten zu lassen. An diesem Abend stellten wir ein zusätzliches Bett für Alexander auf, während Andrea mit mir im Ehebett schlief. Weil ich annahm, Martin würde uns in Ruhe lassen, sperrten wir die Schlafzimmertür nicht zu. Wir sprachen nicht viel miteinander.

Irgendwann schliefen wir ein. Plötzlich wurde die Tür aufgerissen, und Martin stand vor uns. Er roch nach Alkohol und Zigaretten. Ich bemerkte, dass auch unsere Kinder wach wurden, sich jedoch nicht getrauten, sich zu bewegen, geschweige denn, etwas zu sagen. In seinen Augen sah ich eine ungeheure Wut.

Nach einer Weile zog er aus dem Schrank ein Hemd. Dabei beschimpfte er uns und stieß eine Menge Flüche aus. Ein derartiges Vokabular an polnischen Beschimpfungen und Flüchen hatte ich bis dahin noch nicht gehört! Ich betete, dass er nicht handgreiflich werden würde. Wir gaben vor, zu schlafen. Ich hörte mein Herz klopfen und hatte Angst davor, dass er uns in seiner Wut etwas antun könnte.

Es dauerte eine ganze Weile, bis er mit folgenden Worten das Schlafzimmer verließ: »Ihr werdet alle ohne mich krepieren. Ich werde es euch noch heimzahlen!« Nachdem wir sicher waren, dass er draußen war, schauten wir uns alle drei an. Unsere Nervosität und Angst konnte man regelrecht spüren. Andrea schaute mich mit Tränen in den Augen an und sagte: »Mami, ich habe eine solche Angst vor ihm!« Daraufhin sagte Alexander zornig: »Wir müssen uns endlich gegen ihn wehren.« Der Gesichtsausdruck und die Art, wie er es sagte, machten mir Angst. Alexander glich in diesem Moment einem geprügelten Knaben, der, nachdem er endlich aufgewacht war, beschlossen hatte, sich zur Wehr zu setzen. Sofort sperrte ich die Schlafzimmertür zu. Es dauerte eine Weile, bis wir uns alle beruhigt hatten. Während die Kinder eingeschlafen waren, hatte ich das Gefühl, in dieser Nacht vor weiteren Vorkommnissen wachsam sein zu müssen, und so lag ich bis zum Morgengrauen wach im Bett.

Am nächsten Tag schilderte ich der Anwältin, was sich bei uns in der Nacht abgespielt hatte. Noch in derselben Woche wollte sie meine Klage bei Gericht einreichen.

Am Frühstückstisch, Martin war bereits in der Praxis, erzählten unsere Kinder Lydia, was in der Nacht vorgefallen war. Sie hörte ihren Schilderungen aufmerksam zu. Danach sagte sie, dass wir alle in diesem Haus gefährlich leben würden. Sie gab zu, seit dem Vorfall in der Nacht, in der Martin sie im Keller eingesperrt hatte und mich umbringen wollte, ihre Tür immer abzusperren. Der Tag verlief ruhiger als sonst; wir sprachen kaum miteinander. Es breitete sich eine tiefe Traurigkeit aus. Zum Mittagessen kam Martin nach Hause. Als Andrea und Alexander sein Auto kommen sahen, waren sie plötzlich verschwunden. Während des Essens fragte er nach ihnen, gleichzeitig beschuldigte er mich, die Kinder gegen ihn aufzuhetzen. Weil unsere Situation angespannt war und ich eine Eskalation vermeiden wollte, behielt ich meine Meinung für mich.

Ich suchte nach unseren Kindern, aber sie waren unauffindbar. Als er zurück in die Praxis fuhr, stieg Andrea aus meinem Auto. Sie hatte sich auf dem Rücksitz meines Wagens versteckt, während Alexander ins Dorf gelaufen war. Auch die nächsten Tage vermieden sie es, ihren Vater zu treffen. Jedes Mal, wenn er das Haus betrat, flüchteten sie.

Seit dem Vorfall in der Nacht betrat ich die Arztpraxis nicht mehr und kümmerte mich nur noch um mein eigenes Geschäft. Es war offensichtlich, dass wir uns nicht nur auf der ehelichen Ebene getrennt hatten, sondern auch, was das Geschäftliche anging.

An diesem Tag fuhr ich einkaufen. Als ich mit vollem Einkaufswagen an der Kasse stand und mit meiner EC-Karte bezahlen wollte, hieß es plötzlich, dass ich mich in der Bank melden sollte. Beschämt ließ ich den Einkaufswagen zurück und fuhr sofort hin, um die Angelegenheit zu klären. Der zuständige Bankbeamte erklärte mir, dass mein Ehemann alle Konten hatte sperren lassen. Seit diesem Zeitpunkt hatte ich keinen Zugriff mehr darauf. Meine einzige Finanzquelle war das monatliche Kindergeld, das auf einem anderen Konto in einer anderen Bank einging. Hätte er dies nicht übersehen, so wäre auch dieses Bankkonto mit Sicherheit gesperrt worden.

Nach diesem Vorfall sah ich keine Notwendigkeit mehr, ihn

mit Essen zu versorgen. Als Martin am nächsten Tag zum Mittagessen erschien, sagte ich, dass ich aufgrund der gesperrten Konten keine Möglichkeit hätte, Nahrungsmittel einzukaufen und er diesbezüglich ab sofort auf sich allein gestellt sei. Wortlos verließ er das Haus. Bis zum nächsten Morgen sahen wir ihn nicht wieder.

ALEXANDERS GEGENWEHR

Unsere Situation war derart angespannt, dass wir kaum miteinander reden konnten. Es war so offensichtlich wie noch nie, dass wir in diesen Tagen eine unbeschreibliche Angst durchmachten. Als wir uns an einem Abend zu Bett legten, sah ich, wie Alexander seinen Kopf hin- und herbewegte, um eine geeignete Stellung zu finden. Irgendetwas störte ihn. Ich bat ihn, seinen Kopf zu heben; er tat es nur widerwillig. Danach hob ich sein Kopfkissen hoch, und was ich da sah, brachte mein Herz fast zum Stillstand. Unter das Kopfkissen hatte er ein großes Fleischermesser gelegt. Als Alexander meine Sprachlosigkeit sah, sagte er, dass er sich gegen seinen brutalen Vater zur Wehr setzen müsse. Dann sagte er: »Wenn er uns noch einmal weh tut, schlachte ich ihn ab!«

Nur mühsam gelang es mir, wieder halbwegs klare Gedanken zu fassen. Ich sah ihn traurig an und versuchte, ihm zu erklären, dass sein Vorhaben unsere Situation nicht lösen und mich seine Idee sehr traurig machen würde. Er schaute mich mit seinen großen blauen Augen an und sagte: »Mami, hab keine Angst, ich werde uns beschützen.« Nachdem ich ihm erklärt hatte, dass man unsere Probleme nicht auf diese Art und Weise lösen könne, dauerte es eine Weile, bis er es begriffen hatte und mir das Messer freiwillig aushändigte. In diesem Moment wurde mir klar, dass sowohl Andrea als auch Alexander trotz ihres fast erwachsenen Benehmens immer noch Kinder waren und ich zukünftig die Pflicht hatte, beide vor unseren ehelichen Problemen zu beschützen. Ich erkannte, dass sie mit den Ereignissen der letzten Tage überfordert waren. Das sollte sich aber bald ändern.

Diese Situation verfolgt mich bis zum heutigen Tage, und immer wieder stelle ich mir die Frage, wie sehr Alexander gelitten haben muss, um es so weit kommen zu lassen, dass er sich gegen seinen Vater mit einem Messer zur Wehr setzen wollte.

DIE LETZTEN TAGE

Intensiver als je zuvor kümmerte ich mich um mein Geschäft. Damals war es noch wichtig für mich, alles zu erhalten, um später ohne Probleme weiterarbeiten zu können und unsere Existenz zu sichern. Vom Erfolg verwöhnt, dachte ich nicht daran, dass sich die Situation jemals ändern würde. Wir schliefen nach wie vor in einem Zimmer und passten gegenseitig auf uns auf. Zehn Tage vor Schulbeginn kam Martin früher als sonst nach Hause. Wir saßen alle an einem Tisch im Esszimmer, als er den Raum betrat. In letzter Zeit hatte er sehr viel und lange mit seinen Eltern und Geschwistern telefoniert. Dabei war er immer sehr bemüht, vor uns den Inhalt der Telefonate zu verheimlichen. Nun stand er da, das Gesicht gerötet, und teilte uns mit, dass er in den nächsten Tagen ausziehen werde. In diesem Moment fühlte ich eine große Erleichterung. Insgeheim hoffte ich, dass sich das angekündigte Vorhaben bewahrheiten würde. In den Gesichtern von Andrea und Alexander spiegelte sich ebenfalls Erleichterung wider. Es dauerte nicht lange, und Martin verließ den Raum. Am nächsten

Tag erfuhr ich von meiner Anwältin, dass sein Anwalt Martins Vorhaben schriftlich festgelegt hatte. Es waren nur noch einige Tage, und wir sollten endlich frei werden. Damals wusste ich noch nicht, wie viel Kraft, Geduld und Ärger mich diese Freiheit kosten sollte.

LANGE GESPRÄCHE MIT ANDREA UND ALEXANDER

In dieser Zeit gab es auch sehr traurige Momente, in denen ich unsere Kinder tröstete. An einem Abend saßen wir alle drei in Andreas Zimmer auf ihrem Bett. Sie baten mich, ihnen zu erzählen, wie ihre Großeltern, meine Eltern, miteinander gelebt haben. Ich erzählte ihnen von meiner glücklichen Kindheit und Jugend und wie liebevoll und ohne Schläge wir erzogen wurden. Ich antwortete auf alle ihre Fragen. Bis Andrea plötzlich anfing, bitterlich und herzzerreißend zu weinen. Sie sagte: »Warum haben wir nicht so einen Vater, wie es Opa ist?« Ihre Augen waren von einem derartigen Schmerz erfüllt, dass auch Alexander und ich zu weinen anfingen. Danach nahmen wir uns in die Arme und trösteten uns. Ich versprach ihnen, sie niemals zu verlassen und ihnen in jeder Situation beizustehen.

MARTIN VERLÄSST UNS

Es war zwei Tage vor Schulbeginn, als Martin an einem Samstag seine Koffer packte. Mir kam es wie eine Ewigkeit vor, als er sie am späten Nachmittag im Flur abstellte. Unsere Kinder waren auf ihren Zimmern. Ich saß im Wohnzimmer und wartete geduldig, bis er endlich das Haus verließ. Ich betete und hoffte, dass es zu keinen unangenehmen Zwischenfällen kommen würde. Es war gegen Abend, als ich ihn oben hörte, wie er sich von beiden Kindern mit den Worten verabschiedete: »Euer Papa geht jetzt, weil er gehen muss. Aber ihr könnt immer zu mir kommen.« Ich saß immer noch regungslos im Wohnzimmer auf der Couch, als er anschließend hereinkam. Er blieb kurze Zeit an der Tür stehen. Sein Gesicht war rot und zornig, und seine Augen glänzten wie zwei schwarze Kohlen. Mein Herz pochte so laut, dass ich es hören konnte. Es waren nur noch einige Sekunden, bis er endlich gegangen sein würde. Er stand da, schaute mich mit einem hasserfüllten Blick an und sagte: »Ich gehe jetzt. Aber eines sage ich dir: Ohne mich werdet ihr nicht überleben, und du wirst am Fließband enden. Eines solltest du dir noch merken: Vergiss, dass du jemals studiert hast, denn du bist eine Null und unfähig, zu leben!« Es kam mir vor, als ob er nur darauf gewartet hätte, dass ich etwas sagen würde, um einen Streit heraufzubeschwören. Stattdessen dachte ich im Stillen, dass er am Fließband enden würde, denn mit seiner Lebensgewohnheit würde er nicht weit kommen. So saß ich still da, in der Hoffnung, ihn bald nicht mehr sehen zu müssen. Er sah mich noch eine Weile lächelnd an, dann drehte er sich um, nahm seine Koffer und verließ das Haus. In letzter Sekunde zeigte er durch sein Lächeln, dass er uns mit Freuden verließ. Wie sehr ich damit recht hatte, sollte ich bald erfahren. Als er hinter sich die Tür geschlossen hatte, kamen Andrea und Alexander ins Wohnzimmer. Gemeinsam beobachteten wir aus dem Fenster, wie sein Auto um die Kurve bog und dann verschwand. Wir atmeten alle erleichtert auf. Plötzlich sagte Alexander: »Endlich ist er weg, jetzt kann er uns nicht mehr schlagen!« Daraufhin jubelten wir alle, machten Musik an, tanzten und sangen.

Er war ausgezogen, und auch ich war erleichtert. Aber nun stellte sich für mich die Frage: Wie soll es weitergehen, was kommt auf uns in der nächsten Zeit zu?

KAPITEL 15: MARTIN HAT UNS VERLASSEN

Am nächsten Tag ging es uns nicht so gut, vor allem mir, denn ich stellte mir die Frage, wie es mit meinen Kindern und mir weitergehen würde.

Andrea und Alexander waren den ganzen Morgen tief in Gedanken versunken. Emotional ging es mir nicht gut, ich war traurig über das, was sich all die Jahre bei uns zugetragen hatte. Die einzige Lösung, um die Situation zu beenden, war, sich von Martin zu trennen.

Von einer Bekannten erfuhr ich, dass Martin in der Umgebung keine Wohnung für sich finden konnte oder es nicht einmal versucht hatte. Daraufhin war ich entschlossen, ihm dabei zu helfen, denn ich hatte Bedenken, er würde wieder zu uns zurückkehren. Ich beschloss, einen Bekannten, der ein Hotel nicht weit von Martins Arztpraxis betrieb, zu fragen, ob er für Martin eine Wohnung zur Verfügung stellen könne. Als ich hereinkam, bereitete er gerade sein Mittagessen vor und lud mich ein, ihm Gesellschaft zu leisten. Ich nahm seinen Vorschlag gern an. Ich erzählte ihm von meiner momentanen Situation, dass Martin mich und die Kinder verlassen und bereits seit längerer Zeit eine andere Frau habe. Arnold hörte mir aufmerksam zu, dann sagte er: »Na ja, wenn es so ist, dann werde ich natürlich eine Wohnung zur Verfügung stellen, meine eigene. Diese ist die größte im Haus, und ich denke, dass er sich da wohlfühlen wird. Aber ich mache es für dich, nicht für ihn.« Ich war sehr froh darüber, denn ich wollte keinesfalls, dass Martin zu mir und den Kindern zurückkehrt. Danach fuhr ich zum Einkaufen. Ich fühlte mich nicht wohl, denn ich bildete mir ein, dass alle Menschen von meiner Situation wussten und mich anschauten. Zu Hause warteten Andrea und Alexander auf mich. Ich spürte ihre Traurigkeit, denn der neue Lebensabschnitt hatte für die beiden genauso begonnen wie für mich.

Nach der gestrigen Freude und dem abendlichen Tanzen, nachdem Martin uns verlassen hatte, kam sehr schnell die Ernüchterung. Nach dem Essen setzten wir uns an den Tisch, so wie schon die letzten Wochen, und unterhielten uns über unsere Zukunft. Beide waren aufgeregt und wollten von mir wissen, wie es weitergehen würde. Ich beruhigte sie mit den Worten, dass sie erst einmal den Schulbeginn abwarten sollten. Lydia versuchte, uns, so oft es ging, mit folgenden Worten aufzumuntern: »Es wird schon alles gut werden, es gibt viele Ehen, die auseinandergehen, und irgendwie geht es immer weiter!«

Am nächsten Tag begann für Andrea und Alexander das neue Schuljahr. Am Morgen verließen beide unser Haus. Damit hatte ich genügend Zeit, um mich mit meiner Anwältin zu treffen. Ich unterrichtete sie über Martins Auszug aus unserem gemeinsamen Haus und über die Freude der Kinder darüber, was zu bedeuten hatte, dass sie die letzten Wochen sehr unter Druck gestanden hatten. Sie hörte mir zu, dann sagte sie: »Ich werde eine Klage wegen ihres und Alexanders und Andreas Unterhalt einreichen!«

Ich war noch immer die Geschäftsführerin der Praxis im Keller des Hauses von Frau Wagner. Dort war ich weiterhin beschäftigt. Martins Angestellte, die in der Kellerpraxis arbeiteten, beendeten auf Martins Forderung ihre Tätigkeit. Demzufolge musste ich eine neue Mitarbeiterin für die Anmeldung suchen. Ich stellte eine junge Mitarbeiterin namens Bianca ein. Sie hatte blonde Haare, war schlank und sollte mich die nächsten Monate begleiten.

Patienten, die im Keller des Hauses behandelt wurden, hatte Martin zugewiesen. Die Patientenanzahl verringerte sich enorm, nachdem wir uns getrennt hatten. Damit zeigte er mir seine Dominanz und gab mir zu verstehen, dass ich von ihm finanziell abhängig war. In dieser Zeit aber wusste ich bereits, dass uns diese Tätigkeit und das Unterrichten der Klavierschüler keine finanzielle Sicherheit geben würden. Aus diesem Grund entschloss ich mich, eine Heilpraktikerausbildung anzufangen.

Die Behandlungsgeräte im Keller der Arztpraxis gehörten Martin, ich jedoch finanzierte sie. Weil ich Geschäftsführerin war, musste ich in absehbarer Zeit auch die Geräte für mich beanspruchen und finanzieren können. Es war nur eine Frage der Zeit, wann die Übernahme stattfinden sollte.

Luisa Wagner würdigte mich keines Blickes. Anscheinend hatte sie Angst, dass ihr Verhältnis mit Martin ans Tageslicht kommen könnte. Genauso die Masseurinnen und Physiotherapeutinnen in den umliegenden Gästehäusern. Mir ging es nicht gut dabei, denn ihre Blicke hatten nichts mehr von der Freundlichkeit aus der früheren Zeit. Letzten Endes war es Martin, der mit ihnen zusammengearbeitet hatte und der ihnen seine Patienten zuwies.

Währenddessen bezog Martin die Wohnung von Arnold. Kurz darauf erfuhr ich, dass die Geliebte, die er schon fast zwei Jahre hatte, in die Wohnung mit eingezogen war.

Das Wochenende darauf traf sich Martin mit Andrea und Alexander, er holte sie von unserem Haus ab. Danach fuhren sie in ein nahegelegenes Restaurant. Nach drei Stunden kamen sie wieder und waren sehr unzufrieden. Beide erzählten mir, dass ihr Papa jetzt mit einer anderen Frau zusammenlebe. Zu dieser Situation äußerte sich Andrea: »Das werde ich ihm nie verzeihen!« Alexander hingegen lachte und sagte: »Ist der dumm!« Ich äußerte mich nicht dazu, denn die Probleme, die mich und Martin betrafen, waren nicht die Probleme unserer Kinder. Ich nahm mir vor, nie schlecht über Martin in Gegenwart der beiden zu reden, denn schließlich war er ihr Vater und irgendwann, das war mir klar, würden sie sich wieder annähern.

Um mich von Martin endgültig zu trennen, beschloss ich, mich nach einer anderen Praxis umzusehen. Weil mein Vertrag als Geschäftsführerin noch nicht aufgelöst worden war, konnte ich meine Tätigkeit mit den vorhandenen Geräten, Ultraschall und Microdermabrasion weiterarbeiten.

Bianca erwies sich als loyal und tüchtig. Sie freute sich auf die neuen Praxisräume. Die Verhandlungen waren nicht einfach, weil der Gasthausbesitzer ein notorischer Choleriker war und seine Frau nichts zu sagen hatte. Oft hörte ich die beiden streiten. Ich hatte keine Wahl, denn es waren die einzigen Räume, die ich in Bad Abbach als Praxisräume nutzen konnte. Nun dachte ich, dass alles gut werden und ich in absehbarer Zeit selbstständig arbeiten können würde.

Andrea und Alexander lernten viel, und ich war zufrieden, dass es diesbezüglich keine Probleme gab. Aber mit der Zeit merkte ich, dass sie nervöser wurden und Konzentrationsprobleme hatten, was auf unsere Familienverhältnisse zurückzuführen war.

Ich erteilte weiterhin Klavierunterricht und lernte viel für meine Heilpraktikerprüfung.

ERSTER UNTERHALT

Es fand die erste Gerichtsverhandlung statt, in der es um den Unterhalt für die Kinder und für mich ging. Andrea und Alexander erhielten den normalen Düsseldorfer Satz, während mir ein Betrag von 2.000 Mark zugesprochen wurde. Damit war ich nicht einverstanden und merkte schnell, dass meine Anwältin Martin mehr zugetan war, als mir lieb war.

Ich beschloss, einen anderen Anwalt aufzusuchen. Herr Naumann, mein neuer Anwalt, war ein sehr angenehmer älterer Herr mit grauen Haaren, von einer eher fülligen Statur, zu dem ich sofort Vertrauen fasste. Außergerichtlich hatte Herr Naumann durchgesetzt, dass Martin mir ab sofort 4.000 Mark monatlich Unterhalt zahlen und rückwirkend nachzahlen musste.

Mein Institut für Ästhetik brachte kein gutes Einkommen. Aber ich sagte mir jedes Mal, dass es erst der Anfang sei und alles gut werden würde.

Ich rief Johanna an und bat sie, zu uns zu kommen. Einige Tage später war sie bei uns. Wir freuten uns alle sehr, denn ich schätzte ihre Hilfe, und Andrea und Alexander mochten sie gern.

Am Abend sprach ich mit ihr über meine Situation, dass mein Ästhetikinstitut nicht besonders gut lief und ich momentan nicht wüsste, wie ich alles bewältigen sollte. Wie immer hörte sie aufmerksam zu. Dann überlegte sie eine Zeitlang und sagte, dass ich an diesem Ort wenig Chancen hätte, denn Martin hatte sehr gut vorgearbeitet, indem er mich überall schlecht dargestellt hatte, sogar in dem Hotel, in dem ich meine neuen Praxisräume bezogen hatte. Er erzählte, ich sei eine Ehefrau, die nie zufrieden zu stellen war, und dass er mich ständig bei der Erziehung unserer Kinder unterstützen müsse, weil ich dazu nicht fähig sei. Nun verstand ich, warum mich die Menschen in der Umgebung mieden und der Hotelbesitzer, in dessen Haus ich meine Praxis hatte, mich zu belehren anfing, wie ich meine Arbeit zu machen hatte.

Ich fragte Johanna, ob es besser sei, diesen Ort zu verlassen. Sie war der Ansicht, dass meine Idee, den Ort zu verlassen, unsere Situation zum Positiven ändern würde.

UNSERE ZUKUNFTSPLÄNE

Ich erzählte meinem jüngeren Bruder Valentin, dass Johanna bei uns zu Besuch sei. Er antwortete, dass er uns gern besuchen kommen würde, um mit Johanna zu sprechen. Einige Tage nach unserem Gespräch kam er. Johanna und Valentin unterhielten sich über meine und seine Zukunft. Wir hatten sehr viel Freude und schmiedeten Pläne für die nächste Zeit. Am nächsten Tag, als alle zu Bett gingen, saß ich mit Valentin im Wohnzimmer. Er war bereits Facharzt, und ich fragte ihn, wieso er weiterhin im Krankenhaus tätig sei. Er antwortete: »Wenn du mitgehst, werde ich das Krankenhaus verlassen und eine Arztpraxis eröffnen.« Seine Worte überraschten mich, aber ich war erfreut, Bad Abbach zu verlassen, um ein neues Leben anzufangen.

Er als Gynäkologe und ich als Heilpraktikerin. Aber was würden Andrea und Alexander dazu sagen?

WAS WAR MIT ANDREA UND ALEXANDER LOS?

Martin holte unsere Kinder alle zwei Wochen am Samstag zum Essen ab. Mir fiel auf, dass beide nach jedem Restaurantbesuch sehr nervös waren und miteinander stritten. An einem Samstag, als sie wieder mit Martin unterwegs gewesen waren, fragte ich nach dem Grund ihres aggressiven Verhaltens. Sie wichen meinen Blicken aus und sagten: »Ach nichts, es ist nichts, alles ist gut!« Aber ich bohrte nach, worauf sich zuerst Alexander äußerte, indem er sagte: »Mama, Papa gibt uns jedes Mal nach dem Essen etwas Alkohol zum Trinken.« Danach fragte ich Andrea, ob es der Wahrheit entspräche, sie antwortete: »Ja, Papa gibt uns immer Alkohol, den wir nach dem Essen trinken sollen!« Ich konnte es kaum fassen, was sie mir erzählten! Wenn ich nicht gewusst hätte, wozu Martin fähig war, hätte ich es ihnen nicht geglaubt. Andrea sagte: »Außerdem kam er das letzte Mal angetrunken, um uns abzuholen, und dann fuhren wir mit ihm wieder in dieses Restaurant.« Ich machte mir Vorwürfe, denn als er sie abgeholt hatte, waren Andrea und Alexander zu ihm rausgegangen, ohne dass ich ihn begrüßt hatte. Weiterhin erfuhr ich von ihnen, dass Martin im Restaurant ständig telefonierte und jedem sagte, er sei jetzt mit Andrea und Alexander im Restaurant und dass er sich sehr freuen würde, beide bei sich zu haben. Irgendwann sagte ihm Alexander, er solle mit diesen Anrufen aufhören, sonst würden sie mit ihm nicht mehr zum Essen fahren.

Daraufhin verbot ich Andrea und Alexander, mit ihrem Vater Alkohol zu trinken, und sagte: »Wenn er euch weiterhin dazu drängt, werde ich es meinem Anwalt mitteilen!« Dies wäre einem Besuchsverbot gleichgekommen.

Seither begleitete ich Andrea und Alexander jedes Mal nach draußen, wenn Martin sie abholte. Seine ständigen Telefonanrufe hatten aufgehört, dadurch musste er sich mehr mit Andrea und Alexander unterhalten.

Johanna blieb noch eine Woche bei uns.

Eines Tages kamen Andrea und Alexander von der Schule. Beide waren sehr aufgeregt, denn in der Schule hatte es sich mittlerweile herumgesprochen, dass Martin uns verlassen hatte. Während des Mittagessens weinte Alexander und meinte, dass ein Schüler aus der ersten Klasse gesagt hatte, er wüsste, warum Martin uns verlassen hat. Alexander fragte ihn, was er damit meinte, worauf dieser antwortete: »Dein Vater hat euch verlassen, weil er homosexuell ist.«

Ich konnte es kaum glauben, dass ein Kind so etwas sagte.

In den letzten Jahren waren wir sehr bekannt geworden, und die Äußerungen, die nun im Umlauf waren, waren für Andrea und Alexander keineswegs förderlich. Kurz darauf sagte Andrea, dass sie Papas neue Bekanntschaft kennengelernt hatte. Auch Alexander hatte die Bekanntschaft mit ihr gemacht.

Martin hatte beide Kinder beim letzten Besuch mit in seine Wohnung genommen, um ihnen die neue Lebensgefährtin vorzustellen. Sie beschrieben sie als sehr jung, später erfuhr ich, dass sie fünfzehn Jahre jünger war als Martin und fast so groß wie er. Sie hatte lange dunkle Haare und eine lange breite Nase. Andrea schien eifersüchtig zu sein, denn sie sagte: »Mama, ich habe sie nicht angeschaut, ich mag sie nicht!« Ohne nachzudenken, fragte ich, ob sie diesen Ort mit mir verlassen und in eine andere Stadt umziehen wollten. Beide schauten mich erstaunt an und wie aus einem Mund sagten sie: »Oh ja, Mama, das wäre gut!« Das Gespräch entspannte sich, nachdem ich ihnen den Vorschlag gemacht hatte.

Am nächsten Tag rief ich Valentin an, um ihm mitzuteilen, dass wir uns entschlossen hatten, diesen Ort zu verlassen, um woanders ein neues Leben anzufangen.

Einige Tage später rief Valentin an und teilte mir mit, dass unsere Mutter mich und die Kinder in Bad Abbach besuchen wolle, um mich und Martin miteinander zu versöhnen. Für mich kam eine Versöhnung mit Martin nicht in Frage.

Es dauerte nicht lange, und meine Mutter rief an, um mir mitzuteilen, dass sie am Wochenende zu uns kommen werde. Ich gab ihr zu verstehen, dass ich im Moment sehr viel mit meinen privaten Angelegenheiten zu tun hätte und ihr Besuch zwar gut gemeint, aber nicht notwendig sei. Ich riet ihr, uns zu einem späteren Zeitpunkt zu besuchen. Sie drängte weiter und sagte, dass Andrea und Alexander in unserer Situation ihre Großmutter brauchten.

Meine Mutter überredete die Menschen so lange, bis sie ihr Ziel erreichte. Aber dieses Mal sollte es ihr nicht gelingen. Ich brauchte ihre Hilfe nicht und hatte auch kein Verlangen danach, sie zu sehen. Außerdem war Lydia bei uns, die sich sehr bemühte, uns den Tag zu verschönern. Nachdem meine Mutter ihr Vorhaben noch nicht aufgegeben hatte, sagte ich: »Ich brauche dich hier nicht!« Sie verabschiedete sich höflich, aber ich spürte, dass sie sehr verärgert war.

UNSER ERSTES GESPRÄCH MIT HERRN BRAUN

Anfang Dezember rief mich ein Mitarbeiter der Bank an, in der wir alle unsere Konten hatten, und teilte mir mit, dass man mit mir reden wolle. Wir vereinbarten einen Termin. Als ich einen Tag darauf unsere Bank betrat, saß Martin mit Herrn Braun bereits an einem Tisch. Sie unterhielten sich sehr angeregt. Als ich den Raum betrat, wurde es plötzlich still. Nun saßen wir nebeneinander, Martin, Herr Braun und ich.

Bereits nach kurzer Zeit war Martin ein Fremder für mich geworden.

Bei diesem Gespräch ging es darum, wer von uns beiden welche Geräte übernehmen sollte, um die Finanzierung zu gewährleisten und die Bank zufriedenzustellen. Weil wir uns nicht einigen konnten, sagte der Bankmitarbeiter: »Wenn wir uns heute nicht einigen, dann wird es vor Gericht passieren!« Martin lachte, und während er mich anschaute, sagte er: »Gut, dann soll es das Gericht entscheiden!« Wortlos verließen wir das Gebäude, verabschiedeten uns und stiegen in unsere Autos.

Ich war über den Verlauf des Gesprächs enttäuscht, zeigte es jedoch nicht. Mein Geschäft lief nach wie vor nicht gut. Die

Miete, der monatliche Lohn für Bianca und Weiteres mussten beglichen werden. Ich war gezwungen, mein erspartes Geld für den Erhalt der Praxis auszugeben.

Mitte Dezember lud ich meine Eltern und Geschwister ein, mit uns die Weihnachtsfeiertage zu verbringen. Meine Eltern freuten sich, und ich dachte, dass es Andrea und Alexander guttun würde. Eine Woche vor den Feiertagen kamen meine Eltern zu uns. Es war sehr kalt, und die Straßen waren verschneit. Unser Wiedersehen war sehr herzlich, und alle freuten sich auf die bevorstehenden Feiertage.

DIE EINLADUNG

Meine Mutter wollte ihr Vorhaben, Martin einzuladen, anscheinend realisieren. Noch am selben Tag klingelte es an der Tür, und Martin stand da. Es war das erste Mal, nachdem er uns verlassen hatte, dass er unser Haus betrat. Während ich noch dastand und kein Wort herausbrachte, kam meine Mutter mit schnellen Schritten auf uns zu und begrüßte ihn überfreundlich. Ihr Gesicht strahlte wie ein Glühwürmchen, aber ich spürte, dass diese überschwängliche Freundlichkeit nur gespielt war. Sie lud ihn ein, mit uns eine Tasse Tee zu trinken. Er sah mich an und sagte mit einem zufriedenen Lächeln: »Sehr gern, wenn ich darf?« Meine Mutter führte ihn ins Esszimmer. Zu meinem Erstaunen saß mein Vater nicht mehr am Tisch, sodass sie und Martin, nachdem auch ich den Raum verlassen hatte, sich allein unterhielten.

Ich lauschte an der Tür. Meine Mutter fragte ihn nach seinem Befinden, was er jetzt mache und ob die Trennung für uns das Richtige sei, vor allem, was die Kinder betraf, die beide Elternteile brauchten. Daraufhin gab er ihr zu verstehen, dass er lieber wieder bei uns wohnen würde, dass ich damit jedoch nicht einverstanden sei. Er machte mich für unsere Trennung verantwortlich. Dass Martin bereits mit einer anderen Frau zusammenlebte, erwähnte er mit keinem Wort. Beide verabschiedeten sich genauso überschwänglich, wie sie sich begrüßt hatten. Auf den Rest ihrer Unterhaltung verzichtete ich.

Ich gesellte mich zu meinem Vater, der sich mit Andrea und Alexander in einem der Kinderzimmer unterhielt.

Bis zu den Feiertagen besuchte Martin uns drei Mal. Jedes Mal brachte er Geschenke von Patienten mit. Es war üblich, dass uns Patienten vor den Feiertagen Geschenke in Form von Lebensmitteln in die Praxis mitbrachten. Und so kam er einmal mit einer Ente, ein anderes Mal mit Kartoffeln, noch ein weiteres Mal mit Schinken. Auch nach den Weihnachtsfeiertagen, als alle nach Hause gefahren waren, brachte er irgendwelche Geschenke der Patienten zu uns.

Einen Tag vor Heiligabend kamen meine Brüder.

Die Weihnachtsfeiertage mit meinen Eltern und Geschwistern verliefen ruhig. In dieser Zeit sah ich, wir freundlich und zuvorkommend mein Vater mit meiner Mutter umging. Dieser Umstand und wie Martin zu uns die ganzen Jahre gewesen war, erzeugte in mir großen Schmerz. An diesem Abend ging ich ins Schlafzimmer und weinte bitterlich, ich musste meinem Schmerz freien Lauf lassen. Ich hatte bereits eine Weile dagesessen, als Andrea den Raum betrat. Sie fragte mich, warum ich hier allein säße, ich sagte: »Ich brauche ein wenig Ruhe und habe mich deswegen zurückgezogen.« Ihr entging es nicht, dass ich geweint hatte, und so fragte sie weiter nach, worauf ich antwortete: »Manchmal bin ich ein wenig traurig, ich komme aber gleich zu euch.« Sie fragte nicht weiter nach, und nach einigen Minuten gingen wir zu den anderen.

DAS JAHR 1998

Mitte Januar gab ich Martin zu verstehen, dass er seine Besuche bei uns unterlassen solle, worauf er sehr betroffen reagierte. Er sah mich traurig an und sagte: »Schade, ich dachte, dass wir uns wieder vertragen würden.« Ich ging nicht auf seine Äußerung ein.

Die Monate verliefen ruhig, und der Frühling kündigte sich Mitte April an. Die ersten Blumen hatten Knospen, und die Sonne strahlte hell über den Ort. Ich nahm mir jetzt auch mehr Zeit, um mich auf die Heilpraktikerprüfung vorzubereiten.

Eines Morgens kam ein Schreiben von unserer Bank, in dem ich aufgefordert wurde, die Darlehen für die Praxisgeräte zu übernehmen. Es war mir nicht möglich, dieser Forderung nachzukommen. Herr Braun war nicht mehr gewillt, mir einen Aufschub zu gewähren. Mein Anwalt riet mir, diese Angelegenheit gerichtlich zu klären. Herr Braun war bereit, bis zur gerichtlichen Verhandlung zu warten.

Mitte Oktober fand die erste Gerichtsverhandlung statt. Martins Anwältin bemühte sich vorbildlich, ihn würdig zu vertreten. Sie gehörte zu den Frauen, die nichts dem Zufall überließen und ihr Vorgehen genau durchdachten. Mir kam es so vor, als ob sie nur für ihn arbeitete. Später erfuhr ich, dass sie eine Zeitlang fast nur für ihn tätig war, wofür sie sehr gut entlohnt wurde.

DER FLUCH SEINER MUTTER

Einige Jahre später erfuhr ich, dass Martin sich in einem Lokal mit einem Bekannten über seine Anwältin unterhalten hatte. Er prahlte damit, dass sie in einer der besten Anwaltskanzleien in Pentling arbeitete und dafür bekannt war, nichts dem Zufall zu überlassen. Weiterhin sagte er, dass er mich ordentlich übers Ohr gehauen habe, denn seine Lebensgefährtin, als stille Teilhaberin, war in seiner Praxis angestellt. Sie erhielt monatlich 3.000 Mark, ohne in seiner Praxis zu arbeiten. Auf diese Weise verschleierte er sein Einkommen gegenüber dem Gericht.

Martin machte sich lustig über das Gericht und bezeichnete mich als dumme Gans. Am Nebentisch saß eine Gruppe von Menschen, die größtenteils aus Anwälten bestand. Keiner von ihnen hat den Vorfall angezeigt. Martin machte, was er wollte. Niemand traute sich, gegen ihn vorzugehen. Das Gespräch war in Vergessenheit geraten. Der Fluch seiner Mutter zeigte auch nach unserer Trennung seine Wirkung.

Mein Anwalt, Herr Naumann, kam gegen die Anwältin von Martin nicht an. Herr Naumann war ihr nicht gewachsen. Ständig verschob er die Termine für unsere Treffen und war für mich in seiner Kanzlei seltener erreichbar.

Johanna klärte mich auf, dass Martins Mutter ihm den Weg für alle Verhandlungen und Gespräche geebnet hatte. Ich war gezwungen, mir einen neuen Rechtsanwalt zu suchen.

Ein befreundeter Arzt erzählte mir von einer renommierten Kanzlei in München. Ich rief noch am selben Tag dort an. Nach einem sehr freundlichen Gespräch wurde mir eine junge Anwältin zugeteilt. Bereits beim ersten Treffen mit Frau Röse merkte ich, wie freundlich und kompetent sie war. Das Treffen war sogar vorgezogen worden, denn die Gerichtsverhandlung bezüglich der Gerätefinanzierung sollte in Kürze stattfinden. Ich übergab ihr alle notwendigen Unterlagen und klärte sie über Martin auf. Sie hörte aufmerksam zu und machte sich Notizen.

Ende Oktober fand die Gerichtsverhandlung statt. Sie dauerte nicht lange, denn es ging um keine sehr große Geldsumme, und wir hatten uns schnell geeinigt. Neben den kleinen Geräten gab es auch ein großes Lasergerät im Wert von 300.000 Mark. Dieses Gerät wurde Martin zugesprochen, die anderen durfte ich behalten. Martin hatte die Finanzierung für alle drei Geräte übernommen. Ich war über den Verlauf sehr zufrieden und konnte aufatmen.

Die Zeit verging, und es wurde Dezember. Die Weihnachtsfeiertage in diesem Jahr verbrachten wir bei meinen Eltern, mit meinen Geschwistern und Jörg mit seiner Familie. Jörg erzählte mir über seine Probleme mit seiner Ehefrau Dorota. Sie war oft wegen Kleinigkeiten zornig, dann sprach sie tagelang nicht mit ihm, war oft unfreundlich und unzufrieden mit ihrem Leben. Dorotas wichtigste Bezugsperson war ihre Mutter. Sie telefonierte mit ihr stundenlang. Nach diesen Telefonaten gab es Ärger und Vorwürfe wegen Kleinigkeiten. Das erinnerte mich an Martin. Jedes Mal, wenn er mit seiner Mutter telefoniert hatte, wurde er ausfallend und machte wegen Nichtigkeiten Ärger.

SCHULBESUCH

Die Schulleistungen von Andrea und Alexander verschlechterten sich zusehends, sodass ich auf Anraten der Klassenlehrer einen Termin in der Schule vereinbarte. Wir mussten eine Lösung finden.

Andrea und Alexander hatten nette Klassenlehrer, die sehr bemüht waren, den beiden in ihrer derzeitigen Situation zu helfen. Bei dem Gespräch erfuhr ich, dass Alexander in der Schule oft zornig und aggressiv war. So kannte ich unseren Sohn nicht, denn zu Hause war er, obwohl sehr lebhaft, immer freundlich. Es gab keine Schwierigkeiten mit ihm. Ich beschloss, mit ihm zu reden, um den Grund für sein Verhalten zu erfahren, obwohl es für mich klar war, dass die Ursache in unserer familiären Situation zu finden war. Der Schulleiter und die Klassenlehrer beschlossen, am Ende des Schuljahres über die weitere Vorgehensweise zu entscheiden. Auch ein Schulwechsel der beiden wurde in Betracht gezogen.

Zu Hause sprach ich Andrea und Alexander auf die Situation in der Schule an, beide waren sehr traurig und meinten, dass sie trotz der schlechten Noten auf dieser Schule bleiben wollten, und versprachen, mehr für ihre Schulnoten zu lernen. Mir war bewusst, dass beide Kinder Nachhilfeunterricht erhalten sollten. Ich erkundigte mich in ihrer Schule nach Lehrkräften oder Schülern, die dazu bereit waren. Bereits nach einigen Tagen erhielten Andrea und Alexander in mehreren Fächern Nachhilfeunterricht. Sie waren sehr fleißig. Neben der Schule hatte Alexander noch Klavierunterricht und spielte Fußball in einer Mannschaft. Andrea beschloss, mit dem Klavierunterricht aufzuhören, erhielt dafür Tanzunterricht, der ihr sehr viel Freude machte.

Johanna fühlte sich etwas schwach auf den Beinen. Weil sie keine näheren Angaben machte, besuchte ich sie Ende März. Sie hatte an Gewicht verloren und schien etwas durcheinander zu sein. Ich machte mir Sorgen und schlug ihr vor, die nächste Zeit bei uns zu verbringen. Sie überlegte nicht lange und stimmte meinem Vorschlag zu. Nach zwei Tagen waren wir in Bad Abbach. Wir umsorgten sie, so gut es uns möglich war. Auch Lydia freute sich sehr, Johanna zu sehen, die sich schnell erholte. Was mir jedoch Sorgen machte, war ihr roter Fleck am Unterschenkel, der sich zusehends vergrößerte. Aber Johanna weigerte sich, zum Arzt zu gehen, und ich respektierte ihren Willen.

Nach zwei Wochen fuhr ich sie nach Hause. Ihre Lebensfreude war zurückgekehrt. Später erfuhr ich, dass ihre Haushaltshilfe aus privaten Gründen die Tätigkeit bei Johanna aufgeben musste. Demnach war sie auf sich allein gestellt, was aufgrund ihres Alters mit Problemen behaftet war. In dieser Zeit hat sie weder für sich gekocht noch war sie einkaufen gegangen. Ich besorgte ihr eine neue Haushaltshilfe. Renata war mittleren Alters, hatte ein rundliches Gesicht und war sehr angenehm im Gespräch. Johanna freute sich und akzeptierte Renata sofort. Wir telefonierten täglich miteinander.

Nachdem Martin ausgezogen war, war es in unserem Haus ruhiger geworden. Ich sah keinen Schatten mehr. Johanna klärte mich auf, dass der kopflose Schatten mit Martin ausgezogen war. Jetzt erinnerte ich mich nur noch selten an meine Träume. Sie sagte, dass Martins Mutter keine Ruhe finden werde, denn sie sei ständig bemüht, den kopflosen Schatten von Martin fernzuhalten. Seit Martins schwerem Autounfall wich dieser ihm nicht mehr von der Seite. Manchmal fragte ich mich, wen seine Mutter schützte. Denn seit dem Unfall hatte sich Martin sehr stark verändert. Er war noch bösartiger und zorniger, trank mehr Alkohol als früher.

Aber jetzt hatte er eine neue Lebensgefährtin. Manchmal fragte ich mich, ob sie dasselbe durchmachte wie ich. Einige Jahre später wurde meine Frage beantwortet. Ich erfuhr, dass Martin und seine Lebensgefährtin ein Haus in der Nähe von Bad Abbach gemietet hatten.

Der Wirtschaftsberater, den Valentin für die Suche einer gynäkologischen Praxis engagiert hatte, fand in Lörrach geeignete Praxisräume. Valentin rief mich an, um mir die Neuigkeiten zu erzählen. Ihm war es wichtig, dass ich zur Besichtigung mit ihm nach Lörrach fuhr.

DIE NEUEN PRAXISRÄUME UND DIE PRAXISÜBERNAHME

Anfang Juni war es so weit. Neben Valentin und mir, dem Wirtschaftsberater und Valentins Steuerberater Herrn Sander waren auch der Eigentümer der besagten Arztpraxis und dessen Steuerberater anwesend.

Die Räume waren sehr groß und hell. Es gab einen großen Patientenstamm und über zwanzig Mitarbeiter. Die Arztpraxis erstreckte sich über zwei Etagen. Im Erdgeschoss befanden sich alle Behandlungsräume mit dem Sekretariat, im Obergeschoss die Administration. Mein Bruder und Dr. Seeger, der die Praxis aus Altersgründen übergeben wollte, schienen nervös zu sein.

Anfangs schauten sie sich kaum an, und die Stimmung war gedrückt. Erst nach einer halben Stunde, als alle Formalitäten und der Übernahmevertrag besprochen wurden, lockerte sich die Stimmung. Die Geldsumme für die Übernahme der Praxis war sehr hoch, dennoch berechtigt. Nach einer kurzen Unterredung mit Herrn Sander wurden auf sein Drängen hin einige Klauseln im Vertrag geändert. Danach unterschrieb Valentin den Vertrag. Am Abend fand eine kleine Feier mit allen Anwesenden statt.

Für Valentin begann ein neuer Lebensabschnitt!

Lörrach gefiel uns von Anfang an. Eine schöne Stadt mit vielen Gartenanlagen und Einkaufsmöglichkeiten.

Drei Monate später trat Valentin als neuer Praxischef seine Tätigkeit an. Dr. Seeger verhalf ihm zu einer neuen Wohnung. Diese war sehr geräumig und hell, mit einem großen Balkon.

Im August fand die nächste Gerichtsverhandlung statt. Ich nahm mir vor, Andrea und Alexander in Zukunft keine Termine mehr zu nennen, sie sollten mit Martins und meinen Problemen nicht belastet werden. Für mich war es wichtig, dass sie sich auf die Schule konzentrierten und, soweit es ging, ihr Leben unbeschwert genießen konnten.

Bei dieser Gerichtsverhandlung ging es um die Aufteilung unseres privaten Vermögens, außerdem um unser Haus und zwei Wohnungen, die wir für Andrea und Alexander vor einigen Jahren in Berlin gekauft hatten. Martin bot mir 500.000 Mark für das Haus und die Wohnungen an, als Gegenleistung sollte ich mit unseren Kindern sofort aus dem Haus ausziehen. Das war von Anfang an sein Plan gewesen. Ich lehnte seinen Vorschlag ab, denn ich konnte es mir nicht vorstellen, dass er und seine neue Lebensgefährtin in diesem Haus wohnten. Außerdem hatte unser Wohnhaus einen Wert von 1.400.000 Mark, dazu kamen die zwei Wohnungen in Berlin.

Meine Anwältin riet mir jedoch, die 500.000 Mark anzunehmen. Martin war mir aufgrund seiner finanziellen Situation überlegen. Während der Verhandlung sprach ich über das Geld, das ich in seinem Büro in unserem Haus gefunden hatte. Alle schauten zu Martin, der etwas vor sich hin stammelte, dass es das Belohnungsgeld einer Pharmafirma sei. Seine Anwältin reagierte sofort, indem sie ihm einen Fußtritt unter dem Tisch versetzte, danach sagte sie leise: »Seien Sie ruhig, kein Wort mehr!« In diesem Moment sah der Richter zu uns herüber und gab mir zu verstehen, dass die Geldangelegenheit kein Gegenstand dieser Verhandlung sei. Später wurde diese Angelegenheit in keiner Gerichtsverhandlung aufgegriffen.

Am Ende wurde beschlossen, dass ich weiterhin in unserem gemeinsamen Haus leben durfte, während Martin die Wohnungen in Berlin zugesprochen wurden. Das war mir recht, denn die Wohnungen gehörten Andrea und Alexander, und ich war der Meinung, dass es auch im Sinne von Martin war, diese für unsere

Kinder zu behalten. Aber wie es sich später herausstellen sollte, hatte ich mich geirrt.

235

KAPITEL 16:
URLAUB IN SPANIEN

NEUE ARZTPRAXIS IN LÖRRACH

Valentin nahm seine Tätigkeit als Chef in Lörrach auf. Dr. Seeger, der Vorbesitzer der Arztpraxis, wollte noch so lange mit meinem Bruder zusammenarbeiten, bis dieser sich eingearbeitet und den Praxisverlauf kennengelernt hatte. Valentin freute sich über diesen Vorschlag und stimmte zu. Anfangs war alles gut, doch nach etwa drei Wochen bemerkte er, dass sein Kollege versuchte, die Patienten an sich zu binden. Aus diesem Grund wurden ihm von den Mitarbeiterinnen, die für die Planung zuständig waren, weniger Patientinnen zugeteilt als Dr. Seeger. Dieser hatte weiterhin die Oberhand in der Praxis. Seine Anweisungen wurden von den Angestellten sofort ausgeführt – Valentins jedoch nicht. Wenn er etwas angeordnet hatte, wurde dies zuerst mit Dr. Seeger besprochen.

Er bat mich, so schnell es ging, nach Lörrach umzuziehen. Der Plan war, dass ich zuerst in der Nähe der Rezeption arbeiten und später, nachdem ich meine Heilpraktikerprüfung bestanden hätte, im hinteren Bereich der Arztpraxis zwei Räume als Heilpraktikerin beziehen sollte. Aber sein Kollege Dr. Seeger war dagegen, und Valentin fügte sich. Daraufhin beschloss ich, noch ein Jahr in Bad Abbach zu bleiben. Für Valentin war es eine schwierige Zeit, denn er wollte seine Karriere als selbstständiger Arzt in Ruhe beginnen. Oft rief er deprimiert an und berichtete, was vorgefallen war. Es war mir nicht möglich, ihm aus der Entfernung zu helfen, außer mir seine Anliegen anzuhören und ihm mit meinen Ratschlägen zur Seite zu stehen.

In unserer Praxis mit Martin war ich sowohl für das Wirtschaftliche als auch für die gesamte Organisation zuständig gewesen. Damit konnte ich Valentin aufgrund meiner Erfahrung behilflich sein. In den ersten Monaten fügte sich Valentin den Anweisungen seines älteren Kollegen, danach wurde er gegenüber den Mitarbeitern strenger und verlangte die sofortige Ausführung seiner Anweisungen. Die leitende Mitarbeiterin war als Einzige Dr. Seeger weiterhin treu. So leitete sie bestimmte Unterlagen oder Rezepte, die unterschrieben werden sollten, nicht an Valentin weiter.

Valentin machte sich auf die Suche nach einer geeigneten Wohnung für uns. Bis zum Umzug nach Lörrach war noch Zeit.

EINE FREUDIGE ÜBERRASCHUNG

Anfang Juli rief Valentin an und teilte uns mit, dass die Praxis in den Sommerferien zwei Wochen Urlaub machen würde und er gern mit uns in den Urlaub fahren wolle. Er bot sich an, alle Kosten für uns zu übernehmen.

Es war eine Überraschung, und wir haben uns sehr gefreut, denn in den letzten Jahren war es uns aus finanziellen Gründen nicht möglich gewesen, eine Urlaubsreise zu machen. Wir waren neugierig, wo es hingehen sollte. Valentin schlug Spanien vor, womit wir sofort einverstanden waren. Andrea und Alexander jubelten vor Freude und überlegten, was sie gemeinsam mit ihrem Onkel unternehmen würden. Valentin organisierte alles. Den Ort hielt er bis zum Schluss geheim, denn es sollte eine Überraschung werden.

Das Schuljahr näherte sich dem Ende. Die Schulnoten hatten sich durch den Nachhilfeunterricht sehr gebessert, sodass keine Gefahr mehr für den Übertritt ins nächste Schuljahr bestand.

Einige Tage nach der Zeugnisübergabe war es so weit, und wir packten unsere Koffer.

Einen Tag vor unserer Urlaubsreise wurden im Ort Kanalarbeiten durchgeführt. Am Urlaubstag sah ich ein Feuerwehrauto vor einem der Nachbarhäuser stehen, ich dachte mir nichts dabei, außerdem war ich mit den restlichen Vorbereitungen für die bevorstehende Reise beschäftigt. Um die Mittagszeit klingelte es. Ein Nachbar, der kürzlich in sein neues Haus eingezogen war, stand an der Tür. Neugierig fragte er, ob unser Keller überflutet sei. Er informierte mich, dass fast alle umliegenden Häuser Wasser im Keller hätten. In diesem Augenblick erinnerte ich mich an die Feuerwehr. Ich führte ihn in den Keller, um nachzuschauen, ob er überflutet war, doch zum Glück war alles in Ordnung.

Kurz vor unserem Urlaub, dachte ich, brauche ich keinen Ärger mit einem Wasserschaden. Er sagte: »Das ist ungewöhnlich, denn alle in unserer Straße haben Wasser im Keller.« Ich erinnerte mich, dass der Architekt, der den Bau unseres Hauses beaufsichtigt hatte, uns mitgeteilt hatte, dass die Grundmauern sehr stark seien und darauf ein Haus mit fünfzehn Stockwerken gebaut werden könne. Wir standen eine Weile im Wäscheraum, als ich plötzlich unter meinen Füßen eine Wasserpfütze sah. Im ersten Moment dachte ich an ein Leck in der Waschmaschine, aber diese war aus. Plötzlich sah ich aus einer anderen Ecke Wasser auf uns zukommen. Ich wollte es mit gebrauchten Handtüchern wegwischen, als im nächsten Augenblick von überall Wasser auf uns zukam. In kürzester Zeit, es waren nur einige Minuten, stand der gesamte Keller unter Wasser. In jedem Kellerraum circa zehn Zentimeter hoch. Entmutigt sagte ich: »Und heute Abend fliegen wir in den Urlaub.« Er schaute mich an und sagte: »Im Moment kannst du nichts machen, außerdem sind die anderen Häuser stärker betroffen als dieses.«

Seiner Meinung nach sollten wir fliegen und den Urlaub genießen. Mit zehn Zentimetern war der Anstieg des Wassers beendet. Zusammen brachten wir einige Teppiche in den Garten. Die Möbelstücke waren zu groß und zu schwer, um sie wegzubringen. Danach versprach er, sich um alles zu kümmern. Ich war froh, denn ohne ihn hätten Andrea und Alexander den Urlaub mit Valentin allein antreten müssen. Unsere Haushaltshilfe hatte Urlaub und war nach Hause gefahren. Ich gab dem Nachbarn den Hausschlüssel, worauf er versprach, alles Notwendige in die Wege zu leiten.

Am Nachmittag fuhren unsere Kinder und ich zum Flughafen nach München, wo uns Valentin bereits erwartete. Ich erzählte ihm aufgeregt, was vorgefallen war. Er sagte: »Dein Nachbar wird bestimmt nach dem Rechten sehen.«

Wir flogen in derselben Nacht nach Spanien. Ich war noch immer etwas aufgeregt. Aber bereits während des Fluges hatte ich mich beruhigt und sah unserem Urlaub mit Freuden entgegen. Valentin hatte für uns ein wunderschönes Hotel auf Mallorca ausgesucht. Es lag auf einer Anhöhe mit Blick aufs Meer. Wir hatten sehr viel Spaß, und eine Erholung tat uns allen gut.

Am nächsten Tag rief mich unser Nachbar am Urlaubort an und teilte mir mit, dass das Grundwasser in die Mauern eingezogen sei und er mit zwei Bekannten das restliche Wasser vom Boden weggewischt habe.

Eines Morgens nahm Valentin beide Kinder mit in die Stadt. Ich hatte nicht vor, sie zu begleiten, denn ich konnte etwas Ruhe gebrauchen. Während ich auf einer Liege am Schwimmbad lag, wanderten meine Gedanken zu Martin, unserem Haus und den Gerichtsverhandlungen. Die ganze Situation machte mich sehr traurig, und ich wünschte, mein Leben wäre anders verlaufen. Aber ich durfte nicht undankbar sein, denn ich hatte zwei wunderbare Kinder und einen Bruder, der uns immer zur Seite stand. Er und Johanna waren meine Schutzengel, immer bereit, meinen Kindern und mir zu helfen.

Valentin stand ihnen mit Rat und Tat zur Seite, auch was die Schule anging. Als Onkel war er vor allem für Alexander eine moralische Unterstützung. Denn er war zu einem ansehnlichen jungen Mann herangewachsen und brauchte für seine weitere Entwicklung den Rat einer männlichen Bezugsperson.

Am Nachmittag kamen sie von ihrem Ausflug zurück. Ich traute meinen Augen nicht, denn die Haare von Alexander waren blau gefärbt. Ich war entsetzt, aber im nächsten Moment musste ich lachen. Wir lachten alle herzhaft. Alexander meinte, dass er etwas Neues ausprobieren wollte, und außerdem seien bunte Haare modern. Mein Bruder sagte: »Nach allem, was ihr die letzte Zeit durchgemacht habt, konnte ich Alexander diesen Wunsch nicht abschlagen, und so gingen wir zum Friseur!«

Um die Kinder zu beschäftigen, ließ er sich täglich etwas Neues einfallen. Valentin spielte mit ihnen Tennis oder Fußball. An manchen Tagen fuhren sie in die Stadt, und er kaufte Kleidung für sie. Ich führte viele interessante Gespräche mit ihm, über unsere Zukunft in Lörrach und über meine Tätigkeit als Heilpraktikerin.

Die Tage vergingen schnell, und der Urlaub neigte sich dem Ende. An diese Tage erinnere ich mich sehr gern, denn es war seit Langem der erste Urlaub, den ich genießen konnte, ohne mit jemandem gestritten zu haben. Vor allem aber, ohne sich vor jemandem ängstigen zu müssen. Die letzten Urlaubsreisen mit Martin waren wegen dessen Aggressivität sehr anstrengend für mich gewesen. Auch in den Jahren danach erinnerten wir uns sehr gern an den ersten Urlaub mit Onkel Valentin.

Zu Hause lief ich sofort in den Keller, um nachzusehen, ob wegen des Wassers Schäden entstanden waren. Dank meinem Nachbarn war der Schaden gering. Das Wasser war in die unteren Teile der Möbel eingedrungen, wodurch sie leicht beschädigt waren. Mein Nachbar hatte sofort eine Trockenbaufirma engagiert. Nachdem sie den Schaden begutachtet hatte, wurden drei Entfeuchtungsgeräte in den Keller gestellt. Dadurch konnte das Wasserproblem innerhalb von drei Wochen behoben werden. Die Kosten für die Entfeuchtungsgeräte wurden von der Versicherung übernommen.

Später erfuhren wir, dass der Kanal, an dem gearbeitet worden war, nicht wieder geöffnet worden war, wodurch das Grundwasser nicht abfließen konnte und in die Häuser eindrang. Valentin blieb noch zwei Tage und fuhr dann nach Lörrach.

ERSTICKUNGSGEFAHR

Eines Nachmittags kam Martin mit Susannes und Stefans ältester Tochter zu uns. Martin hatte kurz vorher angerufen und teilte uns mit, dass deren Tochter Sandra uns zur Hochzeit einladen wolle. Bereits an der Eingangstür spürte ich ihre Abneigung gegen mich.

Ich bat alle herein, doch Sandra sagte: »Wir haben keine Zeit, weil wir zum Essen verabredet sind.« Sie übergab mir die Einladung zu ihrer Hochzeit und wollte gehen, als Martin nach unseren Kindern fragte. Ich informierte ihn, dass Alexander zum Klavierunterricht und Andrea in ihrem Zimmer sei. Er schmunzelte und fragte, ob Andrea sie zum Essen begleiten dürfe.

Es war eine unterkühlte Stimmung, die vor allem von Sandra

ausging. So hatte ich sie noch nie erlebt, aber anscheinend hatte
Martin sie gegen mich aufgehetzt. Ich hatte nichts gegen Martins
Einladung, Andrea zum Essen mitzunehmen. Kurz danach ver-
ließen alle das Haus. Andrea ging aus Höflichkeit mit.

Nach zwei Stunden brachte Martin unsere Tochter nach
Hause. Sie war blass und konnte nur schlecht stehen. Ich fragte,
was vorgefallen sei. Daraufhin informierte er mich, dass Andrea sich während des Essens verschluckt hatte. Danach lachte
er und sagte: »Alles ist gut, ich fahre wieder.« Nachdem er
gegangen war, setzte ich mich zu Andrea aufs Bett. Plötzlich
bekam sie keine Luft mehr und wurde grau im Gesicht. Es war
einer der Momente, die ich nie vergessen werde!

Ich geriet in Panik und rief den Rettungswagen. Kurz danach
wurde Andrea abgeholt. Ich fuhr mit meinem Auto hinterher. Ich
hatte Angst um Andrea, vor Aufregung konnte ich meinen eigenen Herzschlag hören.

Im Krankenhaus stellte man fest, dass sie beim Essen mit Mar-
tin und Sandra eine Fischgräte verschluckt hatte. Nachdem die
Gräte tiefer gerutscht war, hatte sie keine Luft mehr bekommen.
Nun musste sie operativ entfernt werden.

Eine Krankenschwester bat mich, im Flur Platz zu nehmen.
Nach der Operation wurde Andrea in ein Zimmer gebracht.
Ich durfte bei ihr bleiben. Ich informierte Martin, was geschehen
war. Nach kurzer Zeit kam der Operateur. Ich staunte, als ich sah,
wen ich vor mir hatte. Denn es war unser guter Bekannter, der
seine Frau mit Martin in einer eindeutigen Situation ertappt hatte.

Es dauerte nicht lange, und Martin kam herein. Sie schauten
sich kurz an, und nach einer kurzen Begrüßung fragte er, was
vorgefallen sei. Unser Bekannter erklärte ihm den Vorgang. Danach wandte er sich mir zu und fragte, ob ich einverstanden
sei, dass Andrea über Nacht zur Beobachtung im Krankenhaus

bleibe. Bevor ich antworten konnte, sagte Martin: »Das ist nicht notwendig, es ist doch alles gut.« Der Arzt schaute Martin zornig an und antwortete: »Eure Tochter wohnt bei Anna, nicht bei dir. Also trifft sie die Entscheidung, nicht du!« Der Unterton unseres Bekannten war dermaßen schroff und bestimmend, dass es Martin die Sprache verschlug. Martins Gesicht wurde rot, und er schaute den Arzt an. Der Grund für seinen schroffen Unterton hatte nichts mit Andreas Operation zu tun, sondern vielmehr mit Martins Affäre und seiner Ex-Frau.

Für Martin war es eine Lektion und für mich eine Genugtuung.

Ich blieb mit Andrea über Nacht im Krankenhaus. Am nächsten Morgen fuhren wir nach Hause. Am Nachmittag wurde Andrea traurig, ging hin und her und schaute ständig auf das Telefon. Ich fragte nicht nach, denn ich vermutete, dass sie auf einen Anruf von Martin wartete. Aber sie wartete vergebens, ihr Vater meldete sich nicht.

Am Abend, als sie nicht mit uns zu Abend essen wollte, ging ich zu ihr. Sie saß auf ihrem Bett und weinte. Ich fragte sie, warum sie traurig sei. Sie antwortete: »Papa hat nicht angerufen, nicht einmal gefragt, wie es mir geht.« Ich nahm sie in meine Arme und tröstete meine Tochter.

Andrea erholte sich schnell, sie und Alexander genossen ihre restlichen Schulferien.

LYDIAS KÜNDIGUNG

Lydia kam von ihrem Urlaub zurück und teilte mir mit, dass sie sich zur Ruhe setzen wolle. Nun war ich gezwungen, mich nach einer neuen Haushaltshilfe umzuschauen. Etwas traurig über die Mitteilung rief ich Johanna an und erzählte ihr, dass Lydia uns verlassen werde. Bald darauf organisierte Johanna eine neue Hilfe für uns. Sie wohnte in ihrer Nähe. Einige Tage danach kam Johanna in Begleitung der neuen Haushaltshilfe zu uns. Sie war sechzig Jahre und von hagerer Statur. Man konnte in ihrem Gesicht sehen, dass das Leben seine Spuren hinterlassen hatte. Wie ich später erfuhr, musste sie bereits in jungen Jahren, nach dem Tod ihres Ehemannes, drei kleine Kinder allein großziehen.

Meine Kinder und ich gewöhnten uns schnell an sie. Hilda akklimatisierte sich ebenfalls schnell bei uns. Wie sich bald herausstellte, war sie eine hervorragende Köchin und hatte unseren großen Haushalt im Griff. Eines Tages fragte ich Johanna, ob der Umzug nach Lörrach eine gute Idee sei, worauf sie antwortete: »Es geht alles seinen Weg, und alles wird gut!«

VERTRAGSAUFLÖSUNG IM HOTEL

Bevor Johanna ihre Heimreise antrat, beschloss ich, den Mietvertrag für meine Praxisräume zu kündigen. Weil wir ohnehin bald nach Lörrach umziehen wollten, fiel mir die Kündigung nicht schwer. Ich vereinbarte für den nächsten Tag einen Termin bei meinem Vermieter. Johanna begleitete mich, und während sie im Café des Hauses auf mich wartete, ging ich zum vereinbarten Treffen. Nach einer kurzen Begrüßung legte ich ihm die Kündigung des Mietvertrages vor. Er schien nicht überrascht zu sein, er hatte also damit gerechnet. Ich bat ihn, mich sofort aus dem Vertrag zu entlassen. Nach kurzer Überlegung sagte er: »Gut, ich bin mit der Kündigung einverstanden und erlasse Ihnen die restlichen drei Monate, unter der Bedingung, dass Sie alle Vorhänge und Lampen in den Räumen belassen.« Ich war sehr froh über seinen Vorschlag, denn mit den maßgeschneiderten

Gardinen und Vorhängen hätte ich nichts anfangen können. Noch am selben Tag unterschrieb ich die Kündigung mit allen Bedingungen.

Ich bereitete mich weiter auf meine Heilpraktikerprüfung vor. Es waren nur noch wenige Wochen bis zur Prüfung.

UNSER NACHBAR, DER DETEKTIV

Ich bemerkte, dass mein Nachbar von gegenüber uns ständig beobachtete. Wir sprachen nur wenig miteinander. Weil sich die neue Haushaltshilfe sehr gut eingelebt hatte und meine Kinder noch Ferien hatten, beschloss ich, Valentin in Lörrach zu besuchen. Ich wollte mit ihm das weitere Vorgehen in Bezug auf unseren Umzug nach Lörrach besprechen. Als Nächstes brauchten wir eine Wohnung. Weil Valentin im Ort durch seine Tätigkeit als Arzt bekannt und beliebt war, sollte das kein Problem darstellen.

Am zweiten Tag rief Alexander an und teilte mir mit erschrockener Stimme mit, dass Martin sich, kurz nachdem ich gefahren war, Zutritt zu unserem Haus verschafft hatte. Zuvor hatte der Nachbar meine Kinder gefragt, wohin ich gefahren sei. Ohne unsere Kinder zu begrüßen, ging Martin geradewegs in den Garten. Draußen wartete ein Bekannter von ihm mit einem Transporter. Martin nahm unsere Terrassenmöbel und den Rasenmäher mit. Andrea und Alexander beobachteten das Schauspiel, trauten sich jedoch nicht, etwas zu sagen.

Danach verließ ihr Vater das Haus, mit den Worten: »Ihr könnt euch neue Möbel kaufen.« Es war kein gutes Gefühl, zu wissen, dass uns ein fremder Mensch ständig beobachtete. Ich meldete den Vorgang meiner Anwältin. Später erfuhr ich, dass Martin den Nachbarn dafür bezahlte.

Das Schuljahr begann. Es war das letzte Schuljahr für beide in Bad Abbach. Andrea und Alexander freuten sich, ihre Freunde wiederzusehen. Sie wuchsen zu netten und ansehnlichen Jugendlichen heran.

AUSSERGERICHTLICHES TREFFEN

Martins Anwältin schlug vor, dass sich alle an einen Tisch setzen sollten. Ich war nicht interessiert, aber meine Anwältin drängte auf dieses Treffen.

Zwei Wochen später saßen wir in der Kanzlei seiner Anwältin. Mir ging es nicht gut, und ich hatte kein gutes Gefühl dabei. Frau Röse schien sehr vertraut mit Martin und seiner Anwältin zu sein. Martin wollte sich außergerichtlich mit mir einigen. Ich sollte unser Haus mit Andrea und Alexander für ihn und seine neue Lebensgefährtin Daniela verlassen. Außerdem wollte er das Sorgerecht für unsere Kinder. Ich sollte den bereits bekannten Betrag von 500.000 Mark annehmen. Frau Röse himmelte Martin an und versuchte mich andauernd, zu überreden, seine Forderungen anzunehmen. Als Martins Anwältin seine Bedingungen schriftlich vorgelegt hatte und ich nur noch unterschreiben sollte, stand ich auf und verließ den Raum. Meine Anwältin folgte mir.

Draußen sah ich sie an und fragte: »Ist das Ihr Ernst?« Sie wich meinen Blicken aus und antwortete: »Es ist doch ein guter Vorschlag, mit einem Mal wären Sie Ihre Sorgen los.« Ich lachte und sagte: »Das ist nicht Ihr Ernst, was geht hier eigentlich vor?« Auf meine Frage antwortete sie: »Manche Frauen wollen zu viel!« Mir verschlug es die Sprache. Ich dachte, dass man mit Geld alles und jeden kaufen kann.

Ab diesem Zeitpunkt betrachtete ich sie nicht mehr als meine

Anwältin. Ich war froh, dass sie von unserem bevorstehenden Umzug nach Lörrach nichts wusste. Ich ging noch einmal in den Raum, nahm meine Sachen und verabschiedete mich mit einem Lächeln von allen Anwesenden, inklusive meiner Anwältin. Danach ging ich enttäuscht, aber mit erhobenem Kopf hinaus.

Johanna hatte mich zuvor vor einem außergerichtlichen Treffen gewarnt. Und mal wieder hatte sie recht.

Anfang November beschloss ich, nach Flensburg zu fahren, um mich für die bevorstehende Heilpraktikerprüfung in Ruhe vorbereiten zu können. Ich mietete für acht Tage ein Zimmer in einem Gästehaus, das von einer griechischen Familie geleitet wurde.

Die ersten zwei Tage lernte ich am Kai in Flensburg. Das Meerwasser war klar und kalt, aber es machte mir nichts aus, denn meine Konzentration galt den Büchern und manchmal auch den Flusskrebsen unter mir. Am zweiten Tag rief ich Valentin an und teilte ihm mit, dass ich in Flensburg sei. Wir hatten seit einem Monat nicht mehr miteinander gesprochen, denn jeder hatte seine eigenen Probleme. Er fragte mich nach der Adresse des Gästehauses. Ich war etwas erstaunt über seine Frage, aber ich gab sie ihm. Dann sagte er: »Na schön, dann sehen wir uns bald.« Ich lachte und erwiderte, dass wir uns in den nächsten Wochen sehen würden. »Nein!«, sagte er, »ich besuche dich.« Ich hielt es für einen Scherz, danach legte ich mich schlafen.

Am nächsten Tag klopfte jemand an die Tür. Ich war noch im Bett. Ich hörte das Klopfen noch einmal, dieses Mal lauter. Ich stand auf, zog mir meinen Morgenrock über und öffnete die Tür. Vor mir stand Valentin. Er lachte und sagte: »Siehst du, ich habe mein Versprechen gehalten.« Ich erwiderte: »Das gibt es doch nicht, wie bist du hierhergekommen?« Er erzählte, dass er auf einer Fortbildung in Flensburg sei.

Wir frühstückten, ich wollte mich von ihm verabschieden, doch er meinte, er sei nicht wegen des Frühstücks gekommen, sondern um mir beim Lernen behilflich zu sein. Im ersten Moment dachte ich, es sei ein Scherz. Aber Valentin blieb hartnäckig und forderte mich auf, ihm meine Unterlagen zu zeigen. Er setzte sich in einen der Sessel und sagte: »So, jetzt können wir anfangen.«

Er stellte eine Frage nach der anderen, und ich antwortete. Fast alle Antworten waren richtig, was mich sehr freute. So saßen wir noch einige Stunden, zwischen Büchern, Notizen und Heften. Nach einem Abendessen sagte Valentin, dass er ab morgen jeden Tag ab 7 Uhr von früh bis abends mit mir die Fragen durchgehen werde. Es war nicht einfach, denn Valentin war fordernd und verlangte immer die richtigen Antworten. Wenn ich eine Frage nicht richtig beantwortet hatte, hielt er einen Vortrag darüber, was die richtige Antwort sei und warum. Ich war dermaßen erschöpft, dass ich am Abend des dritten Tages sagte, dass er mich die nächsten Tage in Ruhe lassen solle. Obwohl ich es ihm sehr schroff und unfreundlich mitteilte, verabschiedete er sich lächelnd und sagte: »In Ordnung.« Am nächsten Tag stand er wieder vor meiner Tür. Bevor ich noch etwas sagen konnte, sagte er: »Mach dich fertig, ich warte unten.«

Valentin saß bereits an dem Tisch und wartete. Zwanzig Minuten später frühstückten wir. Wir unterhielten uns über Lörrach und die Freizeitmöglichkeiten für Andrea und Alexander. Danach stand er auf und sagte: »Komm, wir haben noch viel zu tun!« Anfangs dachte ich, dass er gehen werde, aber Valentin blieb. Ich folgte ihm.

Es vergingen weitere drei Tage intensiven Lernens. Ich kam mir vor wie in der Universität, mit Valentin als Professor. So war er eben, Valentin. Einerseits glich er einer Nervensäge, andererseits war er der beste Kumpel, den man sich vorstellen konnte.

Acht Wochen später legte ich meine Prüfungen erfolgreich ab.

Wie sich während der schriftlichen Prüfung herausstellte, hatte ich Valentin viel zu verdanken, denn durch seine Lehrstunden hatte ich die Zusammenhänge des menschlichen Körpers besser verstanden.

DAS JAHR 2000

2000 sollte ein Jahr voller Ereignisse werden. Unser Umzug stand bevor. Anfang des Jahres fuhr ich mit Andrea und Alexander nach Lörrach, um eine Doppelhaushälfte zu besichtigen. Valentin war sie von einem Patienten vermittelt worden. Es war ein Neubau, dessen Innenräume noch fertig errichtet werden mussten. Das Objekt gefiel uns, und ich stimmte der Miete noch am selben Tag zu. Es war ein sehr schönes, helles Haus, das sich über zwei Etagen erstreckte.

Am Abend lud uns Valentin zum Essen ein. Aufgeregt erzählten meine Kinder ihrem Onkel von ihrer Schule in Bad Abbach und dass sie es kaum erwarten könnten, in eine andere Stadt zu ziehen. Gleichzeitig fiel es ihnen schwer, ihre Freunde zu verlassen.

Ich telefonierte mit Johanna und erzählte ihr, dass uns eine sehr intensive Zeit bevorstünde und ich nicht wisse, wie ich alles bewerkstelligen sollte. Sie sagte, dass es eine Möglichkeit gebe, wie wir den Umzug ohne Probleme bewältigen konnten. Johannas Idee war, dass ihr Sohn mit seinem Freund uns beim Umzug nach Lörrach helfen sollte. Beide waren Handwerker und kannten sich mit dem Ausbauen und Aufbauen der Möbel gut aus. Ich nahm ihren Vorschlag freudig an, denn ich wusste, dass ich mich auf sie verlassen konnte.

Sie versprach, mit ihrem Sohn und seinem Freund zu reden. Ich sollte ihr lediglich den genauen Zeitpunkt des Umzugs nennen, denn beide mussten für diese Zeit Urlaub nehmen.

Eines Tages im Frühling gingen Andrea und ich die Straße entlang, um einige Besorgungen zu machen. Ich sah einen roten Sportwagen an mir vorbeifahren, den ich nicht kannte. Aber ich erkannte Martin am Steuer. Mich überkam ein komisches Gefühl, denn es war seit langer Zeit das erste Mal, dass ich ihn sah. Andrea schaute mich an und fragte, ob ich die Frau neben ihm gesehen hätte, worauf ich ihre Frage verneinte. Dann sagte Andrea, dass die Frau neben Martin im Auto seine Freundin Daniela gewesen sei. Anscheinend sollte ich sie nicht sehen, oder ich wollte es nicht. Meine Tochter schüttelte den Kopf und lächelte, daraufhin sagte ich, dass nichts ohne Grund geschieht.

Als unser neues Zuhause in Lörrach fertig gestellt war, fuhr ich hin. Das Haus war sehr schön geworden, ebenso der kleine Garten dahinter. Ich war voller Freude und Erwartung auf unsere Zeit nach Bad Abbach.

Zwei Wochen vor dem Umzug kamen Johanna, ihr Sohn und sein Freund. Der Freund hatte einen größeren Transporter, den er in unserer Garage, die einen Zugang zum Haus hatte, abstellte. Auf diese Weise konnten die Umzugskartons und die Möbelteile unbeobachtet in den Lastwagen transportiert werden.

Johannas Sohn und sein Freund machten sich am nächsten Morgen an die Arbeit. Zuerst wurden die Möbel, auseinandergebaut und gut verpackt, in den Transporter getragen. Ich packte mit Hilda alles, was in die Kartons reinsollte. Johanna leistete uns Gesellschaft, indem sie uns Geschichten aus ihren jungen Jahren erzählte. Andrea und Alexander mussten noch einige Tage in die Schule, bevor die Sommerferien anfingen. Wir arbeiteten bis in die Nacht, um mit allem fertig zu werden. Wenn der Transporter mit Möbelteilen und Umzugskartons vollgeladen war, fuhren

Johannas Sohn und sein Freund nach Lörrach, um alles in unserem neuen Mietshaus abzuladen. Das geschah etwa drei Mal in der Woche. Wie durch ein Wunder wurden wir von keinem der Nachbarn gesehen. Möglicherweise deswegen, weil der Abtransport immer nachts stattfand. Zuerst wurde die oberste Etage ausgeräumt, danach folgten die zweite Etage und schließlich das Erdgeschoss.

Später erfuhr ich, dass unsere Nachbarn immer ein Klopfen gehört hatten, doch niemand hatte es mit unserem Umzug in Verbindung gebracht. Nachdem alles ausgeräumt worden war, fuhren, außer mir und meinen Kindern, die anderen nach Lörrach, um das Mobiliar wieder aufzubauen. Ich sah, dass im Keller noch einige Gegenstände auf dem Boden lagen, aber die wollte ich später holen.

Zusammen mit meinen Kindern räumte ich im Haus auf, es gab viel zu tun. Aber wir kamen gut voran. Nachts schliefen wir auf den Matratzen auf dem Boden. Es war nicht schlimm, denn die Nächte waren warm.

Nach zwei Tagen fuhren wir nach Lörrach, um nachzusehen, wie es voranging. Valentin rief jeden Abend an und erzählte begeistert, wie schnell alles im neuen Haus aufgebaut werde. Unterwegs schwelgten wir in Erinnerungen an die Zeit in Bad Abbach und schmiedeten Pläne für unsere Zukunft.

Als wir in Lörrach ankamen, standen vor unserem Haus mehrere Pflanzen. Ich freute mich, denn an diesem Tag hatte ich Geburtstag und war sicher, dass die Pflanzen etwas damit zu tun hatten. Wir betraten das Haus. Alle standen im Wohnzimmer, Valentin war auch da. Nach einem Geburtstagsständchen umarmten wir uns, und alle gratulierten mir. Ich weinte vor Freude. Die Herzlichkeit, die von ihnen ausging, war unbeschreiblich. Später saßen wir bei Kaffee und Kuchen, den Valentin zur Feier des Tages gekauft hatte. Mein Schlafzimmer, die Kinderzimmer und teilweise das Wohnzimmer wurden bereits aufgebaut.

Noch bevor es dunkel wurde, verabschiedeten wir uns, und ich fuhr mit Andrea und Alexander zurück nach Bad Abbach. Auf der Autobahn blinkten die anderen Autos uns ständig an. Ich wurde nervös und schimpfte vor mich hin. Nach einiger Zeit fuhr ein anderes Auto direkt an uns vorbei, wobei die Frau, die auf dem Beifahrersitz saß, mit ihrer Hand auf meinen vorderen Reifen zeigte. Danach fuhr sie weiter.

Nun verstand ich und fuhr sofort an die Seite. Mein vorderer Reifen hatte einen Platten, und es war nur eine Frage der Zeit, bis es zu einem Unglück gekommen wäre. Bei dieser Geschwindigkeit hätte es womöglich keiner von uns überlebt.

Ich informierte die Autobahnpolizei und den ADAC. Wir hatten Glück, denn das Autobahntelefon befand sich nicht weit von uns. Die Polizei blieb eine Zeitlang bei uns. Danach wurde sie zu einem Unfall gerufen. Nach zwei Stunden war der Reifen vom ADAC repariert worden.

Die nächsten zwei Tage waren wir mit Aufräumen beschäftigt. Am letzten Tag brachten wir die alten Matratzen zum Wertstoffhof. Deswegen schliefen meine Kinder und ich in meinem Auto auf einem Parkplatz vor einem nahegelegenen Hotel.

Irgendwann, kurz vor dem Sonnenaufgang, klopfte jemand an die Scheibe. Es war die Hotelbesitzerin, die uns mitteilte, dass es Privatgrund sei und wir sofort verschwinden sollen. Sie erkannte mich nicht, ich senkte den Kopf, um nicht erkannt zu werden. Danach fuhr ich los.

Die Anspannung der letzten Wochen ließ ihren freien Lauf. Ich weinte bitterlich, als wir den Ort verließen. Andrea und Alexander saßen bedrückt auf ihren Plätzen.

Heute bin ich sicher, dass alles zusammengekommen war:

die Ereignisse der letzten Jahre und die endgültige Entscheidung, Bad Abbach für immer zu verlassen. Nach einiger Zeit wurde ich ruhiger, und wir fuhren dem Sonnenaufgang entgegen.

KAPITEL 17:
IN LÖRRACH

ANONYM IN LÖRRACH

In den ersten Tagen in Lörrach waren wir mit Einräumen, Umräumen und Aufbauen der Möbel beschäftigt. Ich beschloss, die ersten drei Monate mit meinen Kindern anonym zu bleiben. Für mich war es die beste Möglichkeit, damit wir uns in Ruhe einleben konnten. Ich befürchtete nämlich, dass Martin uns nachstellen könnte. Bereits nach einigen Tagen war unser Haus vollständig eingerichtet. Es war nicht problematisch, denn wir hatten alles aus unserem alten Haus mitgebracht. Bald darauf fuhren Johanna, ihr Sohn und sein Freund nach Hause. Zuletzt nähte Hilda die Gardinen und Vorhänge um, die an allen Fenstern angebracht wurden. Es sah alles sehr schön und sauber aus.

Wir gewöhnten uns sehr schnell an die neue Umgebung. Valentin besuchte uns fast jeden Tag. Es war eine sehr ruhige Zeit.

Meine Kinder und ich erkundeten die naheliegenden Ortschaften. Die Freiheit, die wir in dieser Zeit genossen, war unbeschreiblich. Wir mussten keinen spionierenden Nachbarn oder Kommentare von Bekannten fürchten. Eines Nachmittags im Café sagte Andrea: »Mama, so eine Ruhe wie in den letzten Wochen habe ich noch nie gespürt.« Mir wurde klar, unter welchem Druck Andrea und Alexander gestanden hatten.

Die Zeit verging schnell und bald begann das neue Schuljahr in Lörrach.

Andrea und Alexander besuchten mittlerweile die Oberstufe des hiesigen Gymnasiums. Alexander hatte noch zwei Jahre bis zum Abitur, Andrea noch drei. Sehr erfreulich war, dass beide mit dem Fahrrad in kurzer Zeit ihre Schule erreichen konnten. Auch die Musikschule und Sportvereine lagen nicht weit entfernt.

Beide waren etwas aufgeregt vor dem ersten Schultag, ich natürlich auch. Andrea und Alexander waren darüber besorgt, wie sie in der neuen Schulklasse von ihren Mitschülern aufgenommen werden würden.

Johanna riet mir, den Schulleiter über unsere Familiensituation zu unterrichten. Mir war es nicht recht, denn ich wollte unsere Vergangenheit vor den Menschen in Lörrach nicht preisgeben. Aber sie meinte, dass es wichtig sei. Ich musste nicht lange warten, bis sich ihre Worte bewahrheiteten.

Also ging ich in die Schule, um mit dem Schulleiter zu sprechen. Er war ein älterer, sehr angenehmer Mann, der viel Ruhe ausstrahlte. Ich stellte ihm unsere Situation vor, und er hörte mich in Ruhe an. Danach sagte er: »Ich danke Ihnen für Ihr Vertrauen und werde die Situation im Auge behalten.«

UNSERE ZEIT DER ANONYMITÄT ENDET

Sobald die ersten drei Monate vorbei waren und unsere Anonymität aufgehoben worden war, war es vorbei mit dem friedlichen Leben.

Zwei Tage später kam Andrea völlig aufgelöst von der Schule und sagte, dass sie ihren Vater an einer Ampel mit einer Frau im Auto gesehen hatte. Ich beruhigte sie, dass er uns nichts mehr antun könne und wir vor ihm sicher seien. Als sie von einer Frau neben Martin sprach, dachte ich sofort an dessen Anwältin.

An diesem Tag waren beide sehr unruhig, denn sie kannten ihren Vater, der sie andauernd zum Verlassen des Gymnasiums überreden wollte, mit der Begründung, dass ein guter Beruf und frühes Geldverdienen besser als ein Studienabschluss seien. Sie erwähnten dieses Thema einige Male nach einem Wochenendtreffen mit Martin. Der Grund war, dass er unbeschwert eine neue Familie gründen wollte.

Am nächsten Tag gegen 10 Uhr rief mich der Mathematiklehrer von Andrea an. Er teilte mir mit, dass sie während des Unterrichts völlig aufgelöst gewesen war und geweint hatte. Er wollte wissen, was bei uns los sei, denn er hatte noch keinen Schüler in diesem Zustand in seinem Unterricht gesehen.

Ich unterrichtete ihn, dass wir die ersten drei Monate anonym in Lörrach gewohnt hatten, die Anonymität aber vor Kurzem aufgehoben worden war. So hatte Andreas Vater unseren neuen Wohnort erfahren. Er fragte nicht weiter. Er schien die Situation verstanden zu haben, denn zum Schluss versprach er, Andrea zu unterstützen und zu schützen.

Am frühen Nachmittag klingelte es an der Tür, es war Andrea. Sie war unruhig, und ihre Augen waren gerötet, was darauf hindeutete, dass sie geweint hatte. Während des Essens erzählte sie, dass sie vom Leiter der Schule ins Sekretariat gerufen worden war. Er teilte ihr mit, dass Martin mit seiner Anwältin in der Schule gewesen sei und alle Unterlagen, auch die von Alexander, zur Herausgabe verlangt habe. Daraufhin sagte er: »Die Unterlagen Ihrer Kinder werden dahin geschickt, wo sie wohnen. In dem Fall ist es die Adresse Ihrer Frau und nicht Ihre.« Daraufhin habe er Martin und dessen Anwältin aufgefordert, die Schule zu verlassen.

Martin war wohl sehr zornig, denn er sagte: »Das wird ein Nachspiel für Sie haben!« Daraufhin hatte der Direktor Andrea zu sich gerufen und sie gefragt, ob er richtig gehandelt habe. Ihr Vater habe ihn bedroht. Er fragte, ob sie und Alexander tatsächlich wenig Kontakt zum Vater hätten. Andrea antwortete, dass sie keinen Kontakt zu ihm haben wolle, weder jetzt noch in Zukunft. Erleichtert sagte der Schulleiter: »Das ist gut, dann habe ich richtig gehandelt. Du bist ein kluges Mädchen!«

Die Aufregung der letzten Stunden hatte sich gelegt, und die Situation entspannte sich. Als Alexander von der Schule kam, erzählte er, dass Martin in der Schule gewesen sei und er ihn gesehen habe.

Während Andrea einen Hang zum Perfektionismus hatte und alles nach Plan laufen musste, war Alexander der geborene Optimist, trotz der Unterdrückung und des brutalen Vorgehens seines Vaters. Das Resultat war, dass Alexander sehr schnell neue Freunde fand, während Andrea lange nach ihnen suchen musste. In den ersten Monaten weinte sie oft und rief ihre alten Freunde in Bad Abbach an.

Alexanders Freunde besuchten ihn zu Hause. Sie lernten gemeinsam für die Schule und spielten Computerspiele. Es war eine außergewöhnliche Klasse, denn jeder war für jeden da. Sie unterstützten sich gegenseitig.

Valentin beschloss, seine gynäkologische Praxis selbst weiterzuleiten. Dr. Seeger wurde aufgefordert, die Praxis zu verlassen. Seit dieser Zeit war Valentin der einzige Chef, und bald kehrte Ruhe in seiner Praxis ein.

Es war an der Zeit, über meine Tätigkeit in seiner Praxis zu sprechen. Valentin hatte die Idee, mich zunächst neben seiner Sekretärin im Büro einzustellen. Ich sollte die Buchführung übernehmen. Der nächste Schritt war, alle rechtlichen Vorkehrungen bezüglich meiner Heilpraktikertätigkeit in den hinteren Räumen der Arztpraxis vorzunehmen. Bald darauf trafen wir uns mit Valentins Steuerberater und dem Wirtschaftsberater in seiner Praxis. Ich durfte meinen Beruf nur dann ausüben, wenn meine

Behandlungsräume und der dazugehörige Wartebereich von der übrigen Arztpraxis getrennt waren. Um alles rechtlich abzusichern, musste ich einen Mietvertrag unterschreiben.

Zwei Wochen später war der Umbau der hinteren Räume fertiggestellt. Nun stand meiner Tätigkeit als Heilpraktikerin nichts mehr im Wege.

Die nächste Zeit verbrachte ich damit, meine Praxisräume einzurichten. Die Zimmer waren möbliert, aber ich brauchte verschiedene Untersuchungsgeräte. Ich hatte Spaß, alles zu organisieren, so wie ich es damals für die Arztpraxis mit Martin in Bad Abbach getan hatte.

Ich beschloss, eine Ausbildung in Traditioneller Chinesischer Medizin (TCM) zu machen. Im November desselben Jahres war es so weit, und ich fing eine TCM-Ausbildung an einer Schule in Lörrach an. Wir waren achtzehn Heilpraktiker, und die Ausbildung dauerte drei Jahre.

Ich konnte meine eigene Naturheilpraxis ausbauen. Mithilfe von Valentin machten immer mehr Patienten Termine zur Behandlung bei mir aus. Ich gewann mit der Zeit an Erfahrung, und meine Patienten waren sehr zufrieden. Es zahlte sich aus, denn in kurzer Zeit verdiente ich so viel Geld, dass wir von Martin nicht mehr finanziell abhängig waren.

Ende November kam ein neuer Gerichtsbeschluss. Martin hatte die Scheidung eingereicht. Ich hatte nichts dagegen, denn für mich hatte unsere Ehe keinen Bestand mehr. Mitte Dezember fand die Gerichtsverhandlung statt. Der Richter teilte mir mit, dass es eine reine Formalität sei, denn in Polen, wo die Trauung stattgefunden hatte, war ich längst geschieden.

Demnach hatte Martin, ohne mein Wissen, an seinem Heimatort die Scheidung eingereicht. Ich erfuhr nichts davon. Die Information zum Scheidungsantrag wurde in Polen sechs Wochen lang im Standesamtsgebäude ausgeschrieben. Nach dieser Zeit war die Scheidung, wenn es keine Einwände gab, rechtskräftig. Martins Hinterhältigkeit kannte keine Grenzen. Vielleicht dachte er, dass ich der Scheidung nicht zugestimmt hätte.

Als wir den Gerichtsraum verließen, sagte er leise: »Ich werde um Andrea und Alexander kämpfen.« Ich schmunzelte, sagte aber nichts. Denn unsere Kinder waren in einem Alter, wo sie selbst bestimmen konnten, bei welchem Elternteil sie leben wollten. Ich wusste nicht, was Martin damit bezwecken wollte. Bald darauf erfuhr ich, dass die Lebensgefährtin von Martin schwanger war und der Termin für ihre Heirat feststand. Damit war klar, warum er sich mit der Scheidung so beeilt hatte.

Wie sich bald herausstellte, ließ Martin uns nicht in Ruhe. Eines Tages sah ich aus dem Küchenfenster eine blonde junge Frau vor unserem Haus stehen. Ich wusste nicht, wer sie war. Sie schaute eine Weile auf unser Haus. Plötzlich sagte Hilda in aufgeregtem Ton, dass diese Frau gestern an unserer Haustür geklingelt habe. Sie hatte noch eine Weile vor der Tür gestanden, bevor sie gegangen war.

Ich öffnete der Frau die Tür. Wie sich herausstellte, war es Frau Weiß vom Jugendamt. Ich führte sie ins Wohnzimmer. Danach bot ich ihr eine Tasse Kaffee an. Während ich in der Küche den Kaffee zubereitete, sah ich, wie Frau Weiß sich sehr genau umschaute. Es war, als ob sie alle Gegenstände in sich aufsaugte. Kein Wunder, denn die Möbel samt Lampen und Teppichen waren sehr hochwertig. Ihr Blick blieb am Klavier hängen. Sie fragte, ob jemand Klavier spiele. Ich antwortete, dass Alexander Klavierunterricht nehme und ich Musik studiert hatte. Während sie den Kaffee trank, teilte sie mir mit, dass Martin das Jugendamt beauftragt habe, sich unserer anzunehmen, denn er sei nicht sicher, ob ich dazu imstande sei. Ich lächelte, denn mir war klar, dass er mir auch an diesem Ort nachstellen würde.

Frau Weiß erkundigte sich nach unserem Befinden, ob alles in Ordnung sei und ob wir uns gut in Lörrach eingelebt haben. Ebenso fragte sie mich über unser Leben in Bad Abbach aus, über unsere familiäre Situation und über Martin. Sie hörte genau zu und ich versuchte, unsere Situation verständlich zu machen. Auch dass Andrea und Alexander auf dem Gymnasium seien und sie ihren Hobbys und Aktivitäten nachgingen. Alexander hatte neben dem Klavierunterricht auch an Fußball- und Tennisspielen teilgenommen. Während Andrea Handball spielte und begeistert Tanzunterricht nahm. Andrea hatte einen festen Tanzpartner, aber bevor sie sich zu den professionellen Tänzerinnen zählen durften, gab sie das Tanzen wegen ihres Studiums auf.

Es dauerte nicht lange, als es an der Tür klingelte. Andrea und Alexander kamen von der Schule. Beide begrüßten Frau Weiß freundlich, setzten sich an den Tisch, und ich servierte ihnen das Mittagessen. Nachdem beide gegessen hatten, bedankten sie sich und trugen das Geschirr in die Küche.

Es war nicht gespielt, denn für uns war es die Regel. Frau Weiß beobachtete alles sehr genau. Danach sagte Alexander: »Mama, ich muss gleich zum Klavierunterricht, und danach möchte ich Fußball spielen gehen.« Andrea sagte: »Ich habe noch viel zu lernen und gehe gleich nach oben.«

Währenddessen packte Alexander seine Notenhefte zusammen. Frau Weiß staunte über das Verhalten meiner Kinder, sagte aber nichts. Sie unterhielt sich noch kurz mit ihnen, danach verabschiedete sie sich mit den Worten: »Vielen Dank für den Kaffee, die meisten Leute, die ich besuchen muss, sind nicht so nett.« Ich antwortete: »Ich sehe keinen Grund, nicht nett zu Ihnen zu sein.« Danach verließ sie lächelnd unser Haus.

Andrea und Alexander fragten mich, wer sie sei. Ich antwortete, dass es eine Mitarbeiterin des Jugendamtes sei. Mein Sohn fragte lächelnd, ob sie nicht zu alt für das Jugendamt seien. Ich antwortete: »Das schon, aber ihr seid noch nicht volljährig.« Daraufhin sagte Andrea mit ärgerlicher Stimme: »Kann er uns nicht einfach in Ruhe lassen? Jetzt hat er doch eine neue Frau, um die sollte er sich besser kümmern.« Ich antwortete nicht, denn die Stimmung war etwas aufgeheizt, und einer Diskussion darüber war die Sache nicht wert.

Unsere Haushälterin kam die Treppe herunter, und als sie erfahren hatte, wer die blonde Frau war, sagte sie seufzend: »Euer Vater wird euch nicht in Ruhe lassen, hoffentlich geht alles gut.« Sie hatte recht, denn es sollten noch viele Jahre vergehen, bis Ruhe in mein Leben eingekehrt war.

Der Besuch von Frau Weiß beschäftigte mich den ganzen Nachmittag. Martin wollte alles und jeden kontrollieren und dominieren. Anscheinend ging an ihm die Tatsache vorbei, dass unsere Kinder keine Kinder mehr waren, sondern junge Menschen, die in absehbarer Zeit Abitur machten.

Die Weihnachtsfeiertage verbrachten wir bei meinen Eltern, auch Valentin war dabei.

Seit einigen Wochen hatte auch Andrea Anschluss zu ihren neuen Klassenkameraden gefunden. Sie war glücklich und blühte regelrecht auf. Jetzt strahlte sie mehr Ruhe aus, was mich sehr freute.

DAS JAHR 2001

Der nächste Gerichtstermin war für Ende Januar angesetzt, dieses Mal ging es um das Sorgerecht für Andrea und Alexander. Zwei Wochen vor der Verhandlung bekamen wir den nächsten Besuch von Frau Weiß. Sie bat mich, alles, worüber ich sie beim letzten Besuch unterrichtet hatte, zurückzunehmen. Unter anderem auch das Alkoholproblem von Martin und sein Eindringen in unser Haus in Bad Abbach.

Ich staunte und sagte, dass ich es nicht tun könne, denn es entspreche der Wahrheit und ich könne es bezeugen. Nachdem sie mich nicht hatte überzeugen können, verließ sie unser Haus.

Ich saß fassungslos da, anscheinend war sie von Martin um den Finger gewickelt worden. Sie war auch auf seine Freundlichkeit hereingefallen.

Drei Tage nach diesem Vorfall kam ein Brief vom Jugendamt, in dem ich aufgefordert wurde, unsere jetzige Situation in Lörrach und die in Bad Abbach zu schildern. Krampfhaft überlegte ich, was ich schreiben sollte.

Am Abend rief ich Johanna an und erzählte ihr, was das Jugendamt von mir verlangte. Sie überlegte kurz, dann sagte sie: »Warum schreibt nicht jeder von euch einen Brief und schildert alle Vorkommnisse mit Martin selbst.« Es war eine grandiose Idee, denn wenn meine Kinder sich dazu selbst äußerten, konnte man mir später nicht unterstellen, dass ich gelogen hatte.

Andrea und Alexander waren mit diesem Vorschlag einverstanden. Jeder von uns schrieb einen Brief an das Jugendamt, in dem er die Vorkommnisse der letzten Jahre darlegte. Andrea verfasste zwei Seiten, in denen sie erläuterte, wie ihr Vater in der Vergangenheit gewesen war. Sie stellte sein Alkoholproblem dar und schrieb über die Schläge und Beleidigungen ihres Vaters.

Alexanders Darstellung passte auf eine Seite. Er stellte in Kurzform dar, was er über seinen Vater erzählen wollte.

Der letzte Satz seiner Schilderung lautete: »Soll er doch in seiner Alkoholflasche ertrinken.«

Einige Tage vor der Gerichtsverhandlung, nachdem das Jugendamt unsere Briefe erhalten hatte, rief Frau Weiß mit der Bitte an, dass wir uns dem Jugendamt persönlich vorstellen sollten. Wir verabredeten uns für den nächsten Tag.

Nach der Schule fuhren meine Kinder und ich zum Jugendamt. Es war anscheinend eine Formalität, denn wir wurden in einen Raum gebeten, in dem eine mir unbekannte Mitarbeiterin am Schreibtisch saß. Sie fragte mich freundlich, ob sie mit Andrea und Alexander allein reden dürfe. Ich stimmte zu, denn ich hatte nichts zu verheimlichen.

Zuerst wurde Alexander aufgerufen und nach einer halben Stunde Andrea. Die freundliche Mitarbeiterin des Jugendamtes stellte mir Fragen über unsere Vergangenheit, über Martin als Vater und über unser Eheleben. Danach sagte sie, dass Martin im Flur sei und Alexander und Andrea ihren Vater nicht sehen wollten. Aus diesem Grund ließ man uns durch eine Hintertür das Gebäude verlassen. Ende Januar fand die Gerichtsverhandlung statt. Ich war sehr überrascht, denn die freundliche Mitarbeiterin des Jugendamtes, die uns nacheinander befragt hatte, entpuppte sich als die Richterin, die nun die Verhandlung führte.

Bevor wir das Gebäude betraten, sah ich auf einer Brücke vor dem Gerichtsgebäude eine Gruppe junger Menschen stehen. Sie jubelten Andrea und Alexander zu und wünschten ihnen viel Glück. Es waren ihre Freunde.

Als wir das Gerichtsgebäude betraten, waren Martin und seine Anwältin bereits anwesend. Andrea und Alexander sagten knapp Hallo und gingen an ihnen vorbei. Daraufhin wollte Martins Anwältin beiden Kindern ihre Hand zur Begrüßung reichen. Sie übersahen absichtlich ihre Geste und gingen weiter.

Es war eine sonderbare Situation, denn es war das erste Mal, dass wir uns alle im Gericht trafen. Ich spürte, dass auch Andrea und Alexander sich unwohl fühlten. Kurze Zeit später kam meine Anwältin. Mit einem Lächeln begrüßte sie Martin und seine Anwältin. Danach kam sie zu uns. Ich fand ihre Begrüßung mehr als eigenartig. Meinen Kindern war ihre Zuneigung gegenüber der Gegenseite nicht entgangen.

Als wir den Gerichtssaal betraten, bat die Richterin Andrea und Alexander, gemeinsam mit ihr in einen anderen Raum zu gehen. Martin wandte sofort ein: »Was ist denn los? Wieso sollen die Kinder mit rausgehen?« Die Richterin sagte: »Ich möchte Ihren Kindern diesen Stress ersparen!« Alle drei verließen den Saal.

Martin murmelte etwas Unverständliches, worauf ihn seine Anwältin aufforderte, sich zu beruhigen. Während dieser Zeit saßen wir ruhig auf unseren Plätzen, ohne uns anzuschauen. Es dauerte etwa 20 Minuten, bis die Richterin zurückkam. Danach wurde die Verhandlung fortgesetzt.

Die Richterin erklärte uns, dass sie unsere Kinder, die dieses Mal nicht einzeln befragt wurden, gefragt hatte, ob sie ihren Vater regelmäßig, bis sie volljährig wären, treffen wollten. Beide lehnten diesen Vorschlag ab.

Nach der Befragung fragten Andrea und Alexander, ob sie nach Hause gehen dürften.

Vor dem Gerichtsgebäude warteten Alexanders Freunde. Als beide herauskamen und er ihnen mit einer Handbewegung zu verstehen gab, dass alles gut verlaufen war, jubelten sie. Anschließend gingen alle, auch Andrea, in ein Café.

Wir hörten das Jubeln der jungen Leute, denn das Fenster stand offen. Ich erklärte der Richterin, dass die Gruppe Freunde von Alexander und Andrea seien.

Martin beharrte auf dem Sorgerecht für die Kinder und meinte, dass es meine Schuld sei, wenn ihn unsere Kinder nicht treffen wollten. Die Richterin sagte, dass Andrea und Alexander aufgrund ihres Alters ihre eigene Entscheidung treffen dürften und dass man weder die Kinder noch mich dazu zwingen könne, sich mit ihm zu treffen. Damit hatte Martin nicht gerechnet, er war sichtlich enttäuscht. Er hatte weder das Sorgerecht für Andrea und Alexander erwirkt, noch durfte er sie sehen.

Die Richterin meinte zum Schluss, dass die Aussagen unserer Kinder glaubhaft seien. Sie wandte sich Martin zu und sagte: »Vielleicht kommt einmal der Zeitpunkt, wenn die Kinder erwachsen geworden sind, dass sie Sie sehen wollen. Aber nicht jetzt.«

Martin konnte vielen Menschen etwas vormachen, aber nicht dieser Richterin. Er verließ den Gerichtssaal mit gesenktem Kopf. In diesem Moment hatte ich Mitleid mit ihm. Ich stand mit meiner Anwältin noch eine Weile im Flur, als Martin mit schnellen Schritten an uns vorbeiging. Anscheinend hatte er die Toilette aufsuchen müssen, bevor er das Gerichtsgebäude zusammen mit seiner Anwältin verließ. Wir schauten ihm nach, als er die Treppen hinunterging. Plötzlich stolperte er, und hätte seine Anwältin ihn nicht aufgefangen, wäre er hinuntergestürzt.

Als er an uns vorbeiging, roch es nach Alkohol. Ich verwarf diesen Gedanken schnell, denn, so dachte ich, in einem Gerichtsgebäude würde er sich nicht trauen, Alkohol zu trinken. Doch ich hatte mich geirrt: So unglaublich es auch klingt, Martin war betrunken. Er entschuldigte sich und torkelte weiter.

Andrea und Alexander hatten viele Freunde, sie besuchten

sich gegenseitig. Es freute mich, dass beide in Lörrach Anschluss gefunden hatten und jetzt ein normales Leben führen konnten. Beide feierten gern Partys, und wenn es für mich zu viel wurde, griff Valentin ein und tadelte sie. Sie respektierten seine Meinung und liebten ihn. Er war immer zur Stelle, wenn sie seine Hilfe brauchten. Ich schätzte Valentins Hilfe sehr, denn ich wusste, dass nicht jeder so einen Bruder hatte, auf den man jederzeit zählen konnte. Sie wurden oft von ihrem Onkel zum Essen oder ins Kino eingeladen, manchmal steckte er ihnen Geld zu. Es war ein Dreiergespann, das immer füreinander da war. Oft gehörte ich dazu, aber die meisten Geheimnisse erfuhr Valentin.

Ich war zufrieden mit meinem Leben. Mit dem Geld, das ich verdiente, konnte ich vollständig für unseren Lebensunterhalt sorgen. Martin musste nur noch meine Rente nachzahlen. Bis zu unserer Trennung hatte ich in unserer Arztpraxis gearbeitet, ohne angemeldet zu sein. Das war ein Fehler, denn dadurch hatte ich keinen Rentenanspruch. Dieses Thema wurde gleich zu Anfang der Gerichtsverhandlungen abgehandelt.

Damals fragte der Richter, ob ich in der Praxis mitgearbeitet hätte und wie viele Stunden es gewesen seien. Sofort legte Martin Einspruch ein, indem er sagte, dass ich mit der Praxis wenig zu tun gehabt hätte. Ich war überrascht über seine Lüge. Ich revidierte seine Lüge, indem ich klarstellte, dass ich für die gesamte Buchführung zuständig war. Ich bat den Richter, meine Unterschriften auf den Überweisungen zu prüfen. Nun wandte sich der Richter Martin zu und fragte, ob das, was ich sagte, der Wahrheit entspreche. Ohne den Richter anzuschauen, antwortete er leise: »Na ja, die eine oder die andere Überweisung hat sie ja unterschrieben.« Mit dieser Aussage war das Urteil besiegelt. Der Richter ordnete die gesamte Rentennachzahlung der letzten vierzehn Jahre an.

Ab diesem Zeitpunkt kehrte bei uns mehr Ruhe ein. Andrea und Alexander waren gute Schüler, und meine Tätigkeit als Heilpraktikerin erfüllte mich ganz. Ich gehörte zu den glücklichen Menschen, die ihre Arbeit liebten und sich jeden Tag darauf freuten. Mit Hilda an der Seite konnte ich nun einige Zusatzausbildungen machen. Eine davon war die dreijährige Ausbildung in Traditioneller Chinesischer Medizin mit der Abschlussprüfung in Hangzhou in China. Beinahe alle Wochenenden waren für die Ausbildung verplant. Bereits nach einem Jahr konnte ich mein Wissen, das ich in der Ausbildung erworben hatte, anwenden.

An diesen Tagen kam ich sehr spät nach Hause, denn die TCM-Schule war außerhalb Lörrachs. Eines Nachts um zwölf Uhr, als ich nach Hause kam, warteten Andrea und Alexander auf mich. Wir setzten uns mit einer Tasse Tee an den Tisch. Unser Thema war das Älterwerden. Am Ende der Unterhaltung fragte ich meine Kinder, wo ich sein werde, wenn ich alt bin. Die Antwort kam wie aus einem Mund: »Du gehst natürlich ins Altersheim!«

Ich hätte mich an meinem Tee beinahe verschluckt. Aber es war eine Zeit, in der die Familien ihre Eltern ins Altersheim beförderten. Danach legten wir uns schlafen.

Am nächsten Tag erinnerte ich mich an die Worte meiner Kinder. Nach diesem Gespräch beschloss ich, ein Haus zu kaufen. Damit, dachte ich, würde ich unabhängiger und finanziell flexibler in der Zukunft sein.

Bereits zwei Tage später suchte ich einen Makler in Freiburg. Nachdem ich ihm gesagt hatte, dass ich in zwei Jahren ein Haus kaufen wolle, antwortete er: »Ich habe jetzt ein Haus, aber Sie müssen sich schnell entscheiden!« Ich war überrascht und etwas verunsichert, denn es ging sehr schnell, aber ich stimmte einer Besichtigung zu. Einige Tage später traf ich Herrn Wender vor dem

Haus, das ich erwerben sollte. Es war ein sehr großes Haus, mit einem Garten davor und dahinter. Nach der Besichtigung gab es für mich keinen Zweifel, es zu erwerben.

Es war groß genug, um im Erdgeschoss eine Naturheilpraxis zu errichten. Nachdem die Genehmigung für Geschäftsräume erteilt worden war, stand dem Hauskauf nichts mehr im Wege. Herr Wender war über meine Entscheidung sehr erfreut und sagte: »Sie sind die einzige Interessentin, die dieses Haus umbauen will, alle anderen wollten es abreißen lassen. Deswegen habe ich mich entschlossen, Ihnen dieses Objekt zu verkaufen.«

Nach zwei Wochen war der Hauskauf beim Notar besiegelt, und ich war die neue Besitzerin. Von der Bank bekam ich genügend Darlehen, um es nach meiner Vorstellung umzubauen.

Es dauerte ungefähr ein halbes Jahr, bis es fertiggestellt war. Der vordere Garten wurde zum Parkplatz umgebaut, im Erdgeschoss entstand eine sehr schöne Naturheilpraxis, sehr geräumig mit hellen Räumen. Unser Wohnbereich befand sich in der ersten Etage, sie war groß genug für zwei Familien. Die eine Hälfte bewohnte ich, die andere Hälfte Andrea und Alexander. Am Ende gab es ein großes Einweihungsfest, zu dem alle Nachbarn und die Baufirma eingeladen waren.

Ich merkte, dass Hilda sich in einen der Handwerker verliebt hatte. Daraus wurde jedoch nichts, denn er erwiderte ihre Gefühle nicht.

Es war Ende November, als wir in das neue Haus einzogen. Alles bisherige Inventar verkauften wir an einen russischen Händler. Das Einzige, was wir mitnahmen, waren unsere persönlichen Sachen. Zum Schlafen wurden Reisebetten aufgestellt. Die gesamte restliche Einrichtung sollte in einigen Wochen geliefert werden. Überall im Haus hatte sich der Staub vom Umbau abgesetzt.

Deswegen hatten wir morgens oft nach dem Aufstehen Staub in den Haaren und auf der Bettdecke.

ANDREAS ATEMNOT

Eines Abends klagte Andrea über Atemnot. Es war das erste Mal, und so dachte ich, es würde ihr bald besser gehen. Aber es dauerte nicht lange, und sie wurde sehr blass im Gesicht. Plötzlich schwoll ihr Gesicht an, danach der gesamte Körper. Es ging sehr schnell. Ich rief Valentin an und schilderte ihm, was passiert war. Ich sollte Andrea sofort in seine Arztpraxis bringen, dort wollte er ihr Blut abnehmen. Doch aufgrund der enormen Körperschwellung war es nicht möglich, sie hinzubringen. Valentin forderte einen Rettungswagen an, und gemeinsam fuhren wir in das nahegelegene Krankenhaus.

Nachdem Andrea untersucht worden war, konnten sich die Ärzte bezüglich der Diagnose nicht einigen. Die Diagnose war ein Stoffwechselproblem. Ihr wurde eine Infusion mit Kortison verabreicht. Nachdem die Schwellung zurückgegangen war, fuhren wir nach Hause. Valentin war sehr besorgt und schlug vor, die Ursache schnellstmöglich abzuklären. Das Ganze wiederholte sich noch zwei Mal. Nachdem das untersuchte Blut keine Diagnose ergeben hatte, untersuchte ich Andrea nach meiner Weise. Meine Diagnose ergab, dass es sich um Parasiten handelte. Die Therapie dauerte fast zwei Jahre. Seitdem hatte sie keinen Anfall mehr und gilt als geheilt.

DAS JAHR 2002

Ende Januar wurden alle Möbel geliefert, auch die Praxismöbel waren dabei. Schon bald konnte ich die neuen Praxisräume beziehen. Valentin freute sich für mich, denn seine Praxis vergrößerte sich. Er brauchte die hinteren Räume, in denen ich bisher praktiziert hatte.

Dadurch, dass ich jetzt mehr Raum hatte, konnte ich meinen Patienten mehr Leistungen anbieten.

DIE LETZTE GERICHTSVERHANDLUNG

Ende März gab es die nächste und letzte Gerichtsverhandlung. Frau Röse hatte ich gekündigt und stattdessen einen neuen Anwalt engagiert. In dieser Verhandlung ging es um die Vermögensaufteilung oder um das, was noch zum Aufteilen geblieben war. Es war nicht mehr viel, denn Martins Anwältin arbeitete gut, und ich war finanziell unabhängig. Wir einigten uns schnell. Es gab aber noch einen Verhandlungsgegenstand.

Martin hatte Bedenken, dass ich ihn wegen des Ghostwriters für seine Doktorarbeit anzeigen könnte. Er brachte einen Stein ins Rollen, der ihn fast seinen Doktortitel gekostet hätte. Alle, außer seiner Anwältin, schauten in seine Richtung. Martin verlangte von mir, ein Dokument zu unterschreiben, in dem es um mein Stillschweigen zu diesem Thema ging. Ich lehnte mit der Begründung ab, dass mit mir auch seine Anwältin und die anderen Anwesenden über seinen Betrug unterrichtet seien. Die Richterin griff ein und sagte: »Ihre Frau hat recht, Sie haben sich selbst geoutet, sodass sie keinen Grund hat, irgendetwas zu unterschreiben.« Außerdem gab sie Martin zu verstehen, dass er aufhören solle, mich wegen jeder Kleinigkeit vors Gericht zu zerren. Es war unsere letzte Gerichtsverhandlung.

ALEXANDERS SCHULABSCHLUSS

Anfang Mai machte Alexander sein Abitur. Er bereitete sich mehrere Wochen auf diesen großen Tag vor. Er war schon immer ein ordentlicher Chaot, was so viel bedeutet, dass sein Zimmer mit Notizen und Büchern belagert war. Aber er konnte auf Kommando aus seiner Unordnung den kleinsten Notizzettel herausfischen. Sein Zimmer betrat ich nicht mehr, denn wir gerieten deswegen immer wieder aneinander.

Nun kam der große Tag, an dem Alexander seine erste Abiturprüfung schrieb. Nachdem wir gemeinsam in einem Café gefrühstückt hatten, brachte ich ihn zur Schule. Auf dem Heimweg konnte ich meine Tränen nicht zurückhalten. Nicht weil ich traurig war, sondern weil mir klar wurde, dass er in einigen Monaten wegen eines Studiums in eine andere Stadt ziehen würde. Ich war stolz auf meinen Sohn.

KAPITEL 18: ALEXANDERS ABITUR

Alexander bestand sein Abitur mit Erfolg. Sein Ziel war es, Wirtschaft zu studieren. Es war nicht einfach, einen Studienplatz für diese Fachrichtung an einer renommierten Hochschule zu bekommen. Hinzu kam, dass außer in Bayern und Baden-Württemberg in allen anderen Bundesländern das Schuljahr beginnen sollte und die Mehrheit der Schulabgänger sich bereits an den Universitäten eingeschrieben hatte. Aber nach drei Wochen wurde Alexander in Karlsruhe angenommen.

Wegen der verspäteten Anmeldung kam er ins Auswahlverfahren. Er freute sich sehr, denn seine Wunschorte waren Aachen und Karlsruhe. Zusammen mit ihm studierten auch einige Schulfreunde aus Lörrach.

Vor dem Beginn des Semesters fuhr ich mit Alexander nach Karlsruhe, um für ihn eine geeignete Wohnung zu finden. Bei dieser Gelegenheit übergab ich ihm ein Sparbuch, in das ich monatlich 150 Euro eingezahlt hatte. Ich mietete für uns ein Zimmer im Hotel.

Nach einigen Tagen des Suchens fanden wir schließlich eine kleine möblierte Wohnung in der vierten Etage eines Hochhauskomplexes. Sie befand sich an einer Hauptstraße, die sehr laut war. Aber wir waren glücklich über diese Lösung. Später fand er eine ruhigere und größere Wohnung, die ihm sehr gefiel. Diese befand sich in der Nähe der Hochschule.

Es war ein sonderbares Gefühl, nachdem Alexander seine Sachen gepackt hatte und zum Studieren gegangen war. Manchmal kämpfte ich mit den Tränen, denn es war mir bewusst, dass für uns ein neuer Lebensabschnitt begann. Er hatte nach wie vor einen engen Kontakt zu Valentin, der ihm in jeder Lebenslage ein guter Freund und Onkel war.

Auch für Alexander war es nicht einfach, denn meine Kinder und ich hatten in den letzten Jahren einen sehr engen Kontakt gehabt. Wenn es Probleme gab, redeten wir darüber und versuchten, eine geeignete Lösung zu finden. Wir vertrauten uns.

DER ANFANG MEINER RECHERCHEN

An einem heißen Tag Ende Juli überreichte mir ein junger Patient ein Buch mit dem Titel »Die innere Erde«. Ich bedankte mich und legte es in ein Regal in meiner Naturheilpraxis. Ich dachte nicht mehr an das Buch. Es vergingen einige Wochen, bis ich es im Regal sah und in meine Wohnung mitnahm.

Immerhin war ich ein bodenständiger Mensch, dachte ich.

Am Abend desselben Tages machte ich es mir bequem auf der Couch und fing an, das Buch zu lesen. Bereits nach einigen Seiten fand ich es außergewöhnlich und spannend. Der Autor schrieb über ein Leben im Inneren unserer Erde. Er erzählte, wie alles begann und wie er der Einladung eines Ordensbruders in das Innere der Erde folgte. In seinen Büchern beschrieb er das Leben der Menschen und der Wesen, die dort lebten.

Die Schilderungen des Autors machten mich neugierig, und ich fing zu diesem Thema zu recherchieren an. Wie sich bald herausstellte, gab es mehrere Personen, die mit dem Thema »innere Erde« in Verbindung gebracht wurden. Eine davon war Admiral Byrd.

Es folgten weitere Bücher und niedergeschriebene Ereignisse, die in keinem der Lehrbücher standen.

ANDREAS SCHULJAHR 2002

Andreas Schuljahr verlief schnell, und nun war sie an der Reihe, ihr Abitur zu machen. Sie lernte viel und war nervöser als Alexander. Ich beruhigte sie, so gut es ging, aber dieses Unterfangen war nicht einfach bei einer Perfektionistin wie ihr. Am Tag ihrer ersten Abiturprüfung waren wir, wie ein Jahr zuvor mit Alexander, gemeinsam frühstücken. Danach brachte ich sie zur Schule.

Von Martin hörte ich kaum etwas, außer dass er und Daniela geheiratet und einen Sohn bekommen hatten.

Andrea machte ihr Abitur. Ihr Fleiß wurde belohnt, denn sie bekam gute Noten und konnte sich an jeder Universität in Deutschland bewerben. Sie entschloss sich, wie Alexander, Wirtschaft zu studieren. Bald danach begann sie ihr Studium in München. Nach drei langen Wochen fand sie eine geeignete Wohnung für sich. Anschließend übergab ich auch ihr ein Sparbuch. Die Summe reichte für die nächsten zwei Jahre.

In unserem Haus wurde es ruhiger und leerer. Ich fragte mich, ob unsere Haushälterin Hilda noch im Haus bleiben sollte.

Nach einigen Wochen teilte ich ihr mit, dass sie, wenn sie wolle, für immer nach Hause fahren könne. Sie schaute mich an, danach lächelte sie und sagte: »Darüber habe ich auch schon nachgedacht und wollte mit dir sprechen.« Ich war erleichtert, denn ich wollte ihr nicht das Gefühl geben, dass ich sie nicht mehr brauchte. Sie blieb noch einen Monat, dann verließ sie unser Haus. Sie freute sich, denn ihre ganze Familie und ihre Enkel wohnten in der Nähe ihres Heimatortes. Ich war ihr dankbar, denn sie war stets für uns da gewesen. Auch Jahre später hielt ich Kontakt zu ihr und besuchte sie.

In der Zwischenzeit hatte Martin die Wohnungen unserer Kinder in Berlin verkauft.

Er teilte mir mit, dass er einen Käufer für das Haus in Bad Abbach habe. Und er es, sobald es ging, veräußern wolle.

PRAKTIKUM IN CHINA

Meine Ausbildung in der Traditionellen Chinesischen Medizin näherte sich dem Ende. Vor dem Abschluss wurden alle Absolventen nach Hangzhou in China eingeladen. Anfang November war es so weit, und wir trafen uns am Flughafen in München. Insgesamt waren es siebzehn Schüler und zwei Lehrkräfte. Einer der Lehrer, der in Hangzhou geboren und aufgewachsen war, organisierte die Reise.

Nach einem anstrengenden Flug fuhren wir noch ungefähr zwei Stunden bis zur Stadt. Wir wohnten in einem Hotel, das zu einem Krankenhaus gehörte. Unter den Gästen waren ausländische Ärzte, Professoren und Seminarleiter. Nach einer freundlichen Begrüßung wurden wir in die Zimmer gebracht. Diese waren sehr geräumig und hell, mit Ausblick in den Innenhof. Nachdem sich alle frisch gemacht hatten, besichtigten wir mit unserem Leiter die Stadt. Diese zählte zehn Millionen Einwohner, und wie jede Stadt in China war sie in Smog gehüllt. Durch die Smogwolken wirkte alles dunkler. Ich spürte die schwere Luft und das Atmen fiel mir schwer. Meine Mitschüler hatten ebenso Probleme damit.

Wir besichtigten die Innenstadt. Sie bestand aus alten Bauwerken, die wunderschön anzusehen waren. Die Architektur kannte ich aus Fernsehberichten, und nun bekam ich die Gelegenheit, sie selbst zu erkunden. Ein großer Teil der Stadt war modern.

Anschließend wurden wir von der Reiseleitung zum Essen

eingeladen. Es war ein typisches chinesisches Lokal. Zum Essen gab es reichlich Reis, Gemüse und Rindfleisch. Es war alles sehr schmackhaft zubereitet.

Am nächsten Morgen wurden wir in der chinesischen Botschaft mit Tee und Gebäck willkommen geheißen. Diesen Umstand verdankten wir unserem Reiseleiter, der in der Stadt bekannt war. Irgendwann erzählte er uns, dass er in Hangzhou Medizin studiert habe und einige Jahre als Arzt in der Klinik für Traditionelle Chinesische Medizin tätig gewesen sei. Später folgte er seiner Liebe nach Deutschland.

Am Nachmittag desselben Tages wurden wir in Gruppen aufgeteilt. Wir gingen mit den Professoren mit, die uns verschiedene Akupunkturtechniken zeigten. Auch wurden wir Patienten vorgestellt, die aufgrund des Smogs Schlaganfälle erlitten hatten. Nach einigen Tagen wurden wir angewiesen, Patienten zu untersuchen und zu behandeln.

Unter den wachsamen Augen der Ärzte zu arbeiten, machte mich anfangs nervös, aber das legte sich schnell. Am Abend unterhielten wir uns über den Verlauf der Patientenuntersuchung im Krankenhaus. Ich stellte fest, dass es jedem ähnlich erging.

Am Wochenende besuchten wir einen buddhistischen Mönchsorden in den Bergen. Es war ein langer und beschwerlicher Weg dahin. Das Kloster lag tief in den Bergen und war von Bäumen umgeben. Wir waren zu dritt in einem Raum untergebracht. Ich sah viele Reisende aus ganz China, die hier ihr Wochenende mit Gebeten verbrachten. Am zweiten Tag durften wir an einer buddhistischen Zeremonie, die um drei Uhr morgens stattfand, teilnehmen. Diese war sehr beeindruckend. Am Nachmittag wurden wir dem Oberhaupt des buddhistischen Tempels in China vorgestellt.

Unser Reiseleiter meinte, dass die Anwesenheit des

Oberhauptes eine große Ehre für das Kloster sei. Aufgrund der politischen Ereignisse und der Feindseligkeit gegenüber dem Buddhismus war er gezwungen, unterzutauchen. Wir wurden in einen großen Raum geführt. Er saß in einem Sessel und begrüßte uns mit einem Lächeln. Danach erzählte er über sich, die politischen Ereignisse und sein Exil.

Am Ende fand eine Meditation statt, anschließend erzählte er jedem Einzelnen aus unserer Gruppe etwas über ihn. Er nannte jedem seinen Schutzbegleiter und sprach über dessen Familie im Jenseits.

Es dauerte nicht lange, und ich war an der Reihe. Ich war neugierig, was er mir zu sagen hatte. Er schaute mich kurz an und sagte: »Du hast einen Geist neben dir, deswegen habe ich keine Information für dich.« Im ersten Moment war ich völlig durcheinander, doch fasste ich mich wieder und versuchte, einen Grund für seine Äußerung zu finden.

Plötzlich fiel mir ein, dass ich vor einigen Jahren von Johanna einen Talisman bekommen hatte, den ich immer um meinen Hals tragen sollte. Möglicherweise war das der Grund?

Bevor ich zu Bett ging, nahm ich Johannas Talisman ab. In dieser Nacht träumte ich, dass neben mir ein älterer, gutaussehender Mann ging. Er war einen Kopf größer als ich. Wir befanden uns in einem Schloss. Er sprach kein Wort. Wir gingen von einem Raum in den anderen, wobei die Räume, die wir verließen, plötzlich hell wurden und die Böden in ihnen glänzten.

Bevor wir einen der Räume betraten, war dieser schmutzig und dunkel. So verhielt es sich mit allen Räumen im Schloss. Ich erinnerte mich, dass Johanna mir damals sagte, dass in diesem Talisman ein Stoffstück ihres verstorbenen Vaters war, der mich immer beschützen würde.

Am Morgen schrieb ich den Traum auf. Ich hatte vor, mit

Johanna darüber zu reden, um mir Klarheit zu verschaffen. Sosehr ich Johanna vertraute, umso mehr wuchs jetzt in mir ein Gefühl von Misstrauen.

Ein anderes Mal besuchten wir mit einem der Professoren einen Gemüse- und Kräutermarkt. Mein Interesse galt einem Stand mit Ginseng. Ich sah viele Ginsengarten, aber nur eine davon war interessant. Ich fragte unseren Begleiter, ob ich eine echte Ginsengwurzel haben durfte. Daraufhin sprach er mit der jungen Verkäuferin. Kurze Zeit später fragte er die Gruppe, wer noch an dieser Wurzel interessiert sei, es meldeten sich drei weitere Personen.

Die Verkäuferin sah sich vorsichtig um, danach holte sie einen Karton, der unter dem Tresen deponiert war. Die Ginsengwurzeln waren paarweise angeordnet. Ich erkannte jeweils eine Frau mit einem Mann. Es war ein besonderer Moment, denn ich hatte bis zu dem Zeitpunkt keine Möglichkeit gehabt, etwas Derartiges zu sehen. Sie erklärte uns, dass es eine besondere Ginsengwurzel sei, die nur Politikern vorbehalten war.

Das Besondere an ihr war, dass sie leise Schreie von sich gibt, während sie aus dem Boden gerissen wird. Es war die teuerste Wurzel, die ich jemals gekauft habe.

Zwei Tage vor dem Rückflug, nachdem unser fachliches Können geprüft worden war, erhielten wir ein Zertifikat. Am nächsten Tag wurden wir von den Professoren und Ärzten zum Mittagessen eingeladen. Es war sehr feierlich und das Essen kulinarisch.

Noch am selben Abend bekam ich starke Kopfschmerzen. Ich war ziemlich blass und erschöpft. Ein Kollege aus unserer Gruppe sah meinen Zustand und bot sich an, mich zu behandeln. Er war auch Physiotherapeut, und ich wusste, dass ich in guten Händen war. Während er meinen Kopf behandelte, fragte er, ob ich Tinnitus hätte, ich bejahte seine Frage. Danach ging es mir besser, und wir gesellten uns zu unserer Gruppe, die mit einem Glas Wein wartete, um unseren Abschied zu feiern.

RÜCKFLUG NACH HAUSE

Am nächsten Tag flogen wir nach Hause. Nach drei Flugstunden stand plötzlich der Physiotherapeut vor mir. Wir unterhielten uns eine Weile, als er fragte, ob ich mir eine Tätigkeit mit älteren Menschen vorstellen könne. Ich wusste nicht, was er mit seiner Äußerung meinte. Danach sagte er: »Menschen wie dich brauchen wir!« Er gab mir seine Visitenkarte, und ich fragte nicht weiter nach, was mich bis zum heutigen Tag beschäftigt. Welche Menschen und wieso brauchte man mich? Ich werde es wohl nie erfahren.

Wir landeten am späten Nachmittag. Nachdem ich meinen Koffer abgeholt hatte, ging ich zum Ausgang. Auf mich warteten Valentin, Andrea und Alexander. Ich freute mich sehr, alle wiederzusehen. Die Überraschung war ihnen gelungen. Valentin lud uns in ein nobles Restaurant in Freiburg ein. Meine Erschöpfung war bald verflogen, denn wir hatten einen schönen Abend voller interessanter Gespräche, über das Studium meiner Kinder, meinen Aufenthalt in China und Valentins Tätigkeit als Gynäkologe.

Nach einer Woche fuhren Alexander und Andrea zurück an ihre Universitäten.

MEINE BEKANNTSCHAFT MIT ROLF

Ich war zufrieden mit meinem Leben, denn nach den vielen Jahren hatte sich alles zum Positiven gewendet. Es war Mitte Dezember, als ich beschloss, nach Freiburg zum Einkaufen zu fahren. Ich hatte vor, bei dieser Gelegenheit den Weihnachtsmarkt zu besuchen und etwas für meine Kinder zu kaufen. Die Weihnachtsfeiertage standen vor der Tür, und wie alle Jahre kamen sie auch dieses Jahr, um gemeinsam mit mir die Feiertage zu verbringen.

Am späten Nachmittag verspürte ich Hunger, und so machte ich mich auf die Suche nach einem geeigneten Restaurant. Es war nicht einfach, denn die vielen Menschen erschwerten mein Vorhaben. Nach langem Suchen fand ich einen freien Tisch in einem italienischen Lokal. Ich war erleichtert, denn dieses war ruhig und angenehm. Ich bestellte einen Zitronentee und etwas zu essen. Neben mir am Tisch saß ein Mann, der etwas älter als ich schien. Plötzlich sagte er lächelnd: »Es ist kalt da draußen, ein warmer Tee tut gut, nicht wahr?« Es war einer der Sätze, die zur Unterhaltung anregten. Wir kamen ins Gespräch, und ich erfuhr, dass er in Scheidung lebte und eine Firma leitete. Zum Schluss bekam ich eine Visitenkarte von ihm. Er verabschiedete sich mit den Worten: »Es würde mich sehr freuen, von Ihnen zu hören!« Er war sympathisch und ein Gentleman der alten Schule.

Meine Bekanntschaft ließ mich nicht los, auch einige Tage nach unserer Begegnung musste ich an ihn denken.

Kurz vor den Weihnachtsfeiertagen kamen Andrea und Alexander nach Hause. Valentin war dieses Jahr bei unseren Eltern. Noch am selben Tag eröffnete mir Andrea, dass sie einen Freund habe. Er hieß André und wohnte in unserer Nähe. Sie wollte ihn mir unbedingt vorstellen. Ich freute mich und schlug vor, André am zweiten Weihnachtstag zu uns einzuladen. Alexander war nicht begeistert über diese Idee, aber das störte uns nicht. Die Feiertage glichen denen der letzten Jahre, ruhig und schön.

André nahm Andreas Einladung an und, wie versprochen, kam er am zweiten Weihnachtsfeiertag. Er schien nervös zu sein. Später erzählte mir Andrea, dass er vor unserer Begegnung etwas aufgeregt gewesen sei, was beim ersten Treffen mit den zukünftigen Schwiegereltern häufig vorkommt.

André war ein hochgewachsener, gutaussehender junger Mann mit guten Manieren. Er sprach nicht viel und gehörte zu den Menschen, in deren Nähe man sich wohlfühlte. Er studierte an derselben Universität wie Andrea, aber eine andere Fachrichtung. Beide waren sehr verliebt, und ich hoffte, dass es so bleiben würde. Nach einem Jahr zogen sie zusammen und waren verliebt wie am ersten Tag.

SILVESTER 2003

In diesem Jahr blieb ich am Silvesterabend allein zu Hause. Andrea verbrachte den Abend mit ihrem Freund André. Alexander begrüßte das neue Jahr mit seinen Schulkameraden.

In der Silvesternacht überkam mich die Idee, meinen Bekannten aus dem Lokal anzurufen, um ihm zum neuen Jahr zu gratulieren. Sein Name war Rolf.

Er war selbst am Telefon. Ich stellte mich vor und wünschte ihm alles Gute für das neue Jahr. Anscheinend hatte er mit meinem Anruf nicht gerechnet, denn er wirkte überrascht. Er fing sich jedoch schnell und erwiderte meine Glückwünsche. Wir unterhielten uns eine Weile und verabredeten uns für das kommende Wochenende. Er bot sich an, mich abzuholen, aber ich lehnte seinen Vorschlag ab, mit der Begründung, dass ich in der Nähe wohne und nicht abgeholt werden müsse. Nachdem er mir seine Adresse mitgeteilt hatte, beendeten wir unser Gespräch.

Die Zeit mit meinen Kindern war sehr schön, und ich genoss jede Minute mit ihnen. Anfang Januar war Valentin wieder in Lörrach. Er besuchte uns täglich, und ich verwöhnte alle drei mit meinen Kochkünsten. Von meiner Bekanntschaft mit Rolf erzählte ich nicht.

DAS TREFFEN MIT ROLF

Wie verabredet, fuhr ich am Wochenende zum Treffpunkt. Ich war etwas nervös, denn meine letzte Verabredung war eine Ewigkeit her.

Rolf begrüßte mich sehr freundlich. Er war größer als ich und seine Erscheinung gepflegt. Er lud mich in ein nobles Restaurant ein und schlug vor, mein Auto an einer Straßenseite zu parken. Ich willigte ein und stieg in seinen Mercedes. Es war ein Chauffeurauto, mit dem er täglich in sein Büro gebracht wurde. Dieses Mal saß Rolf am Steuer.

Wir verbrachten drei Stunden im Lokal. Danach bot er an, bei ihm daheim eine Tasse Tee zu trinken. Ich überlegte kurz, dann willigte ich ein.

Er bewohnte eine große Villa am Stadtrand, umgeben von einem großen Garten mit vielen Bäumen. Es war dunkel, und ich konnte nicht viel erkennen. Rolfs Villa war sehr geschmackvoll eingerichtet, mit vielen wertvollen Gemälden und teuren Möbeln. Er hatte auch einen kleinen Hund, der nicht von seiner Seite wich.

Er bereitete für uns Tee und servierte Weihnachtsgebäck.

Unsere Unterhaltung, die wir im Restaurant unterbrochen hatten, konnten wir fortsetzen.

Ich erfuhr, dass er in Scheidung lebte, weil seine um viele Jahre jüngere Ehefrau ihn mit einem anderen Mann betrogen hatte und nun immer mehr Geld verlangte. Irgendwann erfuhr er, dass er das Leben des Liebhabers seiner Frau mitfinanzierte.

Ich hingegen erzählte ihm von meiner Vergangenheit. Meiner geschiedenen Ehe und unseren Kindern. Es wurde spät, und nachdem wir uns für das nächste Wochenende verabredet hatten, fuhr ich mit gemischten Gefühlen nach Hause. Er gefiel mir, auch die Art, wie er redete.

Mitte Januar wurde es ruhiger im Haus, denn Andrea und Alexander mussten zurück in die Universität.

Ich traf mich fast jedes Wochenende mit Rolf. Entweder war er bei mir oder ich in seiner Villa. Anfangs war es schön und unterhaltsam, aber mit der Zeit fand ich unsere Gespräche sehr anstrengend. Alles drehte sich nur um seine Frau und die Scheidung.

Einmal, als wir an einem Tisch im Restaurant saßen, drehte er sich ständig nach anderen Frauen um. Danach sah er mich lächelnd an und erforschte meine Reaktion auf seine kindlichen Spielchen. Anscheinend hatte er vergessen, dass auch ich meine Vergangenheit hatte und kein Teenager mehr war.

DIE CHINESISCHE SAMMLUNG

Als ich das Wochenende darauf wieder bei Rolf war, sah ich im Flur eine Pferdefigur hinter Panzerglas stehen. Ich spürte sofort, dass diese Figur etwas Besonderes war. Mit Stolz unterrichtete mich Rolf, dass es ein Exemplar aus der chinesischen Soldatensammlung sei, die vor einiger Zeit ausgegraben worden war. Ich war ergriffen und fragte mich, wie alt diese war. Ich fragte nach dem Preis, erhielt aber keine Antwort.

In der Nacht bekam ich Durst und machte mich auf den Weg ins Erdgeschoss, in die Küche. Während ich die Treppe hinunterging, verspürte ich einen leichten Windhauch. Ich drehte meinen Kopf und sah einen Schatten. Dieser war sehr undeutlich, aber ich erkannte eine Gestalt. Es war unheimlich, und ich hatte Angst. Langsam ging ich die Treppe hinunter, und als ich mich wieder umdrehte, war der Schatten nicht mehr da.

Ich saß eine Weile auf der untersten Treppenstufe. Meine Angst war verflogen, und ich fragte mich, was das Ganze zu bedeuten hatte. In der Vergangenheit hatte ich viele unheimliche Begegnungen gehabt, und mit Johannas Hilfe hatte ich alles überwinden können. Aber was hatte das eben zu bedeuten?

Ich erzählte Rolf nichts davon, denn ich hatte das Gefühl, dass es etwas mit mir zu tun hatte und nicht mit ihm.

Seit dieser nächtlichen Begegnung fühlte ich mich nicht mehr wohl in der Villa. Danach sah ich Rolf drei Wochen lang nicht. Oft lag ich in meinem Haus im Wohnzimmer auf dem Sofa und dachte über die nächtliche Begegnung nach. Bald verspürte ich Mitleid mit dem Schatten, ohne zu wissen, warum.

Unsere Telefongespräche führten wir nicht mehr so oft. Dieser Abstand tat mir gut. Auch während meiner Arbeit musste ich oft an die gespenstische Gestalt denken.

Eines Nachmittags, es war an einem Samstag, rief Rolf an und teilte mir mit, dass er auf dem Weg zu mir sei, um mich abzuholen. Mir war es recht, denn auf diese Weise hatte ich die Chance, der nächtlichen Gestalt wiederzubegegnen. Ich packte meine Sachen und fuhr mit Rolf in seine Villa.

In dieser Nacht ging ich wieder die Treppe hinunter. Aber es geschah nichts, keine Gestalt! Den darauffolgenden Tag überlegte ich krampfhaft, warum der nächtliche Schatten nicht da gewesen war. Plötzlich fiel mir ein, dass es womöglich die falsche Uhrzeit war, denn ich war viel zu früh an der Treppe gewesen.

In der nächsten Nacht wählte ich die gleiche Uhrzeit wie vor drei Wochen. Jetzt wiederholte sich der Vorgang. Mit dem Unterschied, dass jemand weinte. Es war sehr leise, aber ich erkannte eine Frauenstimme.

Meine anfängliche Angst verwandelte sich bald in Mitleid. Ich spürte, wie meine Tränen die Wangen herunterliefen. Ich hatte Mitleid mit dem Schatten. Ich war neugierig und fragte mich, was hier geschehen war und vor allem wann.

Rolf veränderte sich, er war des Öfteren zornig, beschimpfte Menschen, die ich nicht kannte, und wurde zusehends ungeduldiger. Am Frühstückstisch sagte er plötzlich: »Irgendwann wirst du dich mit meiner Ex-Frau verbinden und gegen mich vorgehen!« Diese Äußerung verletzte mich so tief, dass ich im Begriff war, sein Haus zu verlassen. Ich bedankte mich für das Frühstück und lief die Treppe hinauf, um meine Sachen zu holen. Rolf eilte hinterher und versperrte mir den Weg. Ich stieß ihn von mir, aber er folgte mir und sagte: »Bitte, entschuldige mein Verhalten, ich bin zurzeit etwas durch den Wind.« Danach nahm er mich in seine Arme. Ich blieb, aber die anfängliche Unbeschwertheit war verflogen. Außerdem musste ich noch immer an die weibliche Gestalt denken.

Heute glaube ich, dass ich wegen der Gestalt länger bei Rolf geblieben bin. Ich wollte dem Spuk auf den Grund gehen.

Es vergingen zwei weitere Wochen, danach traf ich Rolf wieder. Es war Samstag, und wir fuhren zum Einkaufen. Vorher schlenderten wir durch die Geschäfte und tranken Kaffee. Wir fuhren in einen Biomarkt, um Lebensmittel einzukaufen.

Als der Einkauf beendet und alles im Auto deponiert war,

klingelte Rolfs Handy. Am anderen Ende vernahm ich eine sehr aufgeregte Frauenstimme. Ich saß wartend auf dem Beifahrersitz. Nachdem das Gespräch beendet war, sagte Rolf verärgert: »Das kann doch nicht wahr sein!« Ich fragte, was los sei. Er antwortete, dass seine Ex-Frau bei ihren Freunden, die in Rolfs Nähe wohnten, zu viel Wein getrunken und sich in Anwesenheit aller Gäste übergeben hatte. Dabei hatte sie Rolf einen skrupellosen und arroganten Kerl genannt. Die Freunde baten Rolf, sofort zu kommen, um seine Frau zu beruhigen. Vorher wollte er mich nach Hause fahren, damit mich keiner von den Freunden seiner Frau sah. Ich spürte, dass er mich die ganze Zeit belog.

Später erfuhr ich, dass er mit einer anderen Frau an seiner Seite zeigen wollte, wie schnell er eine haben konnte, und dazu noch eine, die gut aussah.

Ich packte meine Sachen und verließ, so schnell es ging, das Haus. Unterwegs teilte ich ihm mit, dass ich das letzte Mal bei ihm gewesen sei und diese Beziehung beende. Er sagte kein Wort, aber ich spürte, dass er meine Reaktion erwartet hatte.

Die kommenden Wochen ging es mir nicht gut. Ich fühlte mich schwach und ausgezehrt. Oft saß ich da und dachte über das Geschehene nach, über Rolfs Haus, das Pferd aus der chinesischen Sammlung, vor allem aber über die nächtliche Gestalt auf der Treppe. Ich empfand eine unerklärliche Sehnsucht.

An einem Abend hielt ich es nicht mehr aus und schrie: »Was soll das alles bedeuten, was geschieht mit mir?« Im selben Moment stolperte ich und fiel unsanft gegen die Wand. Es vergingen einige Minuten, danach versuchte ich, langsam aufzustehen. Irgendetwas passierte mit mir, aber was?

In der Nacht träumte ich von Rolf. Ich war in seinem Haus und saß ihm gegenüber. Wir schauten uns an, seine Augen waren kalt, fast leblos und sein Gesicht weiß. Ich fragte ihn, was es zu bedeuten habe, doch er antwortete nicht. Ich wachte auf. Ich überlegte, was dieser Traum zu bedeuten hatte. Es sollte nicht lange dauern, bis meine Frage beantwortet wurde.

Ich kaufte Bücher über die Wesensveränderung eines Menschen und deren Ursachen. In einem der Bücher fiel mir das Wort »Regression« auf, was Rückführung in vorherige Leben bedeutet. Ich glaubte nicht an Reinkarnation, aber auch nicht an Zufälle. Deswegen beschloss ich, mehr über dieses Thema zu erfahren. Bald darauf suchte ich eine Praxis in Freiburg auf, die auf Rückführungen spezialisiert war.

MEINE ERSTE RÜCKFÜHRUNG

Ich wurde in einen dunklen Raum mit einer bequemen Liege geführt, im Hintergrund spielte ruhige Musik. Nachdem mich der Therapeut in die Atemtechnik eingewiesen hatte, verließ er den Raum. Ich begann, nach dieser Technik zu atmen. Plötzlich hatte ich Bilder mit Begebenheiten und aus Zeiten vor meinen Augen, die ich nicht kannte. Irgendwann setzte sich der Therapeut hinter mich und forderte mich auf, ruhiger zu atmen. Als Erstes sollte ich erzählen, wo und wer ich war und in welchem Jahrhundert ich mich befand. Es war unfassbar, aber ich war im Mittelalter in einer kleinen Stadt in Südfrankreich. Ich sah einen Film vor meinen Augen ablaufen, dessen Handlung ich detailliert schildern konnte.

Es fanden drei weitere Sitzungen statt. Jede davon zeigte ein anderes Vorleben, manchmal auch mehrere. Ich hatte keinen Zweifel mehr, dass es die Reinkarnation gab.

Nach diesen Erfahrungen bin ich davon überzeugt, dass jeder Mensch mehrere Leben durchläuft. Eine Seele kann in mehreren

Körpern inkarnieren. Wie kompliziert diese Vorgänge sind, erfuhr ich erst viel später.

DIE LETZTE REGRESSIONSSITZUNG

Nachdem ich mich so intensiv meinem früheren Leben gewidmet hatte, war es Zeit, die Situation mit Rolf zu beleuchten.

In dieser letzten Sitzung sah ich Rolf, aber in einer anderen Zeit.

Es war Anfang des zwanzigsten Jahrhunderts. Rolf lebte mit seiner Frau im selben Haus wie jetzt. Seine Frau war eine Dame, die es sehr bedauerte, keine Kinder zu haben. Ihr Mann wollte keine. Als Diener des Staates, wie er sich nannte, arbeitete er für die Regierung. Es war die Wilhelminische Zeit. Rolf war sehr stolz darauf, aber er führte ein strenges Leben, worunter sie sehr litt. In ihrem Haus wurden oft Klavierkonzerte für Freunde und Bekannte gegeben, denn sie war Pianistin. Während sie spielte, saß Rolf in einem Sessel, links vom Flügel.

Es war sonderbar, denn auch in der jetzigen Zeit, als ich Rolf besucht hatte, standen ein Flügel und ein Sessel an der gleichen Stelle wie damals.

Eines Tages, als er von seiner Arbeit kam, wurde er von einer Pferdekutsche von hinten erfasst und schwer verletzt. Mir fiel ein, dass Rolf an dieser Stelle einen leichten Buckel hatte. Ab diesem Zeitpunkt konnte er sich kaum noch bewegen, hatte Schmerzen und blieb im Bett. Seine Frau kümmerte sich liebevoll um ihn, obwohl sie mehrere Bedienstete hatten. Diese bewohnten die hinteren Räume des Hauses, die später zugemauert wurden. Ihr Mann starb nach einiger Zeit, wonach sie sich zusehends aus der Gesellschaft zurückzog.

Sie wurde depressiv und spielte nur noch selten am Flügel. Wenn sie spielte, spürte sie die Anwesenheit ihres Mannes, der wie gewohnt in seinem Sessel saß. Eines Tages sagte sie laut: »Es reicht, ich werde nicht mehr für dich spielen. Du hast mich verlassen und allein gelassen.« Daraufhin ließ sie den Flügeldeckel auf ihre Hände fallen. Sie erlitt an beiden Händen einen Gelenkbruch. Vor Schmerzen schrie sie auf, worauf der Gärtner aus dem Garten angelaufen kam. Sie wurde im Krankenhaus behandelt. Ihre rechte Hand konnte sie nach der Entfernung des Gipses kaum bewegen. Sie verfiel in tiefe Depressionen. Hinzu kam, dass sie sich in diesem Zustand noch mehr nach eigenen Kindern sehnte.

Eines Nachts hielt sie es nicht mehr aus, nahm die Öllampe und ging die Treppenstufen hinauf. Von oben stürzte sie sich in die Tiefe. Sie war sofort tot. Aber die Traurigkeit hielt sie weiter in diesem Haus fest. Jede Nacht ging sie mit der Öllampe in der Hand weinend und klagend die Treppe hinauf. Nacht für Nacht seit hundert Jahren. Ich spürte, wie die Tränen meine Wangen hinunterflossen, denn ich hatte Mitleid mit ihr. Ich wollte aber unbedingt wissen, wer die Frau war. Meine Frage wurde schnell beantwortet. Die Erscheinung war ich! Hinterher verstand ich meine Traurigkeit, wenn ich an sie dachte.

In der Regression fragte ich sie, wie ich sie von ihrem Leid befreien könne, sie sagte: »Ich bin ein Teil von dir, der sich auf der Wanderung verirrt hat. Bitte hilf mir, und nimm mich mit!«

Ich empfand eine unendliche Liebe für sie, die mit jeder Minute wuchs. Plötzlich wurde sie durchsichtiger und kleiner, bis sie ganz verschwand. Mit ihr verschwand auch meine Traurigkeit. Bald wurde mir klar, dass sie von ihrem Fluch mit meiner Liebe erlöst worden war.

Ich wusste lange nicht, wo dieser Seelenanteil von mir

geblieben war, bis zu einer Regression, die ich viele Jahre später an mir durchführen ließ.

Einige Tage später wuchs ein Ganglion an meiner rechten Hand. Dieser schmerzte, und ich ließ ihn fachmännisch untersuchen. Der Arzt wollte sofort operieren, aber ich war dagegen, denn es bestand die Gefahr einer Lähmung in dieser Hand. Das Ganglion ähnelte dem Gelenkbruch, den ich in der Regression gesehen hatte. In mir kam der Verdacht auf, dass es damit zu tun hatte und die Ursache hier zu finden war.

Ich nahm mir vor, dieses Problem selbst zu behandeln. Nach einigen Wochen heilte meine rechte Hand mithilfe von Akupunktur, Akupressur und Verbänden.

Es war eine neue Erfahrung für mich, und ich fragte mich, wer ich bin und woher ich komme. Vor allem, da es nicht mein erstes und einziges Erdenleben war.

KAPITEL 19:
ROLFS HUND
IN MEINEM TRAUM

Ende Dezember hatte ich einen erneuten Traum.

Ich stand vor einer Glaswand. Hinter ihr befand sich ein Boden, der mit weiß-schwarzen Fliesen bedeckt war. Nach näherem Hinsehen konnte ich erkennen, dass die Fliesen im Wasser standen. An meiner Seite vor dieser Glaswand stand Rolfs Hund, der mich mit sehr traurigen Augen ansah. Es schien, als ob der Hund um Hilfe flehte, aber ich konnte nichts machen. Danach wachte ich auf und dachte lange über den eigenartigen Traum nach.

Ich kam zu der Erkenntnis, dass Rolfs Hund mich und sein Herrchen um Hilfe angefleht hatte.

Nach solchen Träumen hatte ich oft Kopfschmerzen und war sehr müde.

Weil ich noch einige Sachen von Rolf im Haus hatte, beschloss ich, ihn im neuen Jahr anzurufen. Mein Hauptanliegen war es, ihm die Regressionsaufnahme vorzuführen. Jede Regressionssitzung wurde auf einer CD aufgenommen.

In den nächsten Tagen kamen Andrea und Alexander über die Weihnachtsfeiertage nach Lörrach. Meine Tochter war zu einer schönen Frau herangewachsen. Sie war noch immer mit André zusammen. In der Zwischenzeit hatten sie eine größere Wohnung in München bezogen. Sie war glücklich, und ich hoffte, dass sie eines Tages heirateten. Alexander war ebenfalls ein ansehnlicher junger Mann.

Von Valentin wusste ich, dass Alexander Kontakt zu seinem

Vater aufgenommen hatte. Ich fragte nicht nach und wartete, bis er mich selbst informierte. Die Weihnachtsfeiertage verbrachten wir gemeinsam mit meinen Eltern und Valentin. Meine Eltern blieben noch bis ins neue Jahr, und gemeinsam begrüßten wir das Jahr 2004.

Nachdem alle heimgefahren waren, schrieb ich Rolf, dass ich seine Sachen entsorgen wolle. Er schrieb zurück, dass er sie abholen wollte. Das war mir recht. Rolf kam am selben Wochenende ohne seinen Hund, was ich bedauerte, denn ich war neugierig, wie er auf mich nach diesem Traum reagieren würde.

Bei einer Tasse Kaffee erzählte ich Rolf über meine Regressionssitzung und dass ich ihm das Resultat gern vorführen wollte. Er meinte, dass er in Eile sei, aber sich die CD kurz anhören könne. Aus kurz wurde lang, und er hörte alles bis zum Schluss an.

Am Ende stand er auf, bedankte sich für den Kaffee und sagte: »Du machst dir etwas vor!« Ich wusste nicht, was er damit meinte, aber ich fragte nicht nach. Dann sagte er: »Du bist wie meine Ex-Frauen!« In diesem Moment wurde mir bewusst, dass ich nicht die Einzige war, die Rolf in dieser Art kritisierte. Ich war erleichtert und dachte nicht weiter über ihn nach.

Zusätzlich erfuhr ich, dass die hinteren Räume seiner Villa tatsächlich Bedienstete beherbergt hatten, irgendwann aber durch eine Mauer vom übrigen Haus abgetrennt worden waren.

Verärgert verließ Rolf mein Haus, danach hörte ich nie wieder etwas von ihm. Außer in einem Traum, den ich einige Monate nach unserem letzten Treffen hatte.

LETZTER TRAUM ÜBER ROLF

Ich stand in einem großen Raum. Es war dunkel, aber ich konnte eine breite Liege in der Mitte sehen, auf der ein Mann lag. Um diese standen Personen mit langen Gewändern, deren Gesichter mit Masken verdeckt waren. Der Statur nach waren es Männer.

Ich war neugierig, wer auf dieser Liege lag, und bewegte mich in diese Richtung. Die anderen Personen sahen mich nicht, denn keiner von ihnen reagierte auf mich. Ich erschrak, als ich Rolf auf dieser Liege sah. Er lag ruhig da, als ob er auf etwas wartete. Während die Personen im Kreis um ihn standen, stießen sie Worte in einer Sprache aus, die ich nicht verstand. Ich fühlte mich unwohl und wäre gern weggelaufen, aber irgendetwas hielt mich fest.

Danach folgte etwas Seltsames: Ich sah Rolfs Seele, die immer kleiner wurde. Bis sie nur noch ein kleiner, leuchtender Punkt war. In dem Moment verstand ich, dass er seine Seele für Reichtum verkauft hatte. Danach wachte ich auf.

Nach diesem Traum wurde mir klar, warum Rolf so viel Kälte in sich trug. Ich wollte die Traumerfahrung aus meinem Gedächtnis streichen. Es ging nicht um mich, sondern um einen Menschen, den ich kurz kannte, und der sein eigenes Leben hatte.

Nach der Zeit mit Rolf und den damit verbundenen Ereignissen fühlte ich mich freier. Die unruhige, weinende Seele, deren Teil ich war, war zu meiner Freude erlöst worden.

Danach wollte ich noch mehr über die Gesetzmäßigkeiten unseres Universrums wissen. Bis ich zu verstehen begann, dass alles miteinander verbunden war und wir unser Dasein selbst bestimmen.

Johanna war vor einiger Zeit gestorben. Sie hatte meine

Wege in einer Zeit gekreuzt, in der ich sie gebraucht hatte und sie mich. Sie half mir, mein Leben zu verstehen und in den Griff zu bekommen, während ich sie finanziell unterstützte, sodass sie bis zu ihrem Tod in ihrer Wohnung bleiben konnte. Ich besuchte sie, so oft es ging.

Seitdem bestimmte ich mein Leben selbst. Einmal, als ich sie besuchte, sagte sie, dass ich sehr neugierig sei und nach der Wahrheit suchen würde.

Sie hatte recht, denn mit der Zeit verstand ich, was und warum ich etwas erleben musste. Obwohl ich mit Johanna darüber reden wollte, wich sie immer aus und meinte: »Das sind Geheimnisse, die nicht für jeden bestimmt sind.«

Jetzt bin ich der Meinung, dass es keine Geheimnisse mehr sind. Sie sind für jeden zugänglich, der sich damit beschäftigt. Ich glaube nicht mehr an Zufälle, deswegen bin ich sicher, dass Rolf viel zu meinem Verständnis beigetragen hat.

Es dauerte nicht lange, und mein Anwalt teilte mir mit, dass das Haus in Bad Abbach, nachdem die Käufer bekannt waren, verkauft werde. Wir trafen uns bei einem Notar und unterzeichneten den Verkaufsvertrag. Es war eigenartig, denn unser Haus wurde weit unter seinem Wert verkauft.

ALEXANDERS VERSÖHNUNG MIT SEINEM VATER

Im März unterrichtete mich Alexander, dass er Kontakt zu seinem Vater aufgenommen habe. Ich spürte seine Unsicherheit, als er mir davon erzählte, worauf ich ihn schnell beruhigte: »Er ist und bleibt dein Vater, und ich freue mich darüber!« Ich freute mich für meinen Sohn, denn es war viel Zeit seit dem letzten Treffen vergangen, und jedes Kind hat ein Anrecht auf seine Elternteile, ungeachtet dessen, was zwischen ihnen vorgefallen war. Alexanders Wunden aus seiner Kindheit waren anscheinend verheilt. Er konnte nun als junger Mann seinem Vater gegenübertreten. Meine Freude resultierte aus der Tatsache, dass ich seit längerer Zeit versuchte, Martin zu verzeihen. Gleichzeitig wurde mir bewusst, dass auch ich meinen Teil zum Zerwürfnis beigetragen hatte, denn ich war hilflos und ließ ihn einfach gehen«. Seine Versuche, sich mit mir zu versöhnen, hatte ich abgelehnt, denn sie führten zu nichts und taten weh.

Ich musste lernen, auch mir zu verzeihen!

Martin weinte, als er unseren Sohn nach den Jahren sah. Beide saßen die ganze Nacht in einem Gasthaus und unterhielten sich über alles Mögliche, auch über mich. Sein Vater gab ihm zu verstehen, dass er uns niemals hätte verlassen dürfen, und wenn es ginge, würde er noch heute zurückkehren. Danach schlug er vor, sich mit mir zu treffen, aber Alexander lehnte es ab. Ich war dankbar, denn Martin war verheiratet, und seine Frau erwartete ihr zweites Kind. Außerdem hätte es an unserer Situation nichts geändert.

Bei einem der nächsten Besuche bei seinem Vater übernachtete Alexander in dessen Haus. Daniela, Martins Frau, war nicht begeistert darüber, aber sie ließ sich nichts anmerken.

Am Abend gingen alle ins Restaurant, auch deren Sohn Benedikt. Am Tisch sagte Benedikt zu Alexander: »Mein Vater ist Arzt!«, worauf Alexander antwortete: »Meiner auch.« Benedikt sagte: »Und er hat eine Praxis.« Alexander sagte: »Meiner auch.« Nun war Benedikt etwas durcheinander und fragte: »Und wo ist dein Papa?« Alexander antwortete: »Hier an unserem Tisch!« Jetzt erst begriff Benedikt, dass sein Vater auch Alexanders Vater war. Aufgrund seines Alters verstand er die Situation nur bedingt. Danach fing er zu weinen an und meinte: »Das ist mein Papa, nicht deiner.« Er weinte und wollte mit keinem reden.

Anscheinend hatten Daniela und Martin diese Tatsache verschwiegen. Es dauerte Monate, bis er sich beruhigt und eingesehen hatte, dass er noch weitere Geschwister hatte.

ALEXANDERS FREUNDIN

Im April informierte mich Alexander, dass er eine Frau kennengelernt habe. Ich war neugierig und wollte mehr erfahren. Er meinte, dass ich sie bald kennenlernen würde. Sie hieß Sandra. Beide hatten sich auf der Geburtstagsfeier von Martin kennengelernt.

Sandra hatte sich damals krank gefühlt, war aber trotzdem mit zur Feier gegangen. Ihre Eltern waren mit Martin befreundet.

Sandra und Alexander kamen ins Gespräch. Beide verstanden sich sofort und fühlten sich zueinander hingezogen. Sie verabredeten sich für den nächsten Tag. Ab diesem Zeitpunkt waren beide unzertrennlich. Sie telefonierten täglich und besuchten sich, sooft es ging.

So kannte ich meinen Sohn nicht, denn bis dahin hatte ich seine Bekanntschaften kaum kennengelernt. Dieses Mal war es anders. Ich sah Sandra das erste Mal zu meinem Geburtstag. Sie war eine gutaussehende junge Frau mit langen, dunkelblonden Haaren und sehr gepflegt. Trotz ihrer Zierlichkeit konnte ich spüren, dass sie einen starken Charakter hatte.

Sie kam abends, einen Tag vor meinem Geburtstag. Sie schien sehr aufgeregt zu sein, aber das legte sich schnell. Danach zeigte Alexander seiner Freundin das Zimmer, in dem sie übernachten sollte. Sie war sehr nett und aufgeschlossen, erzählte über ihr Studium, ihre Familie und vieles mehr. Noch nie hatte ich Alexander so verliebt wie an diesem Abend gesehen. Seine Augen strahlten vor Glück, und er hatte ein verschmitztes Lächeln im Gesicht. Mein Sohn hatte seine große Liebe gefunden.

Am nächsten Tag kamen Andrea und André. Sie verstanden sich alle auf Anhieb. Ich nahm mir damals vor, mich nie in Beziehungen und Partnerschaften meiner Kinder einzumischen. Die Hölle, die ich erlebt hatte, sollte sich innerhalb meiner Familie nicht wiederholen.

DIE WORTE EINES HEILPRAKTIKERS

Mir ging es nicht gut, ich hatte Schmerzen und einen unerklärlichen Schwindel. Eines Tages rief ich einen bekannten Heilpraktiker an und bekam sofort einen Termin. Ich wollte seine Meinung einholen.

Nachdem er mich untersucht hatte, sagte er: »Und wie lange wollen Sie noch diesen Namen tragen?« Ich verstand nicht, und bevor ich etwas sagen konnte, sagte er: »Dieser Name gehört nicht zu Ihnen, Sie sollten Ihren eigenen wieder annehmen!« Ich fragte nach dem Grund und woher er es wisse. Er antwortete, dass ich bis zu meinen Knien im Feuer stünde.

Wir unterhielten uns eine Weile. Dann sagte er, dass ich den angeheirateten Namen ändern sollte, denn er gehörte nicht mehr zu mir.

Der Heilpraktiker hatte recht, und einige Tage später änderte ich meinen Nachnamen. Die Änderung dauerte sieben Minuten und kostete 15 Euro. Noch in derselben Woche rief mich Jörg an und machte mir Vorwürfe wegen der Namensänderung. Seine Frau Dorota war sehr enttäuscht und verurteilte mein Handeln.

Sie sagte, dass es eine Ungeheuerlichkeit sei, einen durch Heirat erlangten Namen abzulegen. Dabei vergaß sie, dass ich nicht mehr Mitglied ihrer Familie war. Martin rief unsere Kinder an und meinte, dass ich eine Enttäuschung sei und er die Änderung keineswegs begrüßen würde, was mir herzlich egal war. Ich fragte mich, warum die amtliche Änderung meines Namens auf so viel Widerstand in der Familie Nidek stieß.

Den Heilpraktiker besuchte ich noch einige Male. Die Gespräche mit ihm waren sehr interessant. Neben der Therapie erzählte er viel über sein Leben. Weil ich auch Heilpraktikerin war, therapierten wir uns gegenseitig. Mit dem Unterschied, dass ich dafür zahlen musste.

Im Oktober feierten meine Eltern ihre diamantene Hochzeit. Valentin hatte einen großen Saal in einem schönen Restaurant gemietet. Es waren rund einhundert Gäste geladen. Meine Aufgabe war die Besorgung einer großen Kerze, die ich in einer nahegelegenen Kerzenfabrik herstellen ließ.

Am Vortag der Feier wurde ich krank und lag mit Gliederschmerzen und Fieber im Bett. Bedauerlicherweise verschlechterte sich mein Zustand am Abend. Noch am selben Tag holten Andrea und André die Kerze ab, und Valentin verordnete mir strikte Bettruhe. Es machte mich traurig, an der Feier meiner Eltern nicht teilnehmen zu können.

Einige Tage vor dem großen Ereignis hatte unser Vater immer wieder folgende Worte wiederholt: »Ich werde bald sterben, das weiß ich! Macht keine große Feier, die ist nicht notwendig.«

In den letzten Jahren hatte er oft solche Anwandlungen gehabt. Aber wir kannten ihn und nahmen seine Worte nicht ernst. Dieses Mal war es anders. Als Andrea und ich einige Tage zuvor bei meinen Eltern gewesen waren, wiederholte mein Vater wieder diese Worte. Wir schauten uns an und hatten plötzlich Tränen in den Augen. Meine Mutter, die mit uns am Tisch saß, schaute wortlos auf den Boden. Seine Worte trafen uns ins Herz. Irgendetwas sagte uns, dass er dieses Mal recht hatte.

Einen Tag nach der Feier erlitt mein Vater einen Schlaganfall. Es war bereits der dritte. Die Ärzte konnten ihn nicht retten, und er verstarb drei Monate später.

Draußen war es sehr kalt. Auch in dem Zimmer, in dem mein Vater lag, war es sehr frisch und unangenehm. Ich wusste, dass er keine Kälte mochte. Wir sprachen mit dem Chefarzt und den Krankenschwestern, aber es wurde nichts unternommen. Diesen Umstand bedauerte ich sehr.

DIE VERLOBUNG

Dieses Jahr feierte Alexander den Silvesterabend zusammen mit Sandra bei ihren Verwandten. Auch Martin und seine Familie waren dabei. Beide riefen um Mitternacht an und gratulierten zum neuen Jahr 2005. Danach teilten sie mir mit, dass sie sich verlobt hatten, und mir in den nächsten Tagen zusammen mit Sandras Mutter einen Besuch abstatten wollten.

Sandra präsentierte ihren wunderschönen Ring mit einem leuchtenden Diamanten. Es war sehr nett. Sie sprachen von einer baldigen Hochzeit, die noch im selben Jahr stattfinden sollte. Weil Alexander noch sein Studium beenden musste, wunderte mich diese Eile. Und so fragte ich, warum alles so schnell gehen müsse. Sandra antwortete, dass ich mir keine Sorgen machen solle, denn sie werde ihm bis zum Studienabschluss zur Seite stehen. Ich hatte keinen Zweifel daran, denn sie war eine starke Persönlichkeit und sehr zielstrebig.

Meine Naturheilpraxis entwickelte sich sehr gut. Aus diesem

Grund stellte ich zwei Mitarbeiter ein. Ich war zufrieden, sowohl in privater als auch in beruflicher Hinsicht.

DER ABSCHIED VON MEINEM VATER

Ende Februar hörte ich nachts Schritte im Flur, direkt vor meinem Schlafzimmer. Sofort wusste ich, dass es mein verstorbener Vater war. Es war ein Gefühl von Wärme und Sicherheit, und es dauerte einige Minuten, bis es wieder ruhig wurde. In der Stille der Nacht bedankte ich mich bei ihm für sein Kommen. Ich spürte, dass er sich verabschieden wollte, aber den Grund seiner Anwesenheit erfuhr ich kurze Zeit später.

Am nächsten Morgen ging ich in meine Praxis. Am Abend machte ich es mir auf dem Sofa bequem und versuchte, die Lichterkette, die noch von Weihnachten hing, einzuschalten. Aber es blieb dunkel. Ich ärgerte mich, denn ich hatte sie kurz vor den Feiertagen gekauft. Draußen blieb es dunkel.

Ich mochte den Schein dieser Lichterkette, denn das Licht verströmte Wärme in der kalten Jahreszeit. Enttäuscht machte ich mir eine Tasse Tee und setzte mich wieder auf das Sofa. Aber ich fand keine Ruhe. Andauernd musste ich an diese Lichterkette denken. Nun hörte ich auch noch eine innere Stimme, die sagte: »Geh hinaus und schalte die Lichter an.«

Nach einer Stunde wurde es dermaßen laut in meinem Kopf, dass ich auf den Balkon hinausging, um zu sehen, was da vor sich ging. Ich traute meinen Augen nicht, denn das Kabel mit dem Stecker lag auf dem Boden, so, als ob es jemand herausgezogen hätte. Sofort dachte ich an meinen Vater, der zu seinen Lebzeiten alles auf den Boden legte. Das konnte nur er gewesen sein, denn außer mir lebten keine weiteren Menschen in diesem

Haus. Ab diesem Zeitpunkt spürte ich keine Traurigkeit mehr darüber, wie mein Vater kurz vor seinem Tod im Krankenhaus behandelt worden war.

Im Sommer machten Andrea und ich eine Woche Urlaub in Spanien. Bei dieser Gelegenheit kaufte sie ein langes Kleid mit einer Stola für die anstehende Hochzeit im Oktober. Das Oberteil war mit Pailletten und kleinen Perlen bestickt. Außerdem kauften wir dazu passenden Schmuck.

Alexander bekam einen dunkelblauen Anzug und alles, was für einen Bräutigam notwendig war.

Eine Woche vor dem Hochzeitstermin beendete Alexander mit Erfolg sein Studium.

DIE HOCHZEITSFEIER

Einen Tag vor der Feier flogen wir in Sandras Heimatstadt, wo die Hochzeit gefeiert werden sollte. Es war eine Kleinstadt in der Nähe von Hamburg. Während wir das Flugzeug verließen, sah ich Martin mit seiner neuen Familie, seine Frau Daniela und ihre beiden Kinder. Wir begrüßten uns höflich, danach ging jeder seine Wege.

Am Flughafen mieteten wir ein Auto, das groß genug für uns alle war. Für meine Mutter, Andrea mit André, Valentin, meine anderen Geschwister und mich. Andrea schaute aus dem Fenster und sagte kein Wort. Ich spürte, dass die Begegnung mit ihrem Vater nach den vielen Jahren der Grund dafür war.

Ich spürte plötzlich starke Magenschmerzen, die sich wie Messerstiche anfühlten. Ich bekam Schweißausbrüche und wurde blass im Gesicht. Valentin fragte mich, was los sei, aber ich konnte es selbst nicht erklären. Er besorgte in einer Apotheke Medizin gegen meine Schmerzen. Danach ging es mir besser.

Sandras Familie empfing uns freundlich mit einem kulinarischen Abendessen. Alexander, der zwei Tage vor uns angekommen war, hatte zusammen mit Sandra alle Hände voll mit Hochzeitsvorbereitungen zu tun.

Nach dem Essen fragte uns Sandra, ob wir die Hochzeitslocation sehen wollten. Ich freute mich und stimmte sofort zu. Auf dem Weg checkten wir im Hotel ein. Außer meiner Mutter, die erschöpft auf ihrem Zimmer geblieben war, fuhren wir zur Location.

Es war das schönste Ambiente, das ich je gesehen hatte. Das Haus war im Park gelegen, und der Saal war groß mit bodentiefen Fenstern. An den Decken hingen Kronleuchter. Es gab mehrere runde Tische für insgesamt 180 Personen. Überall standen Kerzen und Blumenschmuck. In dieser Nacht übernachteten Alexander und seine Freunde mit uns im Hotel.

Am nächsten Tag fuhren wir in einer Autokolonne, die von Alexander und seinem Trauzeugen angeführt wurde, zu Sandra und ihrer Familie. Wir wurden mit einer lauten Orchestermusik empfangen. Im Haus warteten bereits viele Familienmitglieder. Nach kurzer Wartezeit kam die Braut. Sandra sah wunderschön aus in ihrem klassisch geschnittenen Kleid und dem langen Brautschleier. Nachdem Alexander ihr den Brautstrauß überreicht hatte, machten wir uns auf den Weg in die Kirche. Anschließend fuhren wir in den Saal. Außer Martins Mutter war die ganze Familie Nidek bei der Feier anwesend.

Ich spürte, wie Martin mich beobachtete, denn er saß in unserer Nähe an einem Tisch. Außer einer formellen Begrüßung hatte es bisher keinen näheren Kontakt gegeben.

Am späten Nachmittag wurde die Stimmung lockerer, und das Brautpaar eröffnete den Tanz. Es dauerte nicht lange, und Martin lud mich zum Tanzen ein. Ich nahm sein Angebot gern an, denn wir waren die Eltern des Bräutigams. Wir unterhielten uns kaum, und ich war froh, als er mich zu meinem Tisch zurückführte.

Ich sah ein zufriedenes Lächeln im Gesicht meiner Mutter. Anscheinend dachte sie in diesem Moment an früher, als Martin und ich noch ein Ehepaar waren und allen eine heile Welt vorspielten. Es dauerte nicht lange, und Martin forderte mich wieder zum Tanzen auf, so ging es den ganzen Nachmittag. Die Familie der Braut, die unsere Vorgeschichte kannte, beobachtete uns, auch seine Frau Daniela und die Familie Nidek. Ich fühlte mich nicht wohl dabei und beschloss, dem Ganzen ein Ende zu setzen.

Nach einem der Tänze verließ ich den Saal und begab mich in einen der Nebenräume, wo ich mich hinter einen Kachelofen setzte. Ich war der Meinung, dass mich hier niemand finden würde, aber ich hatte mich getäuscht. Mein Bruder Valentin entdeckte mich durch eines der Fenster und gesellte sich zu mir. In der nächsten halben Stunde saßen ungefähr fünfzehn Personen mit mir an dem Kachelofen.

Plötzlich kam Martin herein, sah uns und lächelte etwas verlegen. Danach verließ er den Raum. Erst jetzt begriff ich, dass seine Tanzaufforderungen kein Spiel waren, sondern dass er meine Nähe suchte.

Was für ein Dilemma, dachte ich. Eigentlich sollte er in der Ehe mit Daniela zufrieden sein. Aber man merkte schnell, dass sie miteinander nicht glücklich waren. Die ganze Situation machte mich traurig. Denn Daniela spiegelte meine Zeit mit Martin wider. Sie saß still und traurig auf ihrem Platz. Manchmal tanzte sie, aber nicht mit Martin. Die Geschichte wiederholte sich.

Als wir später den Tanzsaal betraten, erwiderte ich Martins Blicke nicht und gesellte mich zu Sandras Großmutter, einer eleganten Dame. Ich mochte sie, denn trotz ihres hohen Alters war sie in vielen Themen sehr bewandert und wusste auf alles eine Antwort.

Am nächsten Tag erfuhr ich von meinem älteren Bruder Jörg, der mit mehreren Hochzeitsgästen in einem anderen Hotel übernachtete, dass Daniela und Martin einen heftigen Streit in der Nacht gehabt hätten. Es war um mich und Martins ständige Aufforderungen zum Tanzen gegangen. Sie hatten beide viel Alkohol getrunken und stritten bis zum frühen Morgen.

Am nächsten Tag trafen sich alle in einem Lokal zum gemeinsamen Frühstück. Martin und seine Familie fehlten.

Die jungen Leute kamen sehr spät ins Hotel, unter ihnen auch Andrea und André. Weil beide mit einem Taxi im Hotel ankamen, mussten wir den Leihwagen holen. Es war notwendig, denn unser Rückflug war am späten Abend. Nach dem Essen wurden wir von einem Taxi abgeholt. Außer Andrea ging es allen wieder gut. Auf dem Weg gab es einige Probleme mit ihr. Aber nachdem sie hinter einem Baum ihren Magen erleichtert hatte, ging es ihr wieder gut. Wir hatten unseren Spaß und der Taxifahrer seinen Ärger mit uns.

Ende Dezember gingen Sandra und Alexander zwei Wochen auf Hochzeitsreise. Es war ein Hochzeitsgeschenk von Valentin.

KAPITEL 20:
DAS JAHR 2006

ALEXANDERS ERSTE BERUFSERFAHRUNG

Anfang des Jahres 2006 stellte Valentin Alexander als Wirtschaftsberater in seiner Arztpraxis ein. Alexander freute sich über diese Tätigkeit, denn es war die erste in seinem jungen Leben. Er und Sandra bezogen ein Haus in unserer Nähe. Ein Vorteil war, dass wir uns viel öfter sehen konnten, beide erwarteten im Sommer ihr erstes Kind.

Alexander machte seine Arbeit sehr gut. Nach einigen Wochen fand er einige wirtschaftliche Unstimmigkeiten in der Arztpraxis, die schnell behoben werden konnten. Zusätzlich machte er Erfahrungen, die ihm im späteren Berufsleben zugutekamen. Sandra bewies viel Geschmack bei der Einrichtung ihres Hauses, und sie liebte Blumen und Bilder.

Einmal waren sie bei Martin und Daniela zu Besuch in Bad Abbach. Mit dabei waren auch einige Mitglieder aus Sandras Familie. Nach einem netten Empfang wurden alle von ihm zum Abendessen in ein italienisches Lokal eingeladen. Alexander freute sich, seinen Vater wiederzusehen.

Am Abend saßen alle in froher Runde. Es wurde spät, und Martin trank, wie üblich, zu viel Alkohol. Plötzlich fing er an, seine Gäste zu beleidigen und zu beschimpfen. Daraufhin versuchte Alexander, Martin zu beruhigen, denn er schämte sich und wusste aus Erfahrung, dass solche Situationen oft eskalierten. Dann wurde sein Vater laut und handgreiflich. Dieses Mal griff er Sandra und ihre Tante an und beschimpfte sie als hochnäsig und arrogant. An den Nebentischen saßen Kurgäste, die alles mitanhörten. Aber Martin störte sich nicht daran. Nach kurzer Zeit kam der Restaurantbesitzer und versuchte, Martin zu beruhigen, was ihm tatsächlich gelang. Danach bat er Martin und seine Gäste, das Lokal zu verlassen.

Dieser Ausrutscher glich denen von früher. Jedes Mal, wenn Martin laut geworden war, wurde er vom Chef des Lokals beruhigt. Dies geschah zu seiner Sicherheit, denn oft waren die Kurgäste Martins Patienten.

Er wurde immer beschützt und seine Eskapaden wurden unter den Teppich gekehrt. Wenn einer seiner Gäste ihn auf seinen Alkoholkonsum aufmerksam machte, lachte er und meinte, dass er kein Alkoholiker sei. Und wenn es jemand so gesehen hatte, dann hatte er sich geirrt.

MARTINS HERZERKRANKUNG

Später erfuhr ich, dass bei Martin eine ernsthafte Herzkrankheit festgestellt worden war und die Ärzte ihm zu einer sofortigen Operation geraten hatten. Doch er lehnte alle Maßnahmen ab und nahm lediglich die Medikamente, die der Kardiologe ihm verschrieben hatte.

Mit den Jahren bekam sein Gesicht eine dunkelrote Farbe, weshalb ich anfangs dachte, dass die Ursache dafür in seinem übermäßigen Alkoholkonsum zu finden sei. Aber ein krankes Herz und übermäßiger Alkoholkonsum gehen Hand in Hand in den Abgrund.

MEIN TRAUM ÜBER EINE DÄMONISCHE ROCKGRUPPE

Eines Nachts hatte ich einen Traum. Ich ging in der Dunkelheit eine Straße entlang. Plötzlich sah ich ein kleines Haus, in dem ein Licht brannte. Ich hatte ein ungutes Gefühl und wollte umkehren, als eine Stimme sagte: »Du bist neugierig und willst alles wissen, geh in dieses Haus hinein!« Widerwillig folgte ich und öffnete die Haustür.

Beim Anblick dessen, was ich sah, bekam ich schreckliche Angst. Ich stand in einem kleinen Raum, es roch nach Blut und Fäkalien. In der rechten Ecke standen ungefähr acht junge Mädchen, die vollkommen nackt waren. Einige von ihnen schrien um Hilfe, manche weinten bitterlich. In der linken Ecke befand sich ein schönes junges Mädchen, das an beiden Händen angekettet war. Ihre Seele stand neben ihr und schien völlig durcheinander zu sein. Es schien, dass die Seele aus dem Körper des Mädchens vertrieben worden war, denn statt ihrer machte sich ein schrecklicher Dämon in ihrem Körper breit. Er hatte rote Augen, Hörner auf dem Kopf und war am ganzen Körper behaart. Während sich das junge Mädchen befreien wollte, schlug er sie. Sie schien am Ende ihrer Kräfte zu sein und war übersät mit blauen Flecken, die teilweise bluteten.

Die Stimme von vorhin sagte: »Diese Mädchen haben noch drei Wochen zu leben.« Ich erschrak und fragte, was mit ihnen geschehen würde.

Als Antwort bekam ich: »Die jungen Menschen gehen auf Festivals und wissen nicht, dass es sich um schwarze Messen handelt. Die Sänger rufen: ‚Wollt ihr uns?‘ Und die Menschen rufen: ‚Ja!‘ Darauf antworten die Sänger: ‚Morgen sind wir bei euch!‘«

Nun verstand ich, was hier geschah, aber es war

unverständlich, warum mir diese Szene gezeigt wurde. Ich fragte: »Warum wird mir das gezeigt?« Ich erhielt keine Antwort. Bald darauf wachte ich auf.

Mein Körper und meine Haare waren nass geschwitzt, ich hatte Durst. Ich konnte nicht wieder einschlafen und ging in die Küche. Mit einem Glas Wasser in der Hand versuchte ich, mich an alle Details im Traum zu erinnern. Dieser Traum war eine schreckliche Vision, die mich bis zum heutigen Tag verfolgt.

MEIN ERSTER ENKEL

Im Sommer wurde Simon geboren, der Sohn von Sandra und Alexander. Ich besuchte meinen kleinen Enkel im Krankenhaus. Mein erster Enkel – ich war sehr stolz auf ihn. Sandra ging es den Umständen entsprechend gut.

Als ich im Krankenhaus ankam, waren Martin mit seiner Familie und Sandras Tante anwesend. Nachdem ich alle begrüßt und einige Sätze mit Martin gewechselt hatte, widmete ich mich Simon und seinen Eltern. Bald merkte ich, dass Sandra sehr blass wurde. Daraufhin sagte ich leise zu meinem Sohn: »Sandra ist erschöpft, bring alle hier raus, damit sie sich ausruhen kann.« Alexander schaffte es, alle Anwesenden sanft nach draußen zu befördern. Martin lud alle zum Essen ein. Ich folgte seiner Einladung nicht und fuhr nach Hause.

Einige Wochen nachdem Simon geboren worden war, schloss Andrea ihr Studium mit Bravour ab, genauso wie André. Schon bald darauf freuten sich beide über eine gute Anstellung.

Das nächste große Ereignis stand bevor, nämlich die Taufe von Simon.

Es war ein wunderschöner Herbsttag, als Simon getauft

wurde. Nach der Kirche gingen alle Gäste in ein Restaurant. Unter den Gästen waren auch meine Mutter und die Großmutter von Sandra. Beide verstanden sich gut.

Ich beschäftigte mich viel mit meinem Enkel und sang ihm Kinderlieder vor. Während Martin sich angeregt mit den Gästen unterhielt, war seine Frau Daniela in Gedanken und sprach kaum ein Wort. Wenn aber Fotos gemacht wurden, stand sie bei ihm, umarmte ihn und lächelte.

Dieses Schauspiel wiederholte sich bei jedem Familientreffen. Sie spielte eine heile Welt vor. Aber alle wussten, wie es um deren Beziehung stand.

Bei mir wurden Erinnerungen wach. Ich war mit Martin nicht glücklich gewesen, aber für die Familie und Bekannte hatte ich eine glückliche Ehe vorgespielt. Oft beweinte ich mein Schicksal. Irgendwann entwickelte sich aus der Angst vor Martin eine tiefe Traurigkeit.

Ich hatte verlernt, zu lachen. Durch diesen Umstand hatte mich die Umwelt anders wahrgenommen. Am Ende unserer Ehe galt ich als unfreundlich und introvertiert. Das erfuhr ich erst später. Zwischen mir und Daniela waren viele Parallelen zu erkennen.

Es machte mich traurig, und ich wünschte Martin, dass er seinen Alkoholkonsum aufgeben würde. Aber wie sollte er es machen, wenn ihm die Einsicht dazu fehlte. Erst später erkannte ich den Grund dafür.

Wie sollte er die Menschen um sich respektieren und lieben, wenn er sich selbst nicht liebte.

DIE ANNULLIERUNG MEINES EHEVERSPRECHENS

Eines Tages beschloss ich, unsere kirchliche Trauung zu annullieren, mit dem Ziel, mich vollkommen von Martin frei zu machen. Das Versprechen, das ich vor dem Altar abgegeben hatte, sollte aufgelöst werden.

Ich erkundigte mich nach der Verfahrensweise im örtlichen Bischofssitz und war mir bewusst, dass mein Vorhaben kein leichtes Unterfangen war.

Ich bekam einen Termin bei einer Richterin des Bischofssitzes. Neben ihr saß eine Sekretärin, die meine Schilderungen dokumentierte. Zuerst musste ich auf ein Kreuz schwören, nur die Wahrheit zu sagen. Danach wurde ich aufgefordert, zu schildern, warum ich eine Annullierung anstrebte. Beide Frauen waren in meinem Alter. Sie strahlten Ruhe aus und waren mir sympathisch. Ich erzählte meine Geschichte. Ab und an stellte die Richterin Fragen zum Thema. Ich merkte, dass die Sekretärin sich einige Tränen aus den Augen wischte. Das Ganze dauerte drei Stunden, danach durfte ich gehen. Zusätzlich musste ich Zeugen benennen, die für mich aussagen sollten. Dasselbe galt für Martin. Er legte ein Geständnis ab und wurde gebeten, eigene Zeugen nennen.

Nachdem er ausgesagt hatte, rief er unsere Kinder an und beschwerte sich über mein Vorhaben. An diesem Abend besuchte mich Andrea, und ich konnte mithören, was Martin am Telefon zu ihr sagte. Ich bemerkte sofort, dass er angetrunken war. Er beschimpfte mich und meinte, dass es lediglich Ehenichtigkeiten seien. Und wie ich dazu käme, ihm daraus einen Strick zu drehen, wo diese Sachen doch schon so lange her seien.

Andrea unterbrach Martin nicht, am Ende sagte sie: »Papa,

das Ganze ist eine Sache zwischen dir und Mama, und ich möchte nicht mit hineingezogen werden!« Er lachte und sagte: »Deine Mutter ist unverschämt.« Andrea antwortete: »Ihr seid doch längst geschieden und das ging von dir aus.« Er beendete das Gespräch.

Später rief Alexander an und informierte uns, dass Martin sich auch bei ihm gemeldet hatte. Alexander wusste nichts von der Annullierung. Aber ich spürte, dass er darüber enttäuscht war. Doch letzten Endes war auch er sich dessen bewusst, dass es eine Sache zwischen Martin und mir war.

HEIRATSANTRAG

Anfang Dezember flogen Andrea und André für ein Wochenende nach Paris. Danach luden sie mich zum Kaffee ein. Andrés Eltern wurden auch eingeladen. Meine Vorahnung bestätigte sich: Die beiden teilten uns mit, dass sie sich in Paris auf dem Eiffelturm verlobt hatten und im kommenden Jahr heiraten wollten. Ich war glücklich darüber, denn Andrea hatte immer öfter davon gesprochen, dass sie nach den vielen Jahren des Zusammenlebens mit André mit ihm eine Ehe eingehen wollte.

Schon bald danach liefen die Hochzeitsvorbereitungen auf Hochtouren. Die Braut bekam einen Traum aus Spitze und Schleppe und einen langen Schleier. Es wurden der Saal und die Musiker bestellt und das Menü ausgesucht.

Die Annullierung meines kirchlichen Ehegelübdes machte Fortschritte. Bald nach meinem Antrag wurden die Zeugen befragt. Es waren insgesamt vier Familienmitglieder, von denen ich annahm, dass sie über den Vorabend unserer Trauung Bescheid wussten. Vor allem über die Situation mit Familie Nidek.

Nach der Vernehmung meiner Zeugen wurde ich von einem Mitarbeiter des Bischofsbüros angerufen. Er teilte mir mit, dass meine Zeugen sich kaum an etwas erinnerten und sehr reserviert gewesen waren. Ich war über seine Aussage enttäuscht. Denn es wäre besser gewesen, wenn sie von Anfang an ehrlich gewesen wären. Anscheinend hatten meine Zeugen Bedenken, auf das Kreuz zu schwören. Der Mitarbeiter des Bischofsbüros bat mich, um diese Angelegenheit abschließen zu können, andere Zeugen zu benennen.

Für mich kam nur einer in Betracht, nämlich mein Bruder Valentin. Ich bat ihn, die Wahrheit zu sagen, in der Hoffnung, dass es dieses Mal klappen würde. Valentin war sofort einverstanden.

DER HOCHZEITSTAG IM SOMMER 2007

Einen Tag vor der Trauung von Andrea und André wurde ich krank. Andrea, ihre Trauzeugin und ich hatten vor, einen Tag vor der Hochzeit in einem Hotel zu übernachten, denn ich hatte ungefähr eine Stunde Fahrt bis zu dem Ort.

Meine Kopf- und Gliederschmerzen waren so heftig, dass ich unfähig war, den Koffer zu packen. Außerdem bekam ich Fieber und starke Halsschmerzen. Ich hatte Andrea versprochen, bei den letzten Vorbereitungen zu helfen. Stattdessen lag ich krank im Bett, war unfähig aufzustehen und weinte. Am Nachmittag, nachdem ich einige Schmerztabletten geschluckt hatte, wurden meine Gliederschmerzen leichter. Ich nahm alle Kräfte zusammen und packte meinen Koffer.

Am Abend fuhr ich in das Hotel. Andrea und ihre Trauzeugin erwarteten mich bereits. Meine Tochter erschrak bei meinem Anblick, denn ich war blass und hatte dunkle Ringe unter den Augen.

Ich entschuldigte mich, bei den Vorbereitungen nicht dabei gewesen zu sein, worauf Andrea sagte: »Ich freue mich, dass du in deinem Zustand überhaupt bei unserer Hochzeit dabei bist!« Ihre Sorgen waren nicht unbegründet. Kurz darauf ging ich auf mein Zimmer, blickte in den Spiegel und erschrak. Dieser Anblick erinnerte mich an meine kranken Tage in der Ehe mit Martin. Nun wurde mir bewusst, dass meine Krankheit vor der diamantenen Hochzeit meiner Eltern und die Magenkrämpfe vor der Hochzeit von Sandra und Alexander keine Zufälle gewesen waren. Ich dachte sofort an Martin und seine Mutter Sabina, die mir in meinem Leben übel mitgespielt hatte.

Ich wollte mit meiner Vergangenheit abschließen, aber es war nicht möglich, denn dann hätte ich Martin nicht mehr sehen dürfen. Stattdessen trafen wir uns bei jeder Familienfeier, bei den Geburtstagen unserer Kinder, den Geburten der Enkel. Dadurch hatte er weiterhin ständig Zugang zu mir, auch durch Fotos, die dabei gemacht wurden.

Als wir noch zusammen gewesen waren, hatte Johanna gesagt, dass ich mich nach unserer Trennung nicht mehr mit Martin treffen sollte, denn sie wüsste nicht, ob ich es überstehen würde.

Martins Mutter war zu keiner Feier von Andrea und Alexander eingeladen worden, so auch nicht bei dieser Hochzeit. Ich stand vor dem Spiegel und dachte: »Das ist ihre Rache dafür!«

Danach gesellte ich mich zu Andrea und ihrer Freundin. Nach dem Abendessen legte ich mich schlafen. Am nächsten Tag ging es mir den Umständen entsprechend gut. Nachdem Andreas Haare hochgesteckt waren und sie geschminkt war, half ich ihr zusammen mit der Trauzeugin beim Anziehen. Sie war eine wunderschöne Braut. Anschließend wurden Andrea und ihre Trauzeugin von Valentin, der den Brautwagen fuhr, abgeholt. Ich fuhr mit eigenem Auto zur Kirche.

Am Nachmittag eröffnete das Brautpaar den ersten Tanz. Dieses Mal wurde ich kein einziges Mal von Martin zum Tanzen aufgefordert. Martin suchte manchmal das Gespräch mit mir, aber jedes Mal stand sein zweiter Sohn hinter ihm und brachte ihn mit einem Vorwand zum Weggehen.

Am nächsten Tag fand ein Brunch in einem nahegelegenen Restaurant für die Gäste, die in den Hotels übernachteten, statt. Außer Martin und seiner Familie waren alle anwesend. Neben mir und gegenüber am Tisch waren noch Plätze frei. Nach einiger Zeit trafen sie ein. Er setzte sich sofort neben mich. Während seine Frau Daniela und ihre Kinder gegenüber Platz nahmen.

Sie würdigte Martin keines Blickes, und es schien, als ob sie Stress miteinander hätten. Mein Ex-Mann fing an, über unsere Kinder zu sprechen. Er meinte, dass er mit deren Entwicklung zufrieden sei und er sich über den Familienzuwachs freue. Ich wollte mich für seine finanzielle Beteiligung an der Hochzeitsfeier bedanken, aber er winkte ab und sagte: »Andrea und Alexander sind unsere Kinder, und ihnen zu helfen, ist für mich selbstverständlich!«

Mich freute seine Aussage. Und wir unterhielten uns über Bad Abbach und unsere gemeinsamen Bekannten. Nach einiger Zeit fühlte ich mich wieder schlecht. Ich hatte starke Halsschmerzen, und mir tat jeder Muskel weh. Es war später Nachmittag, als ich beschloss, die Gesellschaft zu verlassen und nach Hause zu fahren. Ich verabschiedete mich von allen Gästen. Und als Daniela an die Reihe kam, umarmte ich sie und sagte: »Daniela, ich möchte, dass du weißt, dass ich keinen Groll gegen dich hege, und wir alles vergessen sollten, denn jetzt bist du seine Frau!« Sie lächelte und antwortete: »Das freut mich!« In ihrer Stimme lag eine Unsicherheit, die ich nicht deuten konnte. Und ich hatte gehofft, dass wir uns dadurch näherkommen würden. Ich reichte ihr meine Hand. In den letzten Jahren hatten wir kaum ein Wort gewechselt, und ich spürte, dass sie mich nicht anschauen konnte. Aber mittlerweile waren so viele Jahre vergangen.

Bevor ich eingestiegen war, wurde ich von Andrea und ihrer Schwiegermutter angehalten, die mit mir reden wollten. Doch aufgrund meiner Halsschmerzen brachte ich kein Wort heraus, sie schauten mich besorgt an. Ich verabschiedete mich und fuhr heim.

Später erzählte mir Andrea, dass alle Blicke auf mich und Martin gerichtet gewesen seien. Anscheinend waren wir dermaßen ins Gespräch vertieft gewesen, dass wir die Blicke der anderen nicht bemerkten. Sandras Mutter, die dabei war, sagte: »Sie unterhalten sich, als ob sie sich nie getrennt hätten.«

Mitte November traten Andrea und André ihre Hochzeitsreise an.

Mein Enkel Simon entwickelte sich prächtig. Er war ein fröhliches Kind und war überall mit dabei. Er machte uns viel Freude. Alexander besuchte mich oft mit seiner Familie, und wir verstanden uns gut. Ich hielt Wort und mischte mich in die Angelegenheiten meiner Kinder und ihrer Familien nicht ein. Eine besondere Freude war es für mich, wenn sich alle in meinem Haus trafen. Ich genoss die Diskussionen über verschiedene Themen und merkte dabei, wie unterschiedlich sie waren.

UNSERE REISE NACH PORTUGAL

Im Dezember dieses Jahres beschlossen Valentin und ich, mit unserer Mutter über die Weihnachtsfeiertage nach Portugal zu reisen. Einer meiner älteren Brüder und Jörg mit seiner Familie waren auch dabei.

Die Tage waren erholsam und ruhig. An einem Nachmittag überkam mich eine starke Müdigkeit, und ich beschloss, mich auf mein Zimmer zurückzuziehen. Dort schlief ich sofort ein.

DER UNHEIMLICHE TRAUM IM WALD UND IM WAISENHAUS

Ich befand mich in Johannas Küche. Plötzlich öffnete sich vor mir ein Panoramafenster. Ich war mitten im Geschehen, wo ich mich in einem Wald irgendwo in Amerika, in den 1950er Jahren, wiederfand. Ein kleines Mädchen mit langen Zöpfen und einer Schürze hüpfte umher. Plötzlich sah ich zwei lange behaarte Finger, die ihre Taille umschlossen. Danach verschwand sie. Das Mädchen war nicht mehr da!

Ich wachte auf und wollte aufstehen, aber ich konnte mich nicht bewegen und schlief sofort wieder ein.

Ein weiteres Panoramafenster öffnete sich, und ich befand mich in einem Waisenhaus, wieder in Amerika in den 1950er Jahren. Ich sah zehn Jungs in einem Alter von zehn bis fünfzehn Jahren nebeneinanderliegen. Das Schauspiel von vorhin wiederholte sich. Ich sah, wie dieselbe Hand einen Jungen nach dem anderen an der Taille umschloss. Daraufhin verschwanden alle nacheinander. Ich wachte auf. Ich merkte schnell, dass es kein Traum, sondern Visionen waren. Sofort holte ich mein Tablet und fing an, zu recherchieren.

Es stellte sich heraus, dass diese Art Vorfälle auf der ganzen Erde stattfanden und »Missing 411« genannt wurden. Dabei handelte es sich um Menschen, die plötzlich, vor den Augen anderer, verschwanden. Die meisten von ihnen wurden nie wiedergesehen. Ich bekam Angst, denn Andrea und André waren derzeit in Australien, wo sich viele dieser Fälle ereigneten. Ich überlegte, ob es noch weitere Menschen gab, die solche Träume hatten.

Kurz danach stand ich auf und ging in das Zimmer meiner Mutter. Sie unterhielt sich mit Valentin und Jörg. Ich erzählte ihnen von meinen Träumen, bemerkte aber schnell, dass keiner von ihnen an meinen Schilderungen interessiert war. Valentin unterbrach mich und sagte: »Lass es gut sein, wir wollen davon nichts wissen!« Meine Mutter wurde blass und meine Brüder nervös.

Bald darauf flog Jörg mit seiner Familie zurück nach Deutschland.

Valentin bot den restlichen Familienmitgliedern an, die Urlaubstage zu verlängern. Aus irgendeinem Grund wehrte ich mich gegen seinen Vorschlag und sagte: »Ihr könnt am Mittwoch fliegen, ich aber fliege am Sonntag.« Obwohl Valentin alle Kosten übernehmen wollte, blieb ich standhaft. Er meinte, ich sei stur wie ein Esel. Ich gab ihm keine Antwort, als er mich nach dem Grund fragte. Denn ich wusste es selbst nicht. Wir flogen am Sonntag zurück.

Später teilte mir Valentin mit, dass er von Missing 411 gehört habe und ich meine Träume so detailliert erzählt hätte, dass alle Angst bekommen hatten.

Dieser Traum verfolgt mich bis heute, manchmal versuche ich, zu verstehen, warum es geschah und warum es weiterhin auf der ganzen Erde geschieht.

KAPITEL 21: DAS JAHR 2008

ZWEI FUSSBALLFANS UND DAS JAHR 2008

Andrea und André kamen glücklich von ihrer Hochzeitsreise zurück. Ich war erleichtert, denn meine Vision über das plötzliche Verschwinden der Menschen auf der ganzen Erde begleitete mich noch lange danach.

Alexander telefonierte oft mit seinem Vater, der die verlorene Zeit, wie er sie nannte, mit seinem Sohn aufholen wollte. Weil beide Fußballfans waren, besuchten sie häufig Spiele und übernachteten anschließend in Hotels.

Mit der Zeit wurde diese Situation zu viel für Sandra, und sie beschwerte sich häufig. Alexander hörte nicht auf sie und ließ kein Fußballspiel mit seinem Vater aus. Es schien, als ob er Martin nicht enttäuschen wollte.

Ich erinnerte mich, dass unser Sohn oft um die Gunst und die Liebe seines Vaters gebettelt hatte. Aber Martin beschimpfte ihn und sagte: »Du wirst einmal drogenabhängig und Alkoholiker.« Er hatte seine Worte sehr oft wiederholt, und es schien, als ob er sie Alexander einreden wollte. Aber nun war Alexander erwachsen, und Martin suchte seine Nähe.

Mir machte die Situation Sorgen, denn Alexander benahm sich wie Martin damals. Wortlos verließ er sein Haus.

Im Sommer gab es weitere Fußballspiele, und Martin kaufte Eintrittskarten. Alexander wurde an einem Abend von seinem Vater abgeholt. Dieses Mal sollte es nach München gehen. Vorher hatte Sandra ihn gebeten, er möge an diesem Abend zu Hause bleiben, denn es ging ihr gesundheitlich nicht gut. Ihr Bitten zeigte keine Wirkung. Alexander fuhr mit Martin zum Spiel. Nachdem sie das Haus verlassen hatten, rief mich Sandra an und bat um Hilfe.

Ich packte meine Sachen und fuhr zu ihr. Sie und Simon hatten Magen-Darm-Grippe. Die Nacht war nicht einfach, denn sie mussten sich häufig übergeben, und Simon war sehr unruhig und weinte viel. Am nächsten Morgen wurde es ruhiger, und beide schliefen tief und fest. Kurze Zeit später legte auch ich mich erschöpft schlafen.

Gegen Mittag kamen Alexander und Martin vom Fußballspiel zurück. Sie sprachen und lachten laut und gingen in die Küche. Ich merkte sofort, dass beide noch unter Alkohol standen. Martin fragte: »Kocht deine Frau überhaupt für dich?« Alexander sagte kein Wort und wollte ins Schlafzimmer gehen, als er mich auf dem Wohnzimmersofa erblickte. Das hatte er nicht erwartet, denn stotternd fragte er: »Wieso bist du hier?« Verärgert über seine Frage, antwortete ich: »Wo bist du gewesen? Sandra und Simon geht es nicht gut! Und du vergnügst dich mit deinem Vater?« Alexander wurde blass und stotterte vor sich hin. »Einmal Fußball und schon Ärger.« Danach ging er ins Schlafzimmer, um nach Sandra und Simon zu schauen.

Martin sah mich nicht an. Dennoch sah ich, wie er zufrieden lächelte. In dem Moment wurde mir bewusst, dass er eine Gefahr für Alexanders Ehe war. Er wollte ihn ganz für sich gewinnen.

Kurze Zeit später kam Alexander wieder und bat seinen Vater, nach Hause zu fahren. Er wollte für Sandra und Simon da sein. Martin verabschiedete sich und verließ enttäuscht das Haus.

Ich fragte mich damals, ob Alexanders Reaktion etwas mit meiner Anwesenheit zu tun hatte oder ob er seinen Vater ohnehin ausgeladen hätte.

Noch am selben Tag fragte ich ihn, ob er es für notwendig hielt, seinem Vater noch immer gefallen zu wollen. Alexander wurde rot und wollte die Situation herunterspielen: »Was ist schon dabei? Es war doch nur etwas Fußball, und Sandra geht es wieder besser!« Es hätten Martins Worte sein können. Ich überlegte krampfhaft, wie ich mit ihm reden sollte, ohne zu streiten.

Wir unterhielten uns noch lange, und ich hatte das Gefühl, dass er bedauerte, was passiert war.

Die Ausflüge mit seinem Vater wurden seltener und fanden nur noch in der Nähe statt.

SIMONS ERSTER GEBURTSTAG

Die Monate vergingen schnell, und mein kleiner Enkel Simon wurde ein Jahr alt. Er war ein aufgewecktes Kind, mit großen blauen Augen und blonden Locken.

Es kamen viele Familienangehörige, auch sah ich Martin wieder. Irgendwann am Nachmittag ging ich mit Simon an der Hand im Garten spazieren. Sofort gesellte sich Martin zu uns und nahm Simons zweite Hand. Ich spürte, wie uns die Gäste beobachteten, vor allem aber seine Frau Daniela. Wir unterhielten uns einige Minuten, in denen man sehen konnte, wie glücklich Martin war. Danach ließ ich Simons Hand los und ging.

Sofort gesellte sich Daniela zu Martin und Simon. Obwohl ich ihr nach Andreas und Andrés Hochzeit den Frieden angeboten hatte, hatte sich nichts geändert. Auch jetzt mied sie mich und schaute mich nicht an. Möglicherweise hatte sie ihre Gründe. Aber zu dieser Zeit wusste ich nicht, welcher Art sie waren. Dass die Ehe zwischen Martin und Daniela genauso wenig glücklich war wie die von Martin und mir, konnte ich nur erahnen.

Später erfuhr ich, dass Martin bei jeder Gelegenheit über mich sprach. Es interessierte ihn nicht, ob Daniela dabei war. Nach dem Tod seines Vaters vor einigen Jahren bedauerte er unsere Trennung vor seiner Familie und Daniela. Jörg berichtete mir, dass am Trauertag die Gäste versucht hatten, Martin zu beruhigen. Aber er wurde nur noch zorniger und sagte zu Daniela: »Wärest du nicht gewesen – ich wäre noch mit Anna zusammen.« Es war absurd, denn bei seinem Lebenswandel hätte es jede andere Frau sein können.

Im Dezember erfuhr ich von Sandra und Alexander, dass sie ihr zweites Kind erwarteten. Ich freute mich sehr.

Ende des Jahres bekam Alexander eine Anstellung in Ulm. Sie zogen Ende Dezember um. Ihr neues Haus gehörte der Klinik. Sie fühlten sich von Anfang an sehr wohl in ihrer neuen Umgebung. Aufgrund der Erfahrung in der Arztpraxis von Valentin wurde Alexander sofort eingestellt. Die gelegentlichen Ausflüge mit Martin hörten ab diesem Zeitpunkt ganz auf. Alexander konzentrierte sich ausschließlich auf seine Arbeit und die Familie.

Im Januar 2009 erfuhr ich von Andrea und André, dass sie ihr erstes Kind erwarteten. Ich war gerührt über so viel Nachwuchs in meiner Familie.

Im Frühjahr begannen sie, ihr eigenes Haus zu bauen. Es war nicht einfach, denn Andrea wurde in den ersten Monaten von Übelkeit geplagt. Sandra ihrerseits freute sich über eine Cousine oder einen Cousin für ihre Kinder. Obwohl auch sie Schwangerschaftsbeschwerden hatte, klagte sie wenig.

DIE ANTWORT AUF MEINE EHEANNULLIERUNG

Im Mai teilte mir ein Mitarbeiter des Bischofsbüros mit, dass meine kirchliche Trauung mit Martin annulliert worden sei und ich demnächst einen Bescheid bekommen würde. Eine Woche darauf bekam ich einen Brief, in dem die Eheannullierung bestätigt wurde.

In meinem Inneren passierte etwas, das ich bis heute nicht beschreiben kann. Ich spürte, wie mein Körper leichter wurde und eine Art Energie ihn durchfloss. Es war einmalig, gefolgt von einem Gefühl der Freiheit. Das Versprechen »Bis dass der Tod euch scheidet« war aufgelöst worden.

Martin erhielt das gleiche Schreiben, denn er rief Andrea und Alexander am nächsten Tag an und beschwerte sich: »Was soll das, wieso hat eure Mutter unsere Ehe annullieren lassen?« Ich spürte, dass ihm der Ehebund sehr wichtig war. Aber warum?

In den darauffolgenden Monaten erblickten meine Enkelinnen das Licht der Welt. Beide Mädchen wurden im Abstand von zwei Monaten geboren. Deshalb konnten zukünftig noch mehr Feste und Familientreffen stattfinden.

Andrea und André bezogen Ende des Jahres ihr neues Heim. Drei Jahre später wurde ihr Sohn geboren.

EINIGE JAHRE SPÄTER

Es vergingen einige Jahre, und wir hatten das Jahr 2020. Meine Mutter war ein Jahr zuvor, nach einer kurzen und schweren Krankheit, kurz vor den Weihnachtsfeiertagen, gestorben.

Nach dieser Zeit hatte ich das Gefühl, auswandern und etwas

in meinem Leben ändern zu müssen. Ich versuchte, mit meinen Kindern darüber zu reden, aber beide lachten mich aus. Sie meinten, dass ich mich beruhigen sollte. Aber das Verlangen nach einer neuen Herausforderung wurde immer stärker.

Ich meditierte seit einigen Jahren. In einer dieser Meditationen stellte ich die Frage, ob mein Vorhaben der richtige Weg sei. Als Antwort erhielt ich: »Wenn es dein Wille ist, so ist es dein Weg.« Daraufhin führte ich meinen Finger auf einer Landkarte und landete in Portugal.

Am nächsten Tag rief ich Valentin an und teilte ihm mit, dass wir nach Portugal fliegen würden. Er staunte und fragte nach dem Grund. Ich sagte: »Ich gehe nach Portugal.« Am Ende der Telefonleitung wurde es still, dann teilte er mir mit, dass er mein Vorhaben unterstützen und mit mir fliegen werde. Ich freute mich, denn im Gegensatz zu meinen Kindern verstand er mich. Zwei Wochen später saßen wir im Flugzeug nach Cascais in Portugal.

Ich rief ein Maklerbüro an und bat darum, ein Haus in der Nähe von Cascais für mich zu finden. Die Gegend war wunderschön, mit einer Vielfalt an Natur- und Tierwelt. Aber ich fand kein Objekt, das meinen Vorstellungen entsprach. Es gab einige Versuche, trotzdem fand ich kein geeignetes Haus für mich. Ich wurde jedes Mal von Valentin begleitet.

Ein Jahr später, einen Tag vor unserem Rückflug nach Deutschland, rief ein Mitarbeiter des Maklerbüros an und teilte mir mit, dass er ein Objekt für mich hätte. Nach den vielen Besichtigungen hatte ich die Hoffnung aufgegeben und redete mir ein, dass es keine gute Idee sei. Valentin bedrängte mich und sagte: »Morgen sind wir nicht mehr hier, es ist halt ein letzter Versuch!«

MEIN HAUS IN PORTUGAL

Am späten Nachmittag trafen wir uns mit dem Makler vor dem besagten Haus. Ich stand davor und traute meinen Augen nicht! Es war genau das, was ich mir vorgestellt hatte. Valentin fragte mich: »Und was meinst du dazu?« Ich antwortete: »Das ist es!« Es war ein wunderschönes Haus, mit Stuck und Verzierungen an den Fenstern. Es hatte große Fenster, wodurch das Innere des Hauses hell und freundlich erschien. Dahinter ein großer Garten mit einer prächtigen Naturwelt und einem Schwimmbad. Es war wie im Märchen. Ich konnte mein Glück kaum fassen.

Ich stimmte dem Kauf des Hauses sofort zu. Am nächsten Tag, kurz bevor wir zum Flughafen fuhren, wurde der Kaufvertrag unterschrieben.

Auf dem Weg dahin informierte ich Andrea über den Kauf der Immobilie. Sie war enttäuscht darüber, dass ich meine Familie verlassen wollte. Als ich versuchte, ihr alles zu erklären, brach sie in Tränen aus und beendete das Gespräch. Diese Reaktion hatte ich nicht erwartet. Sie hatte davon gewusst, mich aber nicht ernst genommen.

Danach rief ich meinen Sohn an. Am anderen Ende meldete sich Sandra und sagte mir, dass Alexander schlief. Als sie von dem Kauf hörte, freute sie sich sehr und riss ihn aus seinem Schlaf, mit den Worten: »Wach auf, deine Mama ist am Telefon. Das musst du dir anhören!« Nachdem ich ihm die Neuigkeit erzählt hatte, sagte er: »Das ist nicht dein Ernst, du machst es tatsächlich!«

Am nächsten Tag schrieb mir Alexander per WhatsApp, warum ich Deutschland nicht verlassen sollte. Seine Sätze beschränkten sich fast nur auf seine und Andreas Familie. Später erfuhr ich, dass sie ihn zu dieser Aktion überredet hatte.

Es dauerte einige Monate, bis sie sich beruhigt hatte und mir alles Gute in der neuen Heimat wünschen konnte.

MEINE AUSWANDERUNG NACH PORTUGAL

Innerhalb der nächsten zwei Monate hatte ich alle Hände voll zu tun. Ich beendete meine Tätigkeit in Lörrach und übergab mein Haus einem Maklerbüro, das für den Verkauf zuständig war.

Nachdem alles erledigt war, mietete ich Mitte Mai 2021 einen Transporter, der alles Notwendige nach Portugal transportieren sollte. Ein befreundetes Ehepaar erklärte sich bereit, mich zu begleiten.

In den nächsten zwei Wochen baute der Ehemann meiner Freundin alle mitgebrachten Möbel auf und hängte alle Bilder an die Wand. Währenddessen leerten meine Freundin und ich alle Kartons und räumten alles in die Schränke ein. Zum Glück waren die Wände vor unserer Ankunft gestrichen worden.

Ich lebte mich schnell ein. Mitte Juli kamen die ersten Gäste, und wir feierten meinen Geburtstag. Es war sehr schön, denn auch meine Enkel waren dabei. Ich hatte sie vermisst und freute mich, sie zu sehen. Als es in meinem Haus ruhiger wurde und meine Familie abgereist war, machte ich mich auf die Suche nach geeigneten Praxisräumen. Denn ich hatte vor, wieder in meinem Beruf zu arbeiten.

Ende Dezember kamen Alexander mit seiner Familie und Valentin nach Portugal, um mit mir die Feiertage zu verbringen. Weil ich noch immer keine Praxisräume gefunden hatte, machte sich Sandra daran, mein Vorhaben zu realisieren. Sie verbrachte die Tage damit, sämtliche Zeitungsinserate zu prüfen. Nach einigen Tagen wurde sie fündig und vereinbarte einen Termin mit dem Makler.

Die Räume gefielen mir, dennoch war ich unentschlossen. Sandra bemerkte es und machte es sich zur Aufgabe, mich zur Miete zu überreden. Und ich ließ mich dank ihrer freundlich-penetranten Hartnäckigkeit darauf ein. Einige Wochen darauf eröffnete ich meine Naturheilpraxis.

Als ich einige Monate zuvor mein Vorhaben offiziell gemacht hatte, stieß ich auf viel Widerstand seitens der Patienten. Ein Teil hörte sofort mit der Behandlung auf, während einige meinten, ich sei verrückt geworden. Ein Großteil von ihnen war mit der Behandlung auf Entfernung einverstanden. Diese Patienten sind mir bis heute treu geblieben.

Ich war bemüht, schnell Portugiesisch zu erlernen, was mir auch gelang. Zumindest so weit, dass ich mich mit meinen Patienten verständigen konnte. Es war nicht perfekt, aber ein guter Anfang.

NICHTS IST, WIE ES SCHEINT

Eines Nachmittags rief mich Sandras Tante Kathi, die mit Martin befreundet war, an. Sie teilte mir mit, dass sie sich um ihn sorgte. Sie erzählte, dass sein Alkoholkonsum in den letzten Monaten enorm gestiegen war und Daniela überlege, sich von Martin zu trennen. Er war aggressiver als je zuvor und beschimpfte seine Frau in der Öffentlichkeit.

Martin stand Kathi und ihrer Familie in medizinischen Fragen stets zur Seite. Das Ganze erinnerte mich an meine Ehe mit Martin. Für Bekannte und Freunde war er immer da, dafür folterte er seine eigene Familie mit Worten und Taten. Alles, was zu ihm gehörte, trat er mit Füßen.

Kathi schilderte mir eine Begebenheit in Italien. Sie hatten gemeinsam Urlaub gemacht. Eines Tages fuhren alle in ein Weingut. Nach einigen Weinproben wurden sie zum Essen eingeladen, wo weitere Weinproben gereicht wurden. Mit der Zeit sah man Martin an, dass er angetrunken war. Er trank mehr als die anderen. Während des Essens griff er seine Frau Daniela verbal an, aber sie äußerte sich nicht, um keinen Ärger aufkommen zu lassen. Und obwohl die anderen ihn beruhigen wollten, hörte er nicht auf. Er beschuldigte seine Frau, die Ehe mit mir zerstört zu haben. Die Menschen an den anderen Tischen wurden auf Martin aufmerksam und schauten gespannt zu. Plötzlich griff Martin nach seinem Teller und wollte ihn in Danielas Gesicht werfen. Das war für alle zu viel, und während Kathi und ihre Familie Martin festhielten, nahm ihm sein älterer Sohn den Teller aus der Hand. Martin beschimpfte ihn und Daniela in der üblichen Weise. Nun kam der Besitzer des Weinguts und forderte Martin und seine Gesellschaft auf, das Lokal zu verlassen.

Kathi schämte sich für Martins brutales Benehmen und fragte mich um Rat. Ich überlegte nicht lange und sagte: »Ihm zu helfen, heißt, sich selbst zu verlieren, denn man kann ihm nicht helfen, solange er seine Alkoholsucht nicht erkennt.« Alle, die ihn darauf aufmerksam machten, bezeichnete er als Idioten, die keine Ahnung hatten.

Aus dem Gespräch hörte ich, dass sich alles nur um Martin drehte. Mit keinem Wort des Bedauerns wurde Daniela erwähnt. Kathi fuhr mit den Worten fort, dass man einen Weg finden müsse, Martin daraus zu befreien. Sie wollte ihm unbedingt helfen, wusste aber nicht, wie.

Ich konnte es nicht beschreiben, aber ich spürte, dass etwas Böses mit Martin vorging. Plötzlich fielen mir die früheren Gespräche mit Johanna ein, dass seine Mutter und er zu weit gegangen seien und der kopflose Dämon sein Werk beenden müsse. Bei diesem Gedanken überkam mich ein kalter Schauer. Am liebsten hätte ich dieses Gespräch beendet.

Weil Martins Mutter vor einiger Zeit verstorben war, hatte er keinen Halt und Schutz mehr. Er war ihr Liebling gewesen, und sie hatte alles getan, damit es ihm beruflich und finanziell gut ging. Keine seiner Ehefrauen und Enkelkinder wurden von ihr akzeptiert. In unserer Ehe hatte ich das Gefühl, dass er Angst vor ihr hatte und alles für sie tat, um ihr zu gefallen. Aus seiner Familie war er der Einzige, der immer zu ihr hielt. Seine Geschwister beschützten mit der Zeit ihre eigenen Familien.

Es war ein langes Gespräch, in dem es lediglich um Martins Zustand ging. Kathi hatte keine Ahnung, worauf sie sich da einließ und wie gefährlich es für sie sein konnte.

Weil ich mein eigenes Leben hatte und Martins Leben mich wenig interessierte, vergaß ich dieses Telefongespräch schnell.

Nach einigen Wochen erfuhr ich von Andrea, dass Martin zu Hause zusammengebrochen und ins Krankenhaus eingeliefert worden war. Sein Zustand besserte sich schnell, und er wurde nach drei Tagen entlassen. Die Ärzte rieten ihm zu einer Herztransplantation, aber er vertrat die Meinung, dass eine Operation nicht notwendig sei. Danach machte er so weiter wie bisher, trank übermäßig Alkohol und beleidigte seine Liebsten.

Ich erhielt jetzt öfter Anrufe von Sandras Familie, besonders von ihrer Tante Kathi. Martins Zustand ging ihr sehr nahe, denn sie redete nur von ihm. Anscheinend betrank er sich täglich und redete oft von mir.

Einmal fragte ich sie, ob Martin seinen Alkoholkonsum erhöht hatte, nachdem ich nach Portugal gegangen war. Nach kurzer Überlegung antwortete sie: »Du hast recht, das stimmt. Denn nachdem du weg warst, hat er vollkommen die Kontrolle über sich verloren.«

In diesem Moment dachte ich an Daniela und ihre beiden Kinder. Wenn mein Leben mit Martin die Hölle gewesen war, was musste sie jetzt erdulden? Ich empfand Mitleid mit ihr und ihren Kindern und versuchte, mir vorzustellen, wie ihr Leben mit Martin aussah. Vor Kurzem hatte Daniela verlauten lassen, so Kathi, dass sie, wenn etwas passieren sollte, von Martin nichts wissen wolle. Ihre Aussage bezog sich auf Martins schlechten Gesundheitszustand und seinen Alkoholkonsum.

In mir kam ein schrecklicher Verdacht auf, nämlich, dass der kopflose Dämon kurz davor war, sein Werk zu vollenden. Aus welchem Grund sollte Martin jetzt so viel Alkohol trinken und sich gesundheitlich dermaßen schänden? Er war nie ein friedlicher Zeitgenosse gewesen, aber das, was jetzt geschah, überstieg alles.

DER KOPFLOSE DÄMON

Der kopflose Dämon war Martins Großvater, der Zeit seines Lebens viel Alkohol konsumiert hatte. Dessen Ehefrau hatte sich, ebenso wie die Generationen vor ihr, dem Teufel verschrieben. Martins Großvater war gegen die Machenschaften seiner Frau und erzählte darüber im Dorf. Anscheinend musste sie ihn zum Schweigen gebracht haben.

Eines Tages, als er wieder betrunken war, ging er in Richtung der Bahngleise. Man fand ihn dort zerfetzt und ohne Kopf. Dieser lag drei Meter von ihm in einer Grube. Die Leute erzählten viel über dieses Unglück und dass es nicht mit rechten Dingen zugegangen sei.

Johanna klärte mich damals darüber auf, dass seine Ehefrau das Weggehen seiner Seele nicht zugelassen und sich seiner für ihre Zwecke bemächtigt hatte. Wenn sie einem Menschen Schaden zufügen wollte, befahl sie dieser Seele, in dem Fall war es der kopflose Dämon, dieser Person zu schaden oder sogar sie umzubringen. Konnte sich diese Person dagegen wehren, ging der Fluch zu dem zurück, der den Befehl erteilt hatte.

In meinem Fall waren es Martin und seine Mutter Sabina. Weil sie vor Kurzem gestorben war, hatte der kopflose Dämon freien Weg, sein Vorhaben zu vollenden. Ich weiß nicht, ob Martin sich dessen bewusst war.

Allein der Umstand, dass er sich medizinisch nicht helfen lassen wollte, sprach dafür.

Einen Monat nach seinem Krankenhausaufenthalt fuhr Martin mit seiner Familie zu Danielas Mutter. Vorher hatte er auf Danielas Drängen sein Testament geändert. Sandras Tante machte sich Gedanken darüber und informierte mich darüber. Auch ich fand das Ganze sonderbar, äußerte mich jedoch nicht dazu, um keine Vermutungen in die Welt zu setzen.

Kurz nachdem sie bei Danielas Mutter angekommen waren, trat bei Martin wieder ein Herzproblem auf. Er wurde ins naheliegende Krankenhaus gebracht. Nach zwei Tagen wurde er entlassen. Danach erzählte Martin, dass er aufgrund vergessener Herzmedikamente ins Krankenhaus musste.

Nach einer Woche fuhren sie mit dem Auto nach Hause. Es waren beinahe eintausend Kilometer. Denn Daniela kam aus Polen, und ihre Heimatstadt lag im östlichen Teil des Landes. Am Steuer saß Martin.

DAS GLASHAUS

In dieser Nacht hatte ich einen Traum. Ich sah einen Raum, dessen Wände aus Glas waren. Einige Menschen standen davor und schauten hinein, konnten den Raum jedoch nicht betreten. Daniela und ich standen auch davor. Sie schien völlig abwesend zu sein und zeigte kein Interesse für das, was um sie herum geschah. Ich dagegen wollte hinein und rief, dass sich mein Baby im Inneren befinde, dass es krank sei und ich es mit Essen versorgen müsse. Aber keiner der Anwesenden hörte zu, und die Situation wurde immer unerträglicher.

Die Menschen vor der Glaswand tuschelten miteinander und beobachteten das kranke Baby. Plötzlich sah ich zwei Babys nebeneinanderliegen. Das eine war blass und hatte eine Lungenentzündung, während das andere wunderschön und gesund war. Nun sah auch Daniela die Menschenmenge. Sie beobachtete die Menschen, ohne Gefühle zu zeigen. Anschließend drehte sie ihren Kopf zur Seite und stand wieder teilnahmslos da. Danach wachte ich auf.

Am nächsten Morgen rief ich Valentin an und erzählte ihm von meinem Traum. Am Nachmittag rief mich Alexander an und berichtete, dass Martin im Krankenhaus auf der Intensivstation sei. Ich erzählte ihm von meinem Traum, woraufhin er meinte, dass Daniela mit niemandem reden wolle und nicht erreichbar sei.

Die Tage vergingen, und Martin lag noch immer auf der Intensivstation. Alle außer Daniela besuchten ihn.

Die Ärzte wussten nicht, wie sie Martin helfen konnten. Jeden Tag gab es Neues zu berichten. Es schien, als ob bei ihm nacheinander alle Organe versagten, um danach wieder stabiler zu werden. Ich informierte Alexander über Martins Unfall vor vielen Jahren und dass sich ein langer Splitter durch das Gehirn seines

Vaters gebohrt hatte. Und dass Martins Genesung als ein medizinisches Wunder galt. Ich bat Alexander, das Krankenhaus über die Alkoholsucht seines Vaters zu unterrichten, möglicherweise war es wichtig. Er rief später an und informierte mich, dass die Ärzte geschockt waren, als er ihnen von der Alkoholsucht erzählte. Danach forderten sie die Unterlagen von Martins Autounfall an.

In den nächsten Tagen besserte sich sein Zustand, und die Ärzte stimmten einer Herzoperation zu. Ich spürte Alexanders Freude darüber.

WIEDER EIN TRAUM

Der nächste Traum handelte von einer Beerdigung. Ich saß mit Andrea in der ersten Bank in einer Kirche. Es war eine Beerdigung. Man sagte mir nicht, um wen es sich handelte, aber ich wusste, dass es Martins Beerdigung war.

Die nächsten Tage vergingen, und Martin wurde nicht operiert. Die Kardiologen meinten, dass er zu schwach sei und den Eingriff nicht überleben würde. Alexander und Andrea waren traurig über den Verlauf, denn die Zeit drängte, und mit jeder Minute schwand die Hoffnung auf eine Besserung.

Daniela besuchte Martin insgesamt drei Mal. Das dritte Mal auf Drängen von Alexander und Kathi, die Martins Schicksal beweinte.

Am Samstag rief ich meinen Sohn an und fragte nach dem Zustand seines Vaters. Er sagte, dass kein Mensch, weder die Ärzte noch die Familie, das Ganze verstand. Sein Zustand wechselte fast stündlich von schlecht zu besser. Alexander war im Begriff, die Ärzte zu einer Herzoperation zu überreden, denn

seiner Meinung nach hätte sein Vater damit eine größere Über-
lebenschance gehabt. Er war regelrecht wütend auf die Ärzte
und deren Vorgehensweise. Ich beruhigte ihn, indem ich sagte:
»Diese Menschen wissen, was sie tun.«

Ohne auf meinen letzten Traum einzugehen, fragte ich Alexander, ob sein Vater ohne das Beatmungsgerät atmete, worauf er
antwortete: »Nein, das kann er nicht!« Daraufhin meinte ich, dass
Martin nicht mehr da sei und man ihn in Würde gehen lassen
solle. Ich wählte meine Worte sehr vorsichtig. Nach einiger Zeit
sagte er: »Ich werde mit Daniela darüber reden.«

Ich hatte keinen Zweifel an Martins Tod, denn einige Tage
zuvor hatte ich Schritte im Haus gehört. Mein erster Gedanke
galt Martin. Am nächsten Morgen sah ich einen Terrassenstuhl
in der Mitte des Gartens stehen, als ob diesen jemand dahin
gestellt hätte.

MARTINS TOD

Am nächsten Tag, es war ein Sonntag, fand ein Treffen mit
Alexander, Daniela, dem Kardiologen und einigen Assistenz-
ärzten statt. Mein Sohn fragte, was das Beste in dieser Situation
sei. Die Ärzte waren sich einig, dass man die Geräte abschalten
sollte, denn in der Nacht hatten alle Organe versagt, und er bekam eine Lungenentzündung. Ab diesem Zeitpunkt wurde Martin
für klinisch tot erklärt.

Daraufhin entschieden Daniela und Alexander, keine lebens-
verlängernden Maßnahmen zu unternehmen. Am nächsten Morgen erfuhr ich von seinem Tod.

Ich konnte es nicht fassen, denn er war in seinem besten Alter,
aber es schien, als ob er sich auf seinen Tod eingelassen hätte.

Alles wäre verständlich, wäre da nicht sein kopfloser dämonischer Begleiter gewesen. Er beendete etwas, das vor vielen Jahren in Bad Abbach begonnen hatte.

Die Tage danach weinte ich oft über sein Schicksal. Ich war enttäuscht, dass Martin seine Alkoholsucht nicht aufgegeben hatte. Ich wollte mich damit nicht abfinden. Und obwohl er mir so viel Leid zugefügt hatte, fühlte ich einen tiefen Schmerz in mir.

Valentin sagte kurz vor der Beerdigung: »Ihr konntet physisch nicht miteinander, aber auf seelischer Ebene wart ihr euch sehr nah.« Er hatte recht, denn warum ging mir sein Tod so nahe, und warum hatte ich alles vorher geträumt?

Dieser Meinung waren auch Sandras Mutter und ihre Tante Kathi.

Die ganze Familie fragte mich, ob ich zur Beerdigung fahren würde. Ich hatte das Gefühl, dass es von mir erwartet wurde. Aber aus irgendeinem Grund lehnte ich es ab. Vielleicht, weil jetzt eine andere Frau an seiner Seite war und ich einer längst vergangenen Zeit angehörte.

Am Tag der Beisetzung dachte ich die ganze Zeit an ihn und sein Schicksal.

Viele der Bekannten in Bad Abbach fragten nach mir. Sie dachten, dass ich dabei sein würde.

Sandras Mutter fragte mich einmal, ob Martin jemals ein guter Ehemann und Vater gewesen sei. Ich antwortete: »Bestimmt – wenn er nicht getrunken hätte!« Ich meinte es ernst. Denn wenn er nicht getrunken und es seitens seiner Mutter keine Beeinflussungen gegen mich gegeben hätte, wäre er kein Ungeheuer gewesen.

Daniela brach zu allen Menschen den Kontakt ab, die mit Martin zu tun gehabt hatten. Auch zu Andrea und Alexander.

Auch Monate danach träumte ich von ihm. Er zeigte mir Situationen aus seinem Leben, die aufgeklärt werden wollten.

AUTORENVITA

Agata Malcher, geboren in Polen, siedelte mit ihrer Familie im Kindesalter nach Deutschland über. Einige Jahre nach ihrem Studium fing sie an sich mit der Naturheilkunde zu beschäftigen, was sie nach der Trennung von ihrem Ehemann vertiefte. Noch heute ist sie in diesem Bereich tätig.